생은 부단히와 무단히 사이

생은 부단히와 무단히 사이

김지헌 평론집

수필과비평사

책을 펴내며

문학은 무엇일까? 이토록 우매한 질문을 던져 본다. 개념어로 정리하던 내용은 다 사라지고 수많은 갈래 길의 이미지가 머릿속을 채운다. 다시 내게 문학은 무엇일까로 방향을 전환하자 작가(나)는 어떤 존재인가의 질문으로 이어진다. 작가에게 존재성을 향해 나아가는 두 개의 바퀴가 있다면 하나는 실존의 문제이고, 또 다른 하나는 문학일 테다. 물론 글을 쓴다고 해서 모두에게 다 적용되는 말은 아니다. 살아가는 일과 글쓰기를 일치하려 진지하게 애쓰는 작가에 한해서일 것이다. 최소한 수필을 쓰는 작가라면 글이나 말이, 삶과 유리되지 않을 경우이다. 그래서 수필을 인격의 문학이라 한다는 것에 동의한다.

문학의 길에 들어선 지 30여 년이 지났으나 여전히 문학을 알지 못한다. 문학에 대한 고전적인 태도가 다소 엄격하고 다소 숭고하고 다소 애정의 시선을 거두지 못하게 해서 문학의 방향으로 그저 주저주저하며 걸을 뿐이다. 소중한 대상은 어루만지고 쓰다듬고 품어주고 어리광도 부리고, 그토록 외경을 바치며 지켜가야 하는 것이지 함부로 예단하고 떠들 수 있는 것이 아니기에 그럴 것이다. 문학을 공부하는 수많은 서책에서 그리 배웠고, 스승에게서 그리 배웠고, 그리 생각하며 글을 써왔다.

 문학과 작가에 대해 저 생각을 떨치지 못한 채 두 번째 평론집을 내놓는다. 세상에 대한 인식과 마음에 깃들어있는 문학적 해석을 풀어 내놓고, 무심하게 흘려보내려 했다. 그랬음에도 부질없는 일을 하는 게 아닌가 하는 회의까지 떨쳐내지는 못했다. 이 책이 어디에서 누구에게 어떤 의미와 가치를 전해줄 수 있을까 하는 자조적自照的인 생각들 때문이다. 책 한 권을 읽는 독자의 노고를 배반하지 않게 대상에 깊은 시선, 혹은 문학적 관점의 인식을 보여주고 있는지에 대해 부끄럽지 않다는 확신이 들지 않아서일 것이다. 또 다른 하나, 거대 자본의 소용돌이 속에서, 문학 또한 저 자본주의의 그물망에 포획되어가는 우울한 현실에서 책 한 권 더 묶는 일이 얼마나 의미 있을까 싶다. 그 생각의 기저에는 문학이 밥이 되는 경우 밥을 위해 문학은 생의 수단으로 내쳐지는 경우를 종종 목도 하는 자의 기우도 한몫한다. 현대 인간의 욕망 구조 속에서 누군들 자유로울 수 있을까마는.

 그 이유가 무엇이든 긴 시간 동안 원고를 쌓아두고도 세상 밖으로 내보내지 못했다. 가끔은 제 존재를 알아봐 달라고 주인에게 말을 거는 글들의 아우성이 모종의 결단을 내리게 했다. 돌아보면 그 작품들은 문학이라는 이름의 인연으로 왔고, 내 삶을 투여하여 애정을 담아 쓴 글들이다. 삶을 추동하던 그들은 파도처럼 밀려오다가 채찍을 들고, 아지랑이처럼 혼몽한 꿈을 꾸게 하다 소나기로 내리고, 봄날의 연둣빛 이파리였다가 겨울의 나목이 되고, 마침내는 존재(나)를 비추는 동경銅鏡이었다. 속절없이 지나가는 생의 여정에서 한때의 사랑일지라도 결국 자기의 사랑이다. 그래서 그들에게도 새로운 주인, 독자를 만나 사랑받을 권한이 있다. 어디 그뿐인가. 문학정신을 지키며 이어가고자 했던 그때의 시간 또한 자기 존재를 증명하는 일이다 싶어 『생은 무단히와 부단히 사이』로 느린 걸음을 뗀다.

이 책의 내용을 4부로 구성했다. 제1부는 『수필과비평』 월평을 쓴 글이고, 나머지 제2부와 제3부, 제4부는 '수필과비평 문학상' 작품 해설과 서평들이다. 문학은 철학과 사상, 정치적 이념과 경제 외에도 인간 삶의 인문적 문제를 모두 포용한다. 그럼에도 작품을 해석하는데 서구 이론으로 무장된 비평을 지양해왔다. 체험으로 쓰는 수필은 관념적이거나 현학적인 것과는 다소 거리를 두고, 삶과 밀착된 문학적 해석에 중점을 두려 했다. 문학 이론은 창작과 서로 길항작용을 하면서 문학을 발전시켜 왔으나 이론이 승한 평론은 공허해지기 쉽다는 문학관을 가지고 있다.

평론가는 좋은 작품을 만나 비어있는 공간에 자기 사유를 채워가며 새로운 인식을 발견하는 기쁨으로 도로徒勞의 고통을 상쇄 받는다. 그런 의미에서 작가들에게 빚을 지고 있다고 하겠다. 문학이라는 범주 안에서 창작품과 평론은 불가분의 관계에 있다. 그것이 유기적이면 더욱 좋겠으나, 설령 미흡함이 있을지라도 일련의 그 행위는 문학의 성숙을 위한 기여다. 이 글을 쓰다 보니 어느새 수필문학의 진화에 작은 동참이라도 하길 염원하는, 문학으로 인한 추동력이 평자 안에 작용함을 느낀다. 글이란 이토록 묘한 힘을 내포하고 있으니 텍스트가 되어준 작품에 고마움을 느낄 수밖에. 더하여, 진실로 보림사의 '복두쟁이'처럼 쓰지 않으면 견딜 수 없어서 쓰는가를 되뇌어본다. 이 글과 만나기 위해 충분한 시간과 정성이라는 대가를 치렀는지를. 문학이 어떻게 인간의 삶과 현실을 담아 나르는지, 세상을 더 아름답고 진실하게 가꿀 수 있는지 궁구했는가를. 그저 부끄러울 수밖에.

　문학이 무엇인지 다시 묻는 일은 아무리 반복해도 지나치지 않다. 이 질문은 글을 더 이상 쓰지 않을 때까지 이어질지도 모른다. 답은 매번 다르고, 그 가치도 다를 것이다. 이 글은 어느 부분 한계를 드러내기도 할 테지만, 나름의 사유를 통한 문학적 인식을 모아놓은 것이기도 하다. 이 글을 쓰는 동안만큼은 한없이 진지하고 아프고 슬픈 무엇들이 마음을 짓누르고 가슴을 관통해 바깥세상으로 번져나갔다. 이름 지을 수 없는 그 무엇들을 독자에게 전하기 위해 목을 길게 늘이며 이 책을 묶는다. 생은 '부단히' 살아도 자기 뜻을 다 이룰 수 없고, '무단히' 살고 싶어도 그리 안 되는 아이러니를 품고 있음을 깨닫는 데 오랜 시간이 필요했다. 그래서 생은 '부단히'와 '무단히' 사이에 놓인다는 진실을 참 좋아한다. 문학은 저 두 단어 사이를 오가며 어디쯤 위치 지어야 할까. '무단히'가 빠진 문학에는 인간의 부단한 '짓기'와 '쌓기'의 연장선일 뿐이라는 것은 말할 수 있겠다.

 문학작품은 홀로 존재하지 않기에 소중한 독자(수필가)들에게 감사한다. 독자의 격려와 과분한 칭찬이 평론의 길을 독려하는 모티프가 되었다. 또한 월평은 물론이고, 이 글 대부분이 『수필과비평』에 연관된다. 평자의 모지母誌이며, 그곳에서 비평을 시작해서 오늘에 이르렀다. 어느 날 문득, 함께 흘러온 시간이 내 문학의 역사가 되었다는 자각이 왔다. 문학에 예의와 정성을 다하고 싶은 만큼, 자신을 사랑하는 만큼, '수필과비평'사에도 깊이 감사한다.

2025년 가을
김지헌

차례

책을 펴내며 5

제1부

어둠과 빛, 그리고 순환하는 주체들 16

어디에나 있었고 어디에도 없었던 39

풍자 그리고 사랑에 담긴 진정성의 윤리 66

유레카를 호명하는 순간 93

애도를 비롯한 몇 개의 단상들 120

제2부

문학과 삶의 길항작용   150
– 이동이《머문 자리》

동경 닮기로서의 수필 쓰기   163
– 변종호《섶다리》

식물적 감성, 독자를 끄는 이완의 힘   179
– 심인자《왼손을 위하여》

고통의 숙명성, 문학적 승화   192
– 김나현《화색이 돌다》

잃어버린 풍경에서 '나'를 보다   213
– 박귀덕《잃어버린 풍경이 말을 건네오다》

시간의 '숨결'을 알다   230
– 이옥순《홍차가 우려지는 동안》

제3부

《밤달애》의 가족 서사, 그리고 형식 미학　252
— 최미아 《밤달애》

어느 수필가의 인생 고백서　267
— 신노우 《살며 생각하며》

생은 '무단히'와 '부단히' 사이에 놓인다　287
— 안경덕 《달도 밝다 보름달이거든》

인간적인 너무나 인간적인　305
— 박숙자 《지느러미의 여유》

시간의 퇴적층을 마주하고　318
— 지홍석 《도자벽화》

| 제4부 | 타자성을 향한 노래　340
- 이임순《붉은 장미울타리》

기투(企投)하는 존재　358
- 양재봉《인연의 끈》

가족 서사에 담긴 함의含意　378
- 이임순《봄이 오는 소리》

상실의 시간을 건너는 동안　403
- 장기오《바람 되어 가리라》

제1부

어둠과 빛, 그리고 순환하는 주체들

어디에나 있었고 어디에도 없었던

풍자 그리고 사랑에 담긴 진정성의 윤리

유레카를 호명하는 순간

애도를 비롯한 몇 개의 단상들

어둠과 빛, 그리고 순환하는 주체들

1. 정면 응시의 고통일지라도

 신종 코로나 바이러스의 출현으로 한층 불안한 시대다. 그것을 제압할 대비책이 없으니 뒤따르는 혼란스러움은 당연하다. 세상에 존재하는 모든 것들에 대해 정확히 알 수만 있다면 인류는 불쑥불쑥 출몰하는 난제 앞에서도 불안전하게 흔들리지도 않고, 정확하게 예측 가능한 미래에 대해 불안해할 필요도 없을 것이다. 아인슈타인은 모든 현상이 정확히 측정만 할 수 있다면 예측도 정확하다 하였다. 그런 논리로 보면 세상의 모든 현상은 필연적이고 우연은 없으니 '신은 주사위 놀이를 하지 않는다'라고 호언장담한 아인슈타인이 맞다. 그러나 그는 후일에 양자역학을 인정하게 되면서 정확한 측정이나 정확한 예측이 불가함을 알고 앞의 말을 철회했다. 눈앞의 존재를 벗어나 보이지 않는 현상 앞에 선 인간에게 신의 주사위 놀이는 가혹하다.

　예측불허의 삶, 한 치 앞도 내다볼 수 없는 미래. 우리는 때로 한파에 떠밀리고 떠밀린 채 고통과 절망의 소리를 내지른다. 핍진한 노동에서 소외되는 비명, 사랑의 곡절에서 오는 통증, 그리고 죽음의 노예가 되어 몸부림치는 지옥 등은 인간이라면 누구라도 겪을 수 있는 고통이다. 우리는 그런 고난과 절망을 경험하면서도 더 나은 존재로 살아가고자 노력한다. 인간은 우주만큼 위대하지도 티끌처럼 미천하지도 않은 존재지만 배고프면 밥을 먹어야 하고, 먹기 위해 일을 해야 하고, 사랑하는 사람을 만나야 하며, 절망과 꿈에 시달리는 삶에 포획되어 있으면서도 끊임없이 변화 발전시키며 살아온 것이다.

　이런 삶의 선행성과 나아가 현재성 속에서 작가들은 인간존재에 대한 절망과 회의를 투과하여 희망의 단초를 얻어낸다. 어떤 작가는 맹목盲目에서 견자見者의 깨달음으로, 어떤 작가는 상처투성이인 인간 세상에서 자신의 상처로 전 존재를 껴안고자 하고, 어떤 작가는 자신이 사는 세계의 부조리함을 세상에 고하고자 한다. 그들은 모두 가망 없어 보이는 삶의 곡절들, 헛헛한 인정 욕구에 매몰되다가도 문득 존재의 숭고함을 깨닫고 한 단계 우뚝 올라선다. 그리하여 습관과 반복의 일상을 살면서 생명의 율동과 감동하는 마음을 잃어버린 이들에게 한 움큼의 햇볕 같은 진실일지라도 톺아가게 해준다.

작가들은 고통을 외면하지 않고 정색을 한 채 달려든다. 정면으로 응시해야만 불합리한 사회구조나 어긋나 있는 인간관계에서 오는 불협화음을 바로잡고 끔찍함을 넘어선 삶의 가능성을 찾을 수 있을 거라고 말하는 존재다. 고통스럽지만 문학으로 삶의 진실을 증명해 보이고자 몸부림치는 것이다. 그 때문에 작가는 진짜 웃기 위해서 한 번은 울어야 하는 존재인지도 모른다. 가짜웃음, 가짜 눈물, 가짜 사랑, 위악, 위선, 가짜 관계를 청산하기 위해서는 진짜 눈물이 필요하다. 한 방울의 눈물일지라도 진실이 드러나는 그 순간엔 인간 본연의 모습으로 현존할 수 있지 않겠는가. 그 진실의 순간을 위해 온갖 유혹에도 굴하지 않고, 책상 앞에 앉아 힘든 노역을 마다하지 않을 것이다. 선택에 따라 인간은 본능만으로 전락하는 동물이 될 수도 있고, 그 욕망을 숭고한 예술과 철학으로 치환하여 '초인'이 될 수도 있는 존재이니까. 이러한 내용의 범주에서 작품을 선택하고, 쓰고자 했다.

2. 작품들

강천, 〈백태〉

우리가 꽃을 이야기할 때 그 화려함이나 매혹적인 상징성으로, 문학에서는 기표와 기의의 함축성을 예시할 때, 혹은 아름다운 여성을 은유적으로 말할 때… 장미꽃이 등장한다. 장미는 그만큼 친숙한 꽃이면서도 다양한 의미를 내포하여 상징적으로 쓰인다. 그런 장미가 작가 강천에겐 "꽃이 아"닌 시절이 있었다. 그에게 꽃이란 "야생에서 제풀로 피고 지는 것"이었기 때문이다. 작가의 생각은 인위적으로 재배하는 것보다는 토양에 씨 떨어져 자생적으로 자라는 식물이 진정한 자연에 속한다는 지극히 생태주의적인 사고에서 출발한다. 그런 작가이기에 사람들이 울타리에 외래종 장미를 심고, 모양을 다듬어주는 것을 보며 "본질"이라는 단어를 떠올려도 독자는 설득된다.

누군가 꽃 중의 여왕이라고 엄지를 세울 양이면, 그 자매들은 보지도 못한 무지한이라 비아냥거렸다. 순수하기로는 찔레꽃이고, 붉기로는 해당화가 으뜸이라고 우겼다. 쓸모 있기로는 생열귀나무에 어림없고, 우아하기는 국경찔레에 한참이나 못 미친다고 항변했다. 돌가시나무처럼 야무진 것도 아니고, 도도하려면 인가목 정도는 되어야 한다며 무시하기도 하였다. 심지어는 제대로 알지도 못하면서 겉모습만 보고 저 난리들이라고 코웃음 치기까지 했다.

어떤 꽃도 제 나름의 아름다움과 특징을 가지고 있다. 그러나 작가 강천에게 장미는 토종의 꽃도 아니며, 사람의 손길에 의해 만들어지는 꽃일 뿐이다. 따라서 야생으로 피는 찔레꽃처럼 순수하지도, 해당화처럼 붉지도, 생열귀나무처럼 쓸모가 있는 꽃도 아니며, 인가목처럼 도도하지도 않다. 사람들이 꽃 중의 여왕이라고 불리는 장미가 그에게는 도무지 매력적이지 않다. 그에게는 장미보다 더 예쁘고 아름답고 쓸모 있는 꽃들이 많았던 탓이다. 장미꽃에 대한 보편적인 생각의 범주를 벗어나 꽃에 대한 그만의 감각과 정서와 관념이 고착되었기 때문이다. 어쩌면 꽃뿐만 아니라 식물에 대해 해박한 그에게 장미꽃 정도는 시시했을 수도 있겠다. 꽃에 대한 취향은 단순히 색깔과 모양과 향기에만 국한된 것이 아니라 어떤 꽃과의 경험이나 기억이 중요한 작용을 한다. 삶의 여러 구성요소로 형성된 지각 패턴에 의해서 주체마다 주목의 기제가 다르게 작동하기 때문이다. 강천 역시 그러한 사고와 지각 작동원리에 의해 장미를 밀어냈을 터다. 그런 그에게 어느 날 문득 장미꽃이 훅 들어와 그의 생각을 일깨운다.

오늘, 아파트 담장의 덩굴장미가 벙글고 있던 봉오리를 기어코 터뜨렸다. 지독하리만큼 외곬이었던 편견의 백태를 헤집고 장미가 슬며시 눈에 들어왔다. 내가 진심으로 바라봐 준 적은 없었지만 지난해에도, 그러께도, 그끄러께도 꽃은 붉게 피었었다. 돌이켜 생각해보니 한결같은 색깔이었고 변함없는 향기였다. 꼬아놓으면 꼬인 대로, 꺾인 자리는 부러진 채 푸른 잎을 내었다. 화난

이의 눈길이 부드럽게 바뀌었으며 가시로 위협하지도 않았었다. 여태껏 내가 주절거린 모진 말들을 모두 들었을 텐데도 그저 이슬만 머금고 있었다. 주제넘은 줄 모르고 해대는 험담에도 전혀 아랑곳없이 꾸역꾸역 철책만 기어올랐다.

꽃은 그저 꽃일 뿐, 그것을 보고 완상하고 판단하고 평가하는 것은 사람이다. 장미에 대한 작가의 생각도 그러했다. 그런데 어느 날 말없이 봉오리를 터트린 꽃을 보며 그는 비로소 자신이 장미꽃을 편견으로 대하고 있었음을 깨닫는다. 장미는 언제나 그곳에서 붉은 꽃을 피웠고, "꼬아놓으면 꼬인대로, 꺾인 자리는 부러진 채 푸른 잎을" 내밀었다. 사람의 손길이 가면 가는 대로, 비바람 불면 그 모양대로 휘며, 태양 빛을 따라 줄기를 뻗어가며 그야말로 자연답게 존재하는 장미였다. 자신의 관념 안에 갇혀 자신만의 방식대로 꽃을 본 것은 작가였고, 장미는 자기를 고집하지 않고 계절의 순환에 따라 꽃을 피우고 있었다.

그런 장미의 자연스러움을 보지 못한 것은 작가의 눈에 백태가 끼어 있었기 때문이란다. 흰 막으로 가려진 눈 때문에 장미의 특징이 보이지 않았고, 아름답게 보이지 않았다. 꽃은 아름다웠으나 보는 눈이 아름답지 않았다. 편견이라는 백태는 그의 생각에서 온 관념이었다. 그러나 그의 불평에도, "주제넘은 줄 모르고 해대는 험담에도 전혀 아랑곳없이 꾸역꾸역 철책"을 기어오르던 장미는 드디어 작가의 고정된 생각에 구멍을 내고 자신을 돌아보게 한다. 장미는 철 따라 푸른 이파리를 내밀고 붉은 꽃을 피우며 자연의 섭리대로 존재해 있을 뿐인데, 그를 보는 작가가 온갖 지청구를 날리며 생각을 분주하게 하고 있었음을 성찰하게 하는 이 글은 사물이나 대상을 바라보는 인간의 시선이 얼마나 편협한가?라는 질문을 던지고 있다. 인간은 저마다의 경험적 인식과 사유의 틀 속에서 고정된 시선을 취하며 살아간다. 한 곳에 서서 묵묵히 줄기를 감아올리고 꽃을 피우던 장미는 작가 강천에게 대상의 본질을 깨닫게 하는 견자見者 역할을 해주었다. 그런 의미에서 수필 〈백태〉는 때로 자연은 인간의 스승으로 주체가 자기의 생각에 전환점을 갖게 한다는 메시지도 담겨있다.

송신근, 〈독립문바위〉

글을 쓰는 작가에게 생각만 해도 그리움이 쏟아져 나오는 추억이 있다면 그것은 무엇과도 바꿀 수 없는 소중한 자산이다. 수필 〈독립문바위〉의 기억을 가진 송신근이 그러한 행운을 누리고 있는 작가로 보인다.

그의 고향 홍도에는 동물이나 어떤 사물의 모양을 닮은 돌 조각들이 그림처럼 펼쳐져 있다. 그중에서도 서울의 독립문을 닮아 '독립문바위'라 불리는 장대한 바위가 있다. 그 바위에는 "세월이 풍랑처럼 흘러들어 연륜을 새기면서 무수한 바다 생명체들이 화석으로 묻혀 있"는데, 홍도의 유람선을 타고 돌다 보면 넓은 품을 열어두고 바다의 모든 것을 포용할 것 같은 이 독립문바위를 만난다. 그곳은 작가의 유년 시절을 담고 있어 온돌방처럼 안온한 그리움이 묻힌 곳이기도 하다. 그리움이 솟는 장소라면 작가에게는 특별한 의미를 갖거나 정서적 환기 혹은 인식의 전환을 가져오는 어떤 메타포를 품고 있을 것이다.

'독립문바위'를 통해 송신근은 '모든 벽에는 문이 있다'는 그만의 사유의 세계를 길어 올린다. 이를테면 "독립문바위 얼굴에 새겨진 주름 하나하나에는 몸부림치는 아픔이 녹아 있"고, "매서운 칼바람과 파도와 태풍에 시달리면서도 모진 운명을 원망하지 않는" 강인함과 당당함을 읽어낸 후의 일이다. 그런 바위이기에 "지독한 고독과 외로움 속에서도 그것을 숙명처럼 받아들이며 새로운 자기만의 길을 보여"주는 것이다. 그래서 송신근은 그 바위를 통해 "고독의 눈으로 볼 때 새롭게 보이고 고독의 귀로 들을 때 새로운 소리가 들린다는 것"을 인식하게 된다.

그가 생각하는 문과 벽은 하나이면서 하나가 아니다. 현상으로서의 독립문바위는 하나지만, 하나의 바위 속에 문과 벽이 공존하고 있기 때문이다. 보는 이에 따라 누구는 문이라 일컫고 누구는 벽이라 말한다. 문은 벽을 품고 벽은 문을 품고 있다. 그래서 세상은 독립문바위가 서해로 나가는 관문이라 이름 하지만 작가는 그문에서 고향 홍도를 보호하고 지켜준 수호신으로서의 벽의 느낌을 받는다.

독립문바위의 문을 열고 마을 소형 어선들이 통통거리며 드나드는 광경을 보면서 모든 벽 속에는 반드시 문이 있다는 사실을 알게 되었다. 벽은 항상 굳게 막혀 이곳과 저곳을 차단함으로써 존재 가치를 지닌다. 그런데, 그 안에 또 다른 세상으로 나갈 수 있는 출구가 있다는 사실은 내 인생의 벽에 대해서도 깊게 생각하게 해주었다.

젊었을 때 아버지께서 일찍 세상을 떠나는 바람에 육남매의 맏이인 내가 어머니와 동생들을 부양하면서 힘겹게 살았다. 그래도 하고 싶은 일을 해보려고 다양한 시도를 해봤지만 생계의 벽에 가로막혀 번번이 되돌아서곤 했다. 선택과 결단의 문을 열어야 할 때도 벽을 뚫고 나갈 용기가 없었다. 그것은 쉬운 일이 아니었다. 오랜 시간이 지난 지금도 내 마음속 깊숙이 세워져 있는 벽 속에 문이 있다는 것을 알면서도 늘 문 앞에서 서성거린다.

위에서 작가가 말하는 벽은 그의 고향 홍도와 다른 지역의 경계를 지어주는 역할로서의 의미다. 홍도는 독립문바위로 인해 "섬을 향해 돌진해오는 사나운 파도"로부터 자유로울 수 있고, 몽돌들을 보호할 수 있었다. 빠른 유속의 흐름을 저 바위가 완화하여 우럭이나 볼락, 돌돔과 부사리 등이 살게 해 홍도의 특색을 가지게 하는 보호막이다. 이런 경우 벽은 외부의 위험 요소를 차단하여 내부의 생명체를 보호하는 역할을 한다. 이때의 벽은 외부를 차단한다는 부정적 의미보다는 내부를 보호한다는 긍정적 의미에 방점이 찍힌다. 다른 하나는 장애물로써의 벽이다. 자신의 생에서 중요한 기점에 섰을 때 결단을 내려야 하는데 눈앞에 버티고 있는 현실적 요건이 방해되어 결행하지 못하는 경우다. 그때의 벽은 존재가 자신을 보호하기 위해 빤히 보이는 위험지로 내던지지 못하기 때문에 생기는 것이다.

독립문바위는 작가에게 자신을 지탱해가는 든든한 벽으로 존재하고 있으나 그 안의 문을 찾아 백척간두에서 진일보하지 못하는 것은 눈에 보이는 세계에 대한 두려움 때문이다. 사실 현재를 사는 우리는 볼 수 없는 미래에 대해서는 누구도 자신하지 못하기 때문에 망설이다 기회를 놓치고 마는 경우도 허다하다. 결국 벽은 받아들이는 주체에 따라 벽을 깨고 나아가면 문이 되고, 그 안에 안주하면 벽으로 남는다. 그것이 각자의 영역이고 능력이지 않겠는가. 다만 알면서도 실행에 옮기지 못하는 것은, 가시적 세계에 대해서만 알고 행할 수 있는 현존재의 한계 때문이다. 그럼에도 수필가 송신근에게 유년의 추억이 담긴 고향의 독립문바위는 벽이 벽으로만 있는 게 아니라 존재에 따라 문일 수 있음을 일깨워주는 대상이다. 그의 생이 수많은 과정을 거쳐 깊게 성찰한 후에 오는 일깨움일 것이다. 어둠의 긴 통로를 건너본 후의 통찰에서 오는 변화일 것이다.

정둘시, 〈1962, 1982〉

수필 〈1962, 1982〉는 '82년생 김지영' 영화를 보는 남자와 여자의 상반된 반응에 대해, 그리고 영화를 보며 작가에게 스치는 지난 시간에 대한 소회를 말한 글이다. '82년생 김지영'은 소설이 나온 후 페미니즘을 비롯하여 인간 삶에 대해 진보적으로 변화해가는 한국 사회에서 독자들의 뜨거운 지지를 받으며 영화화한 작품이다. 지금 나이 39세의 여성이라면 가부장 문화권에서의 여성 억압을 가혹하게 받지는 않았더라도 어머니 세대가 어떻게 살았는지를 아는 세대다. 그뿐만 아니라 그들은 불평등사회의 부조리함을 배우고 바꿔보려는 의지를 가진 세대다. 중장년, 노인층의 여성들이 열악한 환경과 억압적인 것을 체화시켜 바꾸기 어려웠다면 '김지영'의 세대는 남성과 여성의 불평등은 저항의 기제이고, 행복한 삶을 살기 위해서는 남자와 여자의 삶이 균등해야 한다는 것을 알고 있다. 어찌 보면 그들은 우리 사회가 변화하는데 선두에 나설 유리한 요건을 갖췄다 할 수 있다.

장면은 어느새 명절을 맞은 지영의 시대 풍경이다. 시어머니와 일박이일 동안 음식을 만들고 차례를 지냈다. 친정으로 나서야 할 시간이지만, 들이닥친 시누이 식구들 바라지에 또 주저앉고 만다. 시어머니가 일이 힘들었냐고 묻는 순간 지영은 친정 엄마로 빙의하여 상상도 못할 말을 쏟아낸다. "사돈어른, 그 집만 가족인가요. 그 댁 따님이 오면 저희 딸은 저희 집으로 보내주셔야죠."라고.

아마 그쯤이었으리라. 앞줄에 앉은 남자가 처음으로 하품을 한때가. 어이없다는 소리인가. 저런 말도 안 되는 영화를 보고 있다는 지루함으로 내 눈에는 비쳤다. 그도 그럴 것이, 똑같은 장면 앞에서 봇물 터지듯 터져버린 눈물을 감당 못 해 허둥거린 나와는 사뭇 다른 모습이었기에.

우리 사회는 광장의 민주화는 웬만큼 이루어내고 있지만, 개인의 민주화는 아직 이루어지지 않았다고 한다. 촛불을 들고 광장으로 나가는 정치적 힘만큼, 타자를 이해하고 받아들이는 영역에서는 더 역동적으로 변화해야 한다는 의미일 것이다. 주체로서의 개인이 타자를 인정하고 존중하는 것까지 폭넓게 평등해진다면, 지영이 친정 엄마로 빙의해서 자신이 하고 싶은 말을 해야 하는 서글픈 일은 일어나지 않을 것이다. 내 딸이 친정에 오고 싶어 한다면, 며느리 또한 그의 친정으로 보내주는 인간적 살핌이 있다면 '시댁'이라는 단어가 그리 먼 거리에 있지는 않을 것이다. 위의 장면을 지켜본 남자 관람객이 하품하는 이유는 지루하기도 하지만 불편함이 더 컸을 것이다. 가부장적 문화권에 익숙한 사람이라면 그가 남자든 여자든 심기 불편한 영화였을 테니까.

윗글 앞에는 사회적 불평등의 이야기가 나온다. 출산 후 지영이 아이를 데리고 공원에 나왔다가 '맘충 팔자가 상팔자'라는 비난을 직장인으로 보이는 남성들에게 당하는 장면이다. 가정에는 아내와 남편의 역할, 아이 아빠와 엄마의 역할이 있을 테고, 지영 또한 휴직하고 육아를 맡았을 뿐인데 아이 키우는 여자가 상팔자라는 비아냥거림은 적절치 않음을 넘어서 가혹하다. 그녀는 지금 사회적 존재로서 능력을 접고 엄마의 역할을 충실히 하고 있으니 말이다. 과거에 비해 여권이 신장 되었으나 우리 사회는 아직 남자에게 훨씬 많은 기득권을 부여해 주고 있어 평등하지 않다. 그것은 오랜 시간 끌어온 제도와 자본논리 때문이다. 균등한 기회를 얻기 위해 여성들의 노력도 필요하나 남성들의 인식 변화와 함께 제도도 달라져야 남녀가 모두 행복하게 살아갈 수 있다.

영화를 보던 남자가 하품하는 것과는 달리 작가 정둘시는 오히려 서러운 울음을 멈추지 못한다. 살아가면서 묻어둔 아픈 기억들 때문이다. 그의 이름은 아들을 원한다는 "둘러서 아들을 보게 해달라"는 의미의 '둘'자라니, 이름을 붙인 사연만으로도 딸로 태어난 그의 설움을 짐작하게 한다. 결혼 후 처음으로 생일날 전화를 하신 시어머니는 어떤가. 며느리에게 미역국 챙겨 먹으라 하신 것도 잠깐이고, 그가 감동하려는 순간 "근데 여자가 생일이 오데 있노. 다 그리 사는 기다."하셨다. 그런 섭섭함에도 불구하고 작가는 우리네 삶을 이야기 하는데 균형을 잃지 않고 있다.

당신들의 존재감에 대해 단 한 번의 갈등도 고뇌도 없이, 숙명처럼 그 고단한 삶을 받아들인 두 어머니. 자식을 배곯지 않고 키워내는 것만이 전부였던 그들에게 무슨 항변을 할 수 있었단 말인가. 어떤 논리로도 억울함을 말할 수 없어 참아야 했고, 분노를 안으로만 삭여야만 했던 시간 앞에서 나는 지금 오열하고 있다. 아무것도 바꿀 수 없는 무기력한 현실이었지만, 가슴을 들끓게 하던 의식의 흐름만은 현실 속에 매몰시키지 않으려 발버둥 쳤다. 부단한 몸부림, 충돌의 상처는 깊고 아팠다. 상처는 나만의 것이어야 한다. 상처를 꽃으로 아물게 하는 것, 내 인생 최대의 과제로 정해 두었다.

한바탕 쏟아낸 눈물 뒤에 가만히 다가서는 카타르시스. 훌쩍 가벼워진 내가 82년생 김지영을 가슴 깊숙이 안아 들인다. 넓고 넓은 서울 하늘 아래에서 하루를 살아내느라 동분서주할 며느리도 보고 싶어진다.

작가의 저 오열은 어머니 시대의 여성 삶을 대신하는 울음이다. 생존의 문제 앞에서 가족을 위한 희생은 아무렇지 않게 감내했던 여성, 어머니들에게 보내는 메시지일 터다. 자신의 상처 이야기로 시작하였고 시어머니와 친정어머니에게 귀결되었지만, 종국엔 그렇게 살았던 모든 어머니에게 바친 눈물이었다. 그래서 정둘시는 김지영과 하나가 되고, 개인 김지영뿐만 아니라 김지영으로 불리는 이 사회의 모든 여성을 가슴 깊숙이 안을 수 있었다. 그러한 까닭에 서울 하늘 아래의 여성으로서 때로 불평등한 일들도 감수하며 사는 며느리가 보고 싶은 것이다. 작가가 그런 철학을 지닌 이라면 그는 남녀가 균등한 기회를 얻고 평등하게 사는 세상이 오길 꿈꾸는 페미니즘의 세계를 희구할 것 같다.

어느 시대의 여성 삶이 획일적으로 옳다 그르다 말할 수 없다. 삶은 단면이 아니라 과정이며 일련의 연속적인 서사다. 따라서 한 인간이 삶의 시간성을 체현하면서 드러나는 변화와 변모의 양상은 그 자체로 세계에 대한 흥미로운 접근이 될 수 있다. 시대마다 그렇게밖에 대응하지 못한 이유가 있고, 삶이 있었기 때문이다. 이 시대의 여성은 전 시대의 여성 삶을 이해하고 인간으로서 이어가야 할 부분을 적합하게 맞춰가며, 불합리한 것들을 바꿔 가면 되는 일이다. 삶은 늘 변화하고 바람직한 방향으로 흘러가면 최상 아니겠는가. 그런 의미에서 문학으로 우리의 현실이 나아지도록 할 수 있는 일이 있다면 참 다행이라 여긴다. '82년 김지영'이 그랬고, 수필을 쓰는 작가들도 알게 모르게 그런 역할을 하리라 본다. 문학과 현실(삶)의 길항작용이 이루어지는 한 지점이다.

강향숙, 〈동백 피다〉

 이 작품은 희곡과 산문을 상호텍스트 삼아 시도한 수필로 보인다. 수필에서의 대사를 희곡의 영역에서 가져오고, 지문이나 설명을 수필에서 가져오는 방식의 글로 볼 수 있다. 작가는 동아리 회원들과 연극을 하는데, 각자 자신의 이야기를 써서 대본을 만들었으니 이 작품은 그의 경험적 세계를 통해 극작이 된 것이다. 자신의 이름 그대로를 꽃집 여자의 이름으로 쓰고 있는 부분도 작가 자신의 체험임을 드러낸다.
 어렸을 때부터 동백과 사랑에 빠졌던 그에게 "동백나무 아래서 위를 올려다보면 꽃은 나무가 아닌 하늘에서 피어"나는 꽃이었다. 바람에 흔들리는 잎을 따라 꽃이 흔들리는 모습에 빠지던 그는 연극에서도 꽃집 여자 역할을 한다. 늦둥이로 태어나 어머니의 근심거리가 되었던 그는 자신 또한 늦둥이를 낳아 걱정이 많다. 열두 살 딸 비슷한 나이에 서울로 간 강향숙은 고향과 가족에 대한 그리움에 동백의 멍든 가슴이 되어갔다. 그리고 결혼 후에는 아내와 며느리, 엄마와 직장인이라는 이름을 놓지 않으려 안간힘을 다해 버텼다. 몸은 그런 주인에게 자신을 지켜달라는 경고를 보내고 만다.

 꽃집여자: 수많은 어여쁜 꽃들 다 제쳐두고 암꽃이 피었다고…. 그런데 수술을 하고 병실에 누워있는데 그렇게 편할 수

가 없더라구요. 그제서야 나를 짓누르고 있던 것들로부터 해방된 것 같았어요.

내 안에 피었다는 그 꽃이 너무 좋더라구요. 피주머니를 주렁주렁 달고서도 방실방실 웃고 다녔으니까요.

수술대에 오르자 마취는 모든 것을 잊게 해주었다. 눈을 뜨니 회복실에서 고르게 숨을 쉬고 있었다. 액운을 쫓는다는 동백나무 망치라도 맞은 것일까. 생과 사를 저울질하던 나쁜 덩어리가 뚝 떨어져 나갔단다. 의사는 치료만 잘하면 아무 문제없다 했다.

첫 번째 인용은 희곡에서 대사 부분을 가져왔고, 두 번째는 수필의 서술문이다. 이 경우 대사로 쳐야 하는 언어의 간결함과 강렬함은 장점으로 활용된다. 그리고 연극의 대사라는 점에서 수필문에서의 대사와는 다르게 작가가 카타르시스를 느끼는 언어들을 사용할 수 있다. 작가뿐만 아니라 독자도 대사에서 드러나는 언어의 한계를 좀 더 너그럽게 확장하여 받아들인다. 이 작품 전체를 관통하는 작가의 언어 사용법은 경쾌하고 투명하다. 이런 문장은 일반적 수필 문법에서도 큰 장점이 된다.

자신을 잘 견뎌내야 한다는 강박이 얼마나 심했으면 병실에서의 해방감이 저리 컸을까 싶다. 피주머니를 달고 다니면서도 방실거렸다니⋯. 자신 안의 암꽃이 너무 좋을 만큼. 그의 말처럼 "잘해내야만 한다는 신념에 얼마나 힘을 주고 살았던지, 조바심치며 나를 몰아붙이던 강박까지 다 도려낸 것 같아 후련했다"는 인물을 만난 독자는 안타깝다. 어찌 그토록 자신을 혹사했는지에 대한 지청구라도 하고 싶을 만큼. 그러한 강박들이 "헐렁한 환자복 사이로 자꾸 풀어져" 내리고, 방사선 치료가 끝나던 날 그는 어린 시절의 동산을 찾아간다. 그리고 온몸으로 타오르다 지는 결기의 순간에 있는 자신 닮은 동백을 본다. 옛 동산에서 뒹굴던 아이를 만난다. 그 아이는 투병을 끝내고 이전의 삶과는 다른 모습으로 다시 태어난, 변화한 아이다. 지금까지의 생을 훌쩍 뛰어넘어 완쾌한 모습으로 서 있는 존재다. 그래서 그는 "가지에서 한 번, 통으로 땅에 떨어져 또 한 생을 산다는 동백처럼 붉은 나무 아래서 나는 다시 피어나는 것 같았다"고 말한다.

꽃집 여자는 비로소 '아모르 파티'에 맞춰 춤을 춘다. 생에서 죽음의 길목으로, 죽음의 길에 섰다가 다시 생으로 탄생했으니 과연 제2의 출생신고다. 발견의 상상력은 긍정이든 부정이든 지금까지 살아온 삶을 성찰하는 데서 출발하여 완성됨을 보여주는 작품이다.

최장순, 〈집〉

인류가 존재하는 공간을 우주라 한다면 사람이 거주하는 곳을 집이라 한다. 따라서 집은 인간의 역사와 그 맥을 같이 한다. 사나운 맹수와 거친 비바람으로부터 자신을 보호하기 위해 동굴 속에 거주하던 시대에서 초호화 건축물에 이르는 동안 집의 변천사도 함께 들어 있다. 하여 주거 공간의 변화 속에는 그 시대를 살아온 사람들의 환경과 그에 대응하는 방식이 담겨있다. 인류 최초의 집은 인간이 자연과 위험 요소로부터 자신을 보호하기 위한 수단이었지만 현대의 집은 그리 단순하지 않은, 여러 가지 메커니즘을 담고 있다. 가장 중요한 것은 집의 의미가 홈home이라기보다는 하우스house 형태로 변모되어가는 문제이지 싶다. 작가가 말한 것처럼 집에서 태어나 모든 것을 집에서 해결하던 때와는 달리 지금의 집은 "'나'라는 존재가 만들어지고 내가 살았던 시절의 흔적들이 있어 나의 추억을 느끼게"하는 공간에서 멀어지고 있다는 점이다. 최장순은 수필〈집〉을 통해 그러한 문제에 대한 깊은 사유와 집에 대한 심리적 문화적 관점을 집약시키면서도 문학적인 성공을 거두고 있다.

집은 단순한 건축물이 아니다. '우리의 상상력을 자극하고 상상력 안에 여러 색깔과 냄새와 모양으로 살아있는 친숙하고도 안락한 공간이다. 잠을 자고, 밥을 먹고, 휴식을 취하는 하나의 독립된 세계를 만들어 쉼과 행복을 누리려 집을 짓는다. 그러나 일상을 함께 나누는 시간이 줄어들고 있다. 생활 방식의 확장과 다양한 주거형태로 인해 정주定住하는 사람보다 빈번이 이주移

住하는 사람이 늘어나고 있다. 집은 정말 안락한 보금자리이자 친밀한 환대의 공간일까.

사람들이 집을 짓는 이유는 "잠을 자고, 밥을 먹고, 휴식을 취하는 하나의 독립된 세계를 만들어 쉼과 행복을 누리려"는 것이다. 일터에서 힘든 하루를 보낸 사람들에게 그 순간의 최대 희망은 아늑한 집으로 돌아가 지친 몸을 쉬게 하는 것이다. 그러나 현대인에게는 작은 바람조차도 쉽게 이루어지지 않는다. 가사노동을 해야 하는 사람들에게 집은 쉬는 곳이 아니라 노동이 연장되는 곳이고, 사람과의 관계를 바깥에서 더 많이 하는 이들에겐 집은 그저 들어와 잠을 자고 나가는 곳 정도가 된다.

현대적 삶의 요건이 집에서 누릴 안온한 행복을 갖지 못하게 하기도 한다. 집에서 일상을 나누는 일이 거의 없게 된 현대인들은 집을 두고 보금자리라는 말을 잘 사용하지 않는다. 주거 형태가 아파트로 변화하면서 이동이 쉬워져 한 곳에 정주하지 않고 이곳저곳 떠도는 경우가 많아졌다. 문을 닫으면 외부와 완벽하게 차단되는 아파트는 인간에게 고립된 단절감을 주고 한편으로는 이기성을 강화한다. 이때의 집은 더 이상 '나'라는 존재가 만들어지는 공간이 되지 못한다. 그뿐 아니라 인간의 욕망과 기술의 발달이 결합된 집은 자본의 속성에 희생되어 인간이 아늑하게 쉴 기본 권리를 박탈하기까지 한다.

생은 난간欄干에 기대서는 일이라 했다. 뙈기밭이어도 마음이 풍족하면 비옥한 전답이다. 몇 걸음 떨어져 들여다보면 소박한 쉼들이 있다. 좁아든 가슴을 펴던 침대, 미처 소화시키지 못한 책들이 쌓였어도, 햇살 무늬를 새긴 거실엔 텔레비전 드라마가 흐른다. 주방에는 안주인의 손길이 분주하다. 뒤 돌아선 바깥, 고운 하늘빛 아래 드러난 숲이 바람에 제 몸을 흔들고, 이제 막 꽃봉오리를 밀어 올리는 목련 나뭇가지에 찾아든 새들과 놀이터 아이들의 활기찬 소리가 정겹다. 잠시 난간의 시간이 만들어내는 소소한 일상이다.

저 장면을 읽는 동안 독자로서 잠시 행복한 시간을 누렸다. 이상적인 집의 묘사였기 때문이다. 인간이라면 누구나 저런 집에서 살고 싶다는 꿈을 꾸지 않을까. 집에서 흘러나오는 사람의 소리와 기기의 소리, 간간이 누리는 고요, 사람 사는 곳의 냄새, 태양이라는 자연의 빛을 받아 건강한 가족들…. 이래야 집이라 할 수 있다. 그러나 현대인의 일상은 저 소리와 고요를 누릴 수 없고, 냄새와 빛을 감지할 수 있을 만큼 여유롭지 않다. 생산을 멈추지 않아야 하는 자본주의의 구조가 개인을 혹사하고 일상을 없애 버렸다고 할 수도 있지만, 그런 사회 또한 인간이 이루었고 개인으로부터 출발한다. 사회구조도 사람이 만들어가기 때문이다. 이 거대구조에 대응하는 한 개인의 힘은 매우 미미하나 자신이 원하는 세상을 위해서는 작은 저항이라도 멈추지 않아야 한다. 이런 현실에 순응하다 보면 지금보다 훨씬 거칠고 황폐한 욕망을 좇아 집에 돌아와서도 쉴 줄 모르는, 일과 자본에 영혼을 소비하는 인간이 되어버리기 때문이다.

그런 의미에서 "뙈기밭이어도 마음이 풍족하면 비옥한 전답"이라는 표현이 매우 타당하지만 집을 투기의 대상으로 삼고, 자신의 욕망을 부풀리는 수단으로 삼는 사람들에겐 공허한 말일 수도 있다. 허나 작가의 말처럼 '생이 난간에 기대서' 있는 것마냥 늘 위태롭고 분주하고 지쳐있고 고통스러울지라도 어느 순간 찾아오는 평온함과 기쁨, 소소한 행복감이 보상해주기 때문에 우리는 살아갈 용기를 잃지 않는다. 삐그덕거리는 바닥을 걷는 것처럼 불협화음을 내는 사람들이 사는 집일지라도 난간에 기대 '목련 나뭇가지에 찾아든 새들과 놀이터 아이들의 활기찬 소리'를 들을 수 있을 때 존재들은 집의 필요성을, 그 가치를 알게 되지 않겠는가. 그럴 때 집은 일상에 지친 사람들을 쉬게 하는 재충전의 공간을 제공하는 홈home이 될 것이다.

원 의미의 집은 사라지고 있을지라도, 우리에게 집은 여전히 존재를 거처케 하는 삶의 필수요건이다. 아도르노가 호머의 서사시를 해석하며 신화는 이제 먼 옛날의 이야기 속에나 존재한다 했듯, 현대인에게 정든 옛집은 과거지사로만 연결되는 신화로 남을 날도 머지않았다. 그때에는 그들 삶의 패턴에 맞는 어떤 방식의 홈

home이 만들어질까.

3. 작가, 시대의 파수꾼

　강천의 〈백태〉, 송신근의 〈독립문바위〉, 정둘시의 〈1962, 1982〉, 강향숙의 〈동백 피다〉, 최장순의 〈집〉에 대해 언급했다. 인간은 불완전하지만 스스로 모순을 알고 깨달아가는 존재이기에, 저 작품 속 인물들 또한 성찰을 통해 끊임없이 변화하고 발전해간다. 그렇다면 작가는 우리가 인간적으로 살기에 적절한 환경(모든 요건) 속에 있는지를 예민한 촉수로 살피는 주체들이다. 그들은 종종 문학 작품 속에 문제적 개인을 등장시켜 부조리한 삶의 문제를 제기하고, 독자는 그 인물들이 문제해결을 위해 어떻게 고군분투하는지 지켜보며 시대적 삶의 방향을 모방, 모색한다. 그런 의미에서 작가들은 어둠 속에서도 밝은 빛을 제시하며 희망을 잃지 않는 이야기를 들려주는 시대의 파수꾼이다. 그들에게서 탄생한 문학 작품은 어떤 화려한 실용성보다도 아름다운 가치를 지닌다.

어디에나 있었고 어디에도 없었던

1. 있음과 없음의 자리

'코로나19' 바이러스로 인해 도시의 거리가 한산하다. 아니, 조급증을 불러일으킬 만큼 분주하게 움직이던 현대인에게도 이런 시간이 있을까 싶을 만치 적막하기까지 하다. 내 집에 찾아오는 낯선 사람을 꺼리게 되고, 집안에만 있어야 하는 사람들은 그 무료함이 목까지 차올라 인적이 드문 공원이나 산책길에 나선다. 그곳에서 마주치는 사람들조차 꺼리는 표정으로 지나치거나 서로를 보는 눈빛이 따갑다. 스치는 사람들이 그나마 마스크를 쓰고 있어 다행이라는 생각이 들기까지 한다. '나'를 피하고 싶어 하는 '너'의 표정을 적나라하게 읽지 않아도 되니까. 그 쓸쓸한 감정을 조금은 은폐할 수 있으니까. 서로에게 없는 사람 취급해야 하는 존재의 쓸쓸함에 매몰되지 않아도 되니까. 집 안에 있는 개인의 일상이 이렇다면 직장에서 집단생활을 유지해야 하는 사람들은 얼마나 더할까. 출근길의 발걸음이 얼마나 무거울까.

이런 상황이 길어지면 사람들은 자신을 지키는 일만으로도 에너지가 고갈되어 작은 문제에도 인내심을 발휘하지 못한다. 그래서 우리 사회가 자칫 분노와 증오, 혐오의 감정으로 이어질까 염려스럽다. 중국인이나 신천지 종교단체에 대한 혐오의 표현들은 이미 난무하고 있고, 아직은 잘 견디며 일상생활에 임하고 있는 사람들도 조금씩 지치게 되면 자신에게 피해를 주었다고 생각하는 타자들에게 원망을 돌리게 될 것이다. 최소한 내 앞에서 일어나고 있는 현상들이 '나'를 견디는 수단으로 '너'에게 책임을 전가하는 지점까지는 가지 않아야 할 텐데. '나'를 위해 '너'를 없는 존재, 혹은 '주변인', '이방인'으로 취급하는 것은 비이성적이기에 존재의 비루함을 드러내기 쉬워진다. 이러한 현상이 우리 삶 깊숙이 파고들어 알게 모르게 고착되면 코로나바이러스가 사라져도 우리는 행복할 수 없다. 그래서 모두가 함께 고민하고 성찰해야 한다.

물리학자들의 견해를 빌리면, 코로나(corona)는 해가 달에 가리는 일식 때 테두리에 반지처럼 빛살만 보이는 '광환'을 가리킨다고 한다. 다양한 돌연변이로 인류를 위협하는 코로나바이러스의 생김새와 명칭이 천문현상과 관련이 깊다니 자못 흥미롭다. 우주 현상과 과학과 인간의 믿음과 삶이 어떤 한가지로 명쾌하게 규명하기 어렵다는 성찰과 우리가 안다는 것의 범주가 얼마나 협소한가를 느끼게 하기 때문이다.

 항상 '빛나는 것'의 의미를 가진 '에테르'는 고대 그리스의 아이테르에서 유래한다. 아리스토텔레스는 달 아래의 세계는 물, 불, 공기, 흙 등 4원소로 구성되어 있으며, 이들은 끊임없이 생성 변화 소멸을 반복한다고 언급한다. 반면 달 위의 천상계는 영겁불변의 가상의 제5원소 '에테르'로 충만하다고 보았다. 그는 에테르를 가장 순수한 본질(정수)로 생각했고, 때문인지 고대 그리스인들에게 '에테르'는 신의 제왕 제우스가 지배하는 영역을 의미했다. 신전(예를 들면 파르테논 신전)의 땅에서 올라오는 에테르가 신의 메시지와 관련된다고 보는 그리스인의 세계관은 일면 설득력이 있어 보인다. 그렇게 '고귀한 천상세계의 물질' 개념으로 있던 에테르가 현실 세계로 소환된 것은 1990년대 이후 우주의 거대구조를 설명하는 상대성이론과 양자역학이 등장하면서부터다. 물리학계에서 주장하는 것처럼, 아직 에테르의 존재를 확인한 것은 아니지만 수많은 우주의 현상들을 규명해 가는 인류에게 아직 증거가 없다고 해서 없는 것이라 할 수는 없다.

 보편적으로 사람은 자신에게 있어야 있는 줄 알고, 보이지 않으면 없는 줄 알지만, 사실 있음과 없음이 '하나'로 만나는 접점의 순간이 있다. 달리 말하면 우리가 명확히 안다고 생각했던 현상과 모르고 있던 영역의 현상이 덧씌워져 어떤 상황이나 사건에 대해 주체가 가졌던 긍정도 부정도 무의미함을 아는 순간이다. 그런 이치로 보면 어둠과 빛이 하나였음을 새삼 깨닫게 되고, 삶과 죽음 또한 하나이며, 생명을 이어주는 밥과 똥이 하나이며, 주체와 타자가 하나이며, 무대 위의 주인공과 관객이 하나이며, 우리가 그토록 추구하던 아름다움과 추함이 하나의 자리에 있음을 인지하게 된다. 그럴 때, 인간에게 있는 진짜 마음은, 세상 전체의 마음이라서 빛과 어둠을 나누는 마음도 없다.

진리 앞에 선 주체는, 빛을 가리는 에고의 '나'만 없으면 세계는 오직 빛뿐이고, 있음도 없음도 없다는 것을 인식한다. 그때 주체와 타자의 경계가 사라지고, 소외와 혐오, 불평등 따위의 단어들이 힘을 잃는다. 반면 오로지 '나'에게만 몰두할 때는 주체의 자리에 선 '나'는 존재하지만 '타자'의 자리에 선 '당신'은 존재로 취급당하지 못하고 무화된다. 존재의 성숙은 나를 비추는 세상이라는 거울을 통해 진지하게 '나'를 돌아볼 때 가능하다. 그림자처럼 존재하는 타인을 안아 주고 있는 자신을 발견하는 과정에서 말이다. 그럴 때 나에게 없어서 없는 줄 알았으나 빛을 발하는 무엇을 발견하고, 누구에게나 있는 존재의 숭고함을 알게 된다.

2. 작품들

김정태, 〈밥과 똥을 생각하며〉

인간 몸에 들어가는 것과 나오는 것, 밥과 똥 이야기다. 존재가 존재성을 유지해 가는 요소 중 기본 중의 기본인 먹는 것과 배설에 관한 수필. 인류는 공기가 있어 생존해 왔으나 그 공기를 당연히 여기는 것처럼, 먹고 내놓는 것에 대한 메커니즘 또한 당연시해 왔다. 입으로 먹는 것과 배설은 똑같이 중요하고 숭고하다. 생명을 유지하기 위해 먹는 일이 숭고하다면 배설 또한 숭고한 까닭이다. 수필가 김정태가 〈밥과 똥을 생각하며〉에서 말하고자 하는 바도 같은 맥락이지 않을까. 화자는 "밥에서 똥에 이르는 길은 어둡고 험난하"고 "그 여정이 심란하고 조급하"던 시절이 있었다고 고백한다. "짜증과 분노, 배신과 원망, 미움이 뒤범벅된 시절"이었으니 그럴 만도 했다. 왜냐하면 배설물은 그 사람의 삶을 그대로 투영하기 때문이다.

이런 날, 스스로에게 씌워지는 혐오는 화장실 변기에 앉았을 때, 최고조에 달한다. 가엾고 슬픈 똥이다. 앉아서 마시던 장소도 가물거리고 마구 지껄였던 말들도 덜 썩은 채로 똥 속에 섞여서 가늘고 무기력하게 나온다. 참으로 남루하기 이를 데 없는 똥이다.

1980년대 혼란의 한국 사회에서 젊은 시절을 살아온 사람이라면 민주주의에 역행하는 정치와 부조리한 사회 체제하의 생이 암울했을 것이다. 전망이 보이지 않는 일상에서 술은 그들에게 억압된 내면을 게워내는 도구이자 짧은 순간의 도피처이기도 했을 터. 온전치 못한 세상에 대한 울분과 절망을 토해내는 주인의 몸과 정신을 관통한 배설물 또한 추한 냄새와 모양이었을 것이다. 그래서 변기에 앉은 화자의 자기혐오가 어떤 것이었는지 충분히 짐작된다. "가엾고 슬픈 똥"이다. 주인의 생각과 몸이 슬프고 가엾기 때문이다. 그뿐 아니라 당시 내뱉은 말 또한 지독한 악취를 담고 있거나 가엾고 슬픈 똥처럼 무기력하고 남루했을 것이다. 그럼에도 그 시절엔 밥을 넘기며 눈물겨웠단다. 그 밥은 "거덜 난 삶을 추슬러가"는 자양분이 되어 존재를 살아가게 하는 에너지였기 때문이다. 지나간 그때의 시간이 슬프고 기막혔을지라도 흐르는 시간 앞에서 그의 희망과 절망 또한 과거 속으로 묻히고, 이제는 밥에서 배설물로 변하는 그 여정에 경건함을 표해야 하는 사건이 생겼다.

병원에 입원한 노모가 먹지 못하고 배설물을 내놓지 못하자 먹고 배설하는 것의 양과 모양을 보고 환자의 건강 상태를 체크 하려는 의사(간호사)는 환자의 변 상태를 사진까지 찍어 관리하게 된다. 처음 병원에 입원한 노모는 밥을 앞에 두고 그저 바라만 본다. 음식을 넘기지 않으니 나오는 것도 거의 없다. 간호사는 정해진 시간에 찾아와 묻고, 화자는 대답이 궁색해진다. 닷새가 지나자 노모의 몸에서 귀한 배설물이 조금 나온다. 그러자 간호사가 사진을 찍는 것을 보며 드는 화자의 생각이다.

헛웃음이 나오며 어머니의 가여운 똥 앞에서 또 눈물겨웠다. 평생 밥을 만들기 위해 험한 길을 걸어 온 한 노인의 삶 끝자락에, 똥을 만들기 위한 것 역시 힘든 여정이지 싶다. 힘겨웠지만 순결한 노동의 대가로 자식을 위해 밥을 만들었다면, 그 자식에게 보일 수밖에 없는 힘겨워하는 똥도 순결하기는 마찬가지 아닐까 하는 생각을 해보는 것이다.

의학자 허준(1539-1615)이 사람의 똥오줌을 이리저리 들여다보고, 냄새 맡아보고, 찍어 맛을 보고 그 대단한 《동의보감》의 대변大便 편을 적었다고 하듯이, 현대의학을 공부한 의사도 환자의 똥을 들여다 볼 모양이다. 잠시 생각이 여기에 이르자 간호사에게 한 마디 건넸다.

"색깔 좋고 예쁘게 찍어주세요."

화자가 말하듯, 허준 또한 냄새를 맡는 것은 물론이고 "찍어 맛을 보는" 행위를 서슴지 않았다. 병을 알고 환자를 치료하려는 의사로서의 지극한 책무 때문이기도 하지만, 당시에는 지금처럼 고약한 악취를 내거나 사람을 해하는 요소가 들어 있지 않았기에 가능한 일일 것이다. 시대가 바뀌어 먹고 사는 일의 모양새가 많이 바뀐 탓인지 이제 그 배설물은 대지도 받아들이지 않는다. 인간이 내놓는 배설물뿐만 아니라 생명체를 살리는 모든 것은 대지를 통해 정화되고 순환되어야 하는데, 이제 땅도 그것을 거부한다. 인간의 먹거리가 자연적이지 않아 배설물 또한 인공적이어서 고약해졌기 때문이다. 달리 말하면 먹는 일이 순수한 욕구를 넘어서 욕망을 드러내는 수단이 되어 버린 지금, 배설물 또한 그야말로 욕망을 배설하는 정도로 전락했음이다.

젊은 시절 자신의 배설에 대한 아픈 기억을 가진 화자는 노모의 똥 역시 가여워 눈물겹게 바라본다. 평생을 자식과 남편, 가족을 위해 밥을 마련하던 어머니가 이제는 자신의 똥을 만드는 일조차 힘들게 되었으니 어찌 안타깝지 않겠는가. 먹는 밥이 숭고하다면 똥도 숭고하듯이, 누군가의 밥을 마련하는 일이 순결했다면, 배설물을 만드는 일도 순결하다. 먹는 행위와 배설의 행위는 똑같기 때문이다. 인류의 시원을 거슬러 가보면, 밥과 똥은 똑같이 깨끗한 것이었다. 그러나 문명이 생겨나면서 인류는 먹는 것은 정갈하고 배설은 더럽다는 인식을 하게 되어, 선악과 미추, 더럽고 깨끗하다는 이분법적 관념을 배설물에도 적용했다. 인간의 먹거리가 자연적인 것에 머물지 않고 그 영역을 넓히면서 배설물의 악취는 점점 심해졌다. 그런 의미에서 신화학자들이 인류가 문명 속에서 배설물을 뒤돌아보지 않게 되면서부터 불행해졌다고 하는 말은 일리가 있다. 문명이 발달할수록 좋고 나쁨의 선악 구도가 점점 극명해지기 때문이다.

노모가 살아온 생을 잘 알고 있는 화자가 생의 끝자락에 있는 한 사람의 똥을 순결하게 바라보는 성찰은 그야말로 숭고하다. 생명의 순환에 이상 없음을 증명하는 갓난아기의 배내똥이 예뻐 보이듯 아이를 닮아가는 노모의 변도 예뻐 보일 수 있다. 이제 머지않아 자연인 대지로 돌아가게 되는 존재의 존엄성을 다시 찾아주는 저 대목에서 성스러운 한순간을 엿본다. 어떤 이들은 비루하게 여기는 노인의 똥을 통해 존재의 숭고함을 보는 화자는 어둠과 빛이 하나였듯, 생명을 이어주는 밥과 똥이 하나이며, 그토록 추구하던 아름다움과 추함이 하나의 자리에 있음을 인지한다. 그럴 때, 화자에게 없는 줄 알았던 존재의 숭고함을 체현하게 된다. 어디에도 없을 것 같던 성스러운 영역이 발현하는 순간이다.

김정화, 〈무너지는 강〉

〈무너지는 강〉의 화자는 인도 갠지스강에서 삶과 죽음의 의미를 사유한다. 삶의 시공간에서는 죽음이 보이지 않고, 죽음의 시공간에선 삶이 없어 보인다. 그러나 살아있는 인간의 관념에서 규정되는 것이지 누구도 죽음의 세계에 대해서는 그 실체를 설명하지 못한다. 고대의 인류가 신을 믿고 종교를 만든 것도 유한한 존재가 이승을 떠나면 어디로 가는 것일까 하는 의문 때문이기도 했다. 태어난 존재의 유한성을 극복하고자 한 결과였다. 불교의 '사자의 서'는 사람이 죽어서 윤회하는 과정을 세세하게 기록하고 있다. 즉 살아서 행했던 습(업장)으로 고착된 영혼은 중음의 세계를 떠돌다 다시 태어난다. 눈에 보이지 않는다고 없는 존재는 아니라는 생사관이다. 다시 태어나는 세계는 수없이 윤회하며 굳어진 업장만큼의 존재로 탄생한다. 누군가는 미물로, 누군가는 가장 아름답고 선한 사람으로, 누군가는 추하고 악한 존재로. 그래서 잘 사는 것은 잘 죽는 것과 밀접한 관련이 있다. 문학작품이나 그림, 음악, 연극 등 예술의 영역에서 삶과 죽음의 인과관계를 보여준 예가 꽤 있기에 우리는 상상을 통해서나마 죽음의 세계를 그려낼 수 있다. 지금, 화자가 갠지스강에서 건져 올린 사유의 파편들 또한 생과 사에 대한 성찰이다. 그러나 이 글에서의 주제는 조금 다른 곳에 초점이 있다.

전설보다도 더 오래된 길을 따라 갠지스강으로 간다. 이번에는 수많은 인파에 릭샤꾼의 호객 행위와 사방에서 울려대는 오토바이 경적과 옷깃을 잡아채는 장사꾼들의 요란함에 혼이 뺏길 지경이다. 그 사이를 순한 소들이 어슬렁거리고 군데군데 개 무리가 널브러져 있다. 자칫 한눈이라도 팔면 바닥의 배설물을 밟게 되는데 비싼 신발을 신은 자들은 오물을 피하느라 바쁘고 맨발의 인도인들은 도리어 여유만만이다. 그들의 순례길에 지갑을 움켜쥐고 눈살을 찌푸리며 경계하는 자는 모두 우리 여행객들이었다.

화자와 그 일행은 왜 이곳에 갔을까. 분명 갠지스강에서 일어나는 죽음에 대한 성스러운 생각을 가지고 그 장면과 만나고자 혹은 그들과 같은 마음으로 갔을 것이다. 그렇지 않다면 멀고도 힘든 여행길을 선택하지 않았을 테니까. 인도 사람들은 이곳에서 태어나 살다 숨을 거둔 뒤 이 강으로 돌아가길 소원한다. 이 강은 살아있을 때 지은 죄에 대해 속죄하는 장소이고, 저승으로 건너가는 상징적인 장소여서 더 나은 신의 세계로 가거나 생의 세계로 윤회하기 위한 매개 공간이다. 따라서 죽음 이후 윤회의 생이 있다는 것을 확신하는 그들은 이 강에 던져지는 가족이 내세에 더 좋은 인간으로 태어날 것이기에 슬퍼하지 않는다.

그런 갠지스강에 가는 길에서 만난 풍경은 의외로 복잡하고 소란스럽다. 이곳은 죽은 자와 산 자 모두 살아가면서 어쩔 수 없이 덧씌운 속진을 씻어내고자 오는 곳이다. 따라서 장례를 위해 오기도 하지만 산자도 마음의 안식을 찾기 위해 오는 곳이기에 성과 속이 공존하는 공간이다. 주검을 성스럽게 보내기 위한 사람과, 생계를 위해 투쟁해야 하는 생활인들이 모이는 만큼 묘한 이미지가 만들어진다. 그 중 "수많은 인파에 릭샤꾼의 호객 행위와 사방에서 울려대는 오토바이 경적과 옷깃을 잡아채는 장사꾼들의 요란함에 혼이 빼길 지경이"며 소들이 어슬렁거리고 개 무리가 널브러진 풍경을 보면 흡사 지옥을 방불케 한다. 그런 상황에서 맨발의 인도인들은 여유만만이지만 고급 신발을 신은 한국 여행객들은 오물을 피하느라 더 황망하다. 갠지스강의 풍경과는 분명 다른 이미지다. 화자의 표현처럼, "그들의 순례길에 지갑을 움켜쥐고 눈살을 찌푸리며 경계하는 자는 모두 우리 여행객"이니 그곳에서 그들은 이방인이다.

그 강으로 가는 길에서의 여행객들은 삶의 세계에서든 죽음의 세계에서든 존재성 없는 대상으로 무화된다. 밥을 버는 현실적 삶에 끼어 있지도 않으며, 성스러운 강을 향한 믿음도 보이지 못하고 있다. 자신이 꿰고 있는 신발이 오물에 젖지나 않을까 염려하는 여행객들은 그 길 어디에도 속하지 못하는 이방인이다. 분명 존재하고 있으나 진정으로 존재하지 못하는 사람들, 그 장소 어디에도 속하지 못하는 순간이다.

그러나 화자는 그들이 "자연으로 돌아가는 과정을 묵묵히 지켜보"며, 강 앞에서는 누구나 평등한 주검이 된다는 것을 알게 되고 "죽음 앞에서 사라지는 것이 삶이지만 죽음 앞에서 더 빛나는 것도 삶일 수 있겠다"는 사유에 이른다.

화장터 옆에서는 사람들이 몸을 씻는다. 이곳에서 목욕을 하는 일은 죄를 씻는 성스러운 의식이다. 사리를 입은 채 물속으로 들어가는 여성들과 웃통을 벗은 반라의 남성들이 성수를 끼얹는다. 그 너머로 쪼그린 채 용변을 보는 아이와 나무뿌리 같은 머리카락을 땋고서 경전을 읽는 수행자, 줄기차게 계단을 쓸고 있는 자, 쉴 새 없이 장작을 쌓는 노인, 계단 모퉁이에서 손으로 음식을 먹는 여인, 엽서를 파는 소년, 눈 비비며 일어나는 노숙자, 잔뜩 멋을 부린 여행자들까지 인간의 삶이 함께 모였다. 겉모습이 뭐가 중요한가. 붓다의 이치 앞에서, 예수의 십자가 앞에서, 힌두 경전 앞에서 그리고 이 엄숙한 강 앞에서 알고 보면 우리는 모두 하나인 것이다.

갠지스강에서 생과 죽음을 본 화자는 저 강을 중심으로 모인 사람은 모두 하나라는 큰 성찰을 하게 된다. 이 강 앞에 모인 사람들은 주검을 화장하거나, 죄를 씻는 목욕을 하고, 용변을 보거나 음식을 먹고, 청소하거나 생계를 위한 장사를 하고, 아예 이곳에서 노숙하거나 여행자들이다. 겉모습이 각기 다르고 행위도 다르나 그들은 모두 이곳에서 평등하게 존재한다. 붓다의 진리든, 예수의 진리든, 힌두교의 진리든, 우주의 이치를 말한 성현들의 진실 앞에서 동일자가 된다. 이 시공간에서 그들은 모두 자신의 존재성을 현현하는 '나'가 없는 '너'와 내가 된다. 타자와 주체가 겹쳐 있는 상태다. 화자의 프리즘을 통과한 앞의 한국 여행객들이 갠지스강 주변에서 어디에도 속하지 못하는 타자였다면, 작품 말미에서는 어느 곳, 어디에나 있는 존재성을 획득한 엄연한 존재가 된다. "갠지스강에서 삶의 끝을 본 사람이라면 자신의 벽을 허물지 않는" 사람이 없을 것이기 때문이다.

내 안의 벽을 허물면 타자들을 포용할 여분이 넉넉해진다. 붓다가 말한 '나'라는 상을 버리면 우주와 하나가 된다는 말과 같은 이치다. 그때에는 이 우주 어디에도 있는 존재가 되지 않겠는가.

박정숙, 〈외나무다리〉

작가가 그려내는 영주의 무섬마을은 매우 아름답다. 마을이 물 위에 떠 있는 연꽃 모양의 "연화부수형蓮花浮水形"이며, "누운 여인의 실루엣처럼 유려한 곡선을 자랑하는 긴 다리가 마을까지 이어져 있"으니 그 아름다운 풍경이 족히 상상된다. 서로에게 어깨를 겯는 차나무처럼 나지막하게 서 있는 교각들이 있는 곳, "빠른 물살을 견디며 서로를 묵묵히 격려하는 풍경이 따뜻해 보"이는 곳에 서 있는 외나무다리이기에 지나는 사람들에게 '조심조심 오시소'라고 살가운 인사를 건네는 것 같다. 그런 공간에서의 걸음은 한발 한발에 마음을 집중할 수밖에 없다.

화자는 외나무다리를 건널 땐 "정신의 때를 벗어버리고" "삿된 마음을 가셔내"야 가벼이 지나갈 수 있다고 생각한다. 생을 유지해야 한다는 명분으로 자신의 욕망을 지키려 원하지 않던 삿된 마음을 쓰기도 했을 터이니 그것조차 걷어내고 가벼워져야 저 외나무다리를 지나갈 수 있다는 것이다. 현실을 살아가면서 의도치 않게 쌓은 내면의 검불을 걷어내지 않으면 자칫 혼탁해진 정신으로 살아야 하기 때문이다. 그렇다면 저 외나무다리는 다리 이쪽과 저쪽 사이를 가름하여 이 마을로 들어서는 사람들을 정화해 주는 역할을 하는 셈이다. 마을과 마을의 경계에 서서 무섬마을의 문이 되어주고 있지 않은가.

누구든 무섬마을에 들어오며 옷자락을 여미고 마음을 경건하게 가진다면 그 순간만이라도 성스러운 사람으로 존재한다. 속진에서 벗어나 맑게 정화된 상태는 존재로서 가장 아름다우며 순수한 주체로 머물게 된다. 존재가 어떤 대상을 만나 외경의 순간을 체현한다면 그 순간엔 진리 앞에 선 '나'일 수 있다. 바쁜 현실의 물살에 떠밀려 그런 자신을 잊고 사는 인간에게 이런 순간은 자주 오지 않는다. 이럴 때 존재는 순수한 상태로 세계를 품어 어디에나 있을 수 있다. 무섬마을이 '연화부수형'의 형태를 가지고 있다는 것은 예전부터 이 마을 사람들의 삶이 어땠는지 유추할 수 있게 한다. 저 외나무다리를 건너 아름다운 지형으로 들어와 사는 사람들은 비교적 선하게 살지 않았을까. 오랜 관습으로 이뤄온 공동체의 생각과 삶은 그 땅의 영향을 받아 변화 발전해 왔을 테니까. 이런 마을로 들어서기 위해 조심스레 내딛는 화자의 걸음에 마음의 평정이 찾아오는 것은 당연하다.

외나무다리를 건넌 화자는 마을에서 전통문화 행사 중 상여 행렬을 재연하는 장면과 맞닥뜨리는데, 그것은 우리의 전통문화를 기리고 중요하게 여기는 무섬마을 사람들의 의식을 표상한다. 마을 사람들의 삶을 위해 묵묵히 제 자리를 지키고 있던 외나무다리는 이 마을을 떠나 영원으로 떠나는 망자의 마지막 배웅까지 도맡는다. "좁디좁은 외나무다리 하나가 세상과의 유일한 통로였던 시절, 저렇듯 다리는 산 자도, 죽은 자도 말없이 실어 날랐"고 "망자의 저승길을 인도"하는 매개체였으니 그 상엿소리는 그지없이 처연했을 것이다. 화자는 이 다리를 통해 외할머니를 떠나보냈고, "보이지도 만져지지도 않는" 바람이 불던 날 성난 파도에 친구를 잃어버렸다. "바다는 오로지 재미있는 놀이터"로 여기고 살던 화자에게는 생과 사의 불가해성을 조금씩 깨닫게 해주었던 셈이다.

어느덧 상여 행렬은 다리의 끝자락을 지나가고 있다. 상여꾼들의 노랫가락도 더없이 구슬프다. 혼자서도 아슬아슬 진땀이 나던 외나무다리를 여남은 명 상여꾼들이 잘도 건너간다. 거센 물살을 발아래 두고서도 한 마음, 한 몸인 듯 흔들림이 없다. 삶의 마지막 길을 굳건히 지켜주는 이들이 있어, 아슬아슬한 외나무다리 위에서도 망자의 영혼은 더없이 안온하겠다.

여태 그러했듯이, 가까운 이들이 하나둘 나를 떠나갈 것이다. 나 또한 사랑하는 이들의 곁을 영원히 지키지는 못 하리라. 삶이라는 현실을 딛고 선 오늘이라는 시간이 뚜렷이 보인다. 새삼스레 삶에 대한 전의를 다시 한번 다지게 된다.

무섬마을의 생과 사의 모습을 지켜보며 오랜 시간을 견뎌온 외나무다리다. 그래서 저 다리는 '거센 물살'을 아래에 둔 생사의 갈

림길을 은유한다. 지하세계로 가는 스튁스 강처럼, 외나무다리를 건넌 망자는 무섬마을로 다시 돌아오지 못한다. 그러나 망자를 보내는 마을 사람들과 상여꾼들의 애석함이 정성으로 닿아 그곳을 건너는 영혼은 위안받고, 슬프지 않게 다리를 건널 수 있다. 유한한 존재는 누구든 이승에서 영원히 머무르지 못한다. 화자뿐만 아니라 우리는 모두 언젠가 떠날 것이다. 따라서 살아있는 인간은 늘 존재와 부재를 같이 품고 있다. 어느 때는 존재의 상태로 생생하게 살아가고, 어느 때는 방전되어 자기를 잃어버리고 부재의 상태로 머물기도 한다. 생의 의미를 어디에 두고 사느냐에 따라 진정 주체로서 어디에나 있는 존재가 되고, 어디에도 없는 존재가 된다. 저 외나무다리는 존재성과 부재성을 다 아우르며 때로 성스럽게, 혹은 세속의 사람살이를 아름답게 승화시키며 무섬마을을 지키고 있다. 그 때문에 화자가 이곳에서 삶에 대한 전의를 다지는 것은 매우 당연해 보인다.

권유경, 〈흔적〉

이 수필은 화자가 사는 동네의 길거리에서 2년 정도를 살다 간 어느 노숙자?에 대한 이야기다. 그를 통해 화자는 주체의 내면에 잠들어 있는 사랑을 발견하게 된다. 작가는 그녀에 대한 묘사와 설명을 하면서도 방랑자인지 노숙자인지 유랑하는 이인지 사회적 호칭을 부여하지 않는다. 작가의 창작 기법이라면, 인물의 명칭을 명명하는 순간 고정되는 이미지를 피하기 위해서라고 추측할 수 있다. 화자는 그녀가 어떤 사람인지에 대한 정보를 끝까지 제공하지 않기 때문이다. 다만 그녀는 화자가 다니는 길에서 사람들이 낮 동안 쏟아내는 쓰레기를 모으거나 길거리를 쓸어내고 있는 사람일 뿐이다. 필자 역시 그를 표현하는데 적절한 명칭을 생각 속에서 뒤적여 보았지만 그나마 적합한 게 노숙자여서 그렇게 사용하기로 한다(그녀는 사회의 관습을 거부하고 자기가 바라는 바를 추구하며 유랑하는 떠돌이로도 보이지 않기 때문에 유랑인도, 주변인도 적절치 않다).

이 글의 도입부를 보자. "마지막 전철에서 내려 밖으로 나왔다. 사각사각 눈이 내렸다. 그러나 땅에 닿기도 전에 사라져갔다. 나의 하루도 그렇게 사라지고 있었다. 얼굴에 닿는 매운바람 때문인지 낮의 일들이 떠올랐다. 맵싸한 바람보다 더 아렸던 하루였다. 인정도 눈물도 없다는 소리에 아팠고 인정 봐주고 사정 봐주면 굶어 죽기 쉽다는 소리에 쓸쓸했다." 작가는 〈흔적〉의 주제를 밀도 있게 그리기 위해 글의 시작부터 땅에 닿기도 전에 사라지는 눈을 통해 존재의 변화와 그 허망함을 보여준다. 자신의 하루도 눈처럼 사라지고 있다는 그의 고민은 인정을 베풀어야 하는 것인지, 인정사정없이 살아야 하는 것인지에 가 있다. 어쩌면 이중적 속성을 가진 우리네 삶의 단면이기도 하지만 그럼에도 우리는 늘 갈등하며 살아오지 않았던가. 나를 위해 살면 남을 배려하지 않는 이기적인 인간이 되고, 나를 내려놓고 이타적 삶을 살면 자기 손안으로 들어오는 것도 챙기지 못하게 되는 세상에서 사는 이들의 존재론적인 고민이다. 내 흔적을 드러내면 타인의 공격을 받고 드러내지 않고 살면 외롭고 고독하게 살아야 하는 삶이다.

그런 화자 앞에 나타난 노숙인은 "활처럼 굽은 허리를 하고 어기적어기적 골목 여기저기를 뒤적이"고, 사람들이 낮에 버리고 간 '비닐봉투와' 쓰레기를 주워 담고 있었다. 그 사이 사람들이 그녀 곁을 지나갔지만 아무도 그녀의 존재를 의식하지 않았고, 그녀 역시 그들을 의식하지 않았다. 길을 가는 행인이나 노숙자의 모습을 한 그녀는 서로에게 존재하지 않는 사람들이었다. 실체가 있음에도 존재감이 없는 사람들. 행인들은 그녀를 '골목의 일부', 골목의 귀퉁이를 채우고 있는 사물로 보았고 그녀는 행인을 그저 스쳐 지나가는 바람처럼 생각하였던 모양이다.

그런 노숙자를 보며 2년의 겨울밤이 지나자 화자는 그녀가 "낮이 버린 너덜거리는 아픔을 쓸어 담는" 성녀로 인식된다. 타인이 버린 쓰레기를 주워 모으며 "단절, 무심의 평정 상태에 있"는 사람을 그렇게 표현할 수도 있겠다. "오직 밤의 고요와 어스름한 어둠을 입고 현실로 돌아오지 않아도 될 평온한 걸음을 마냥 걷고 걸어가는" 모습에서 성스러운 존재를 떠올린 것이다. 비로소 화자는 그녀가 어떤 사람인지 어디서 왔는지, 어떤 삶을 살았는지 궁금해지기 시작했다. 그러자 그녀가 줍고 있는 것이 쓸모없는 쓰레기가 아니라 "낮의 부스러기들 속에서 온몸으로 지켰던 사랑의" 흔적을 찾고 있었을 것이라는 생각에 이른다. 다소 추상적인 표현이지만 그녀가 지키고자 애썼으나 끝내 지키지 못했던 사랑의 상처를 줍듯 쓰레기를 줍고 있다는 생각이다. 그녀는 낯선 곳으로 스며들어와 골목에 버려진 쓰레기를 줍고 버리는 행위를 통해 자신의 흔적, 상처를 지워가고 있었다. 화자가 유추하는 "그녀가 청소차에 던진 나부랭이는 아픈 기억일 것"이라는 점에서 그렇다.

버릴 것은 버리며 골목을 비질하고 다니던 그녀의 흔적은 "벽돌과 차곡차곡 쌓인 낙엽더미와 깨끗해진 골목"으로 확인할 수 있었다. 그런 그녀가 올겨울엔 보이지 않는다. 화자는 오늘도 "사람들과 부대끼다 상처를 안고 귀가 중이"고, 그간 수많은 사람과 스치던 길이지만 유일하게 기억되는 사람은 그녀뿐이다. 자신의 의지인지 아닌지도 모르면서 밤새 골목의 쓰레기를 쓸어 담던 사람, 자신이 무엇을 줍고 있는지도 모르면서 몸의 관성대로 살던 사람이었다. 사람들은 그녀의 노고로 깨끗해진 길을 오가며 "상쾌한 아침 공기를 마"셨을 테지만 누구도 그녀의 존재에 대해서는 의식하지 않았다.

내 속을 찌르는 가시를 토했을 때도 그녀가 내 곁을 쓸고 있었을 것만 같다. 그런 그녀는 나로선 도저히 용기를 내거나 흉내 낼 수 없는 거룩함이었다. 전에 없이 고양이가 울고 낙엽은 여전히 뒹구는데 그녀 없는 골목은 텅 빈 듯 허허롭고 적막하다. 천형처럼 무거워야 할 어둠을 너무도 편안히 입고 걷던 그녀. 낮 달로 살지 않아도 될 곳으로 영영 떠나버린 것은 아닌지. 그녀가 보고 싶다.

화자가 사는 동네 골목에 겨울이면 찾아와 거리에 버려진 쓰레기를 주워 모아 쌓아두거나 청소차에 버리는 일을 하던 그녀는 이제 더 이상 오지 않는다. 살아온 습관처럼, 혹은 버려진 자신처럼, 사람들이 놓치거나 버린 거리의 쓰레기를 주우며 살던 그녀는 영원한 안식을 찾아 이승을 떠났는지 모른다. 이제 화자는 자신이 할 수 없는 일을 하다 떠난 그녀를 그리워한다. 처음엔 무심했으나 시간이 지나는 동안 그녀의 존재를 받아들였기 때문이다. 그러자 자신이 하지 못하는 일을 묵묵히 해오던 그녀의 행위들이 거룩하게 보인다. 그녀는 누구에게도 보이지 않아 없는 존재였지만, 화자에게 와서 거룩한 존재가 되었다.

이 수필은 사람이 사람에게 한 존재로서의 소중함을 알게 되는 과정이 잘 그려졌다. 화자가 그랬던 것처럼 사람과의 관계에서 상처받고 아파본 이들만이 진정 타인의 아픔과 상처도 알아보고 그 존재의 소중함을 안다. 어디에도, 누구에게도 보이지 않던 그녀였지만 화자에 의해 그녀는 그 존재성을 복원하였다. 타자에게 무관심한 결핍의 시대를 살아가는 우리에게 이런 주제를 환기하는 작품은 소중하지 않을 수 없다.

김재희, 〈동병상련〉

우리가 장애인을 말할 때, 비장애인과 장애인의 차이는 몸이나 정신이 불편한 사람과 그렇지 않은 사람 정도여야 한다. 그러나 현실에서 드러나는 현상을 보면 그 정도의 차이가 아니라 인간의 본능과 인격의 차별로까지 이어지곤 한다. 심지어는 차별과 혐오의 감정까지 덧씌워진다. 그런 면에서 수필 〈동병상련〉은 균형감각을 잃지 않은 글이다. 화자는 베어졌으나 아직 살아있는 개나리 가지를 꽃병에 담아 두고, 꽃망울을 속에 품고 있던 가지가 조화롭게 자리하도록 이리저리 만지다가 부러뜨리고 만다. 그것을 테이프로 붙여놓았더니 어느 날 꽃을 피웠다. 가지가 부러졌어도 꽃은 제 생명을 충분히 다하는 것이다. 작품의 도입 부분만으로도 어떤 이야기일지 짐작케 한다.

"딸을 생각해서 인큐베이터에 있는 손주아이가 차라리 잘못되기를 바랐어요."

그 메시지를 읽는 순간 가슴이 찡했다. 얼마나 절박한 마음이었으면 그런 말이 나올까. 언젠가 했던 그의 말 한 마디가 더욱더 새롭게 다가왔다. 장애를 갖고 사는 사람보다 장애아를 둔 부모가 더 불행한 것이라는. 아픈 손가락보다 그 손가락을 바라보는 마음이 더 고통스러운 것이라는. 그래서 아픈 손주보다는 마음

고생할 딸이 더욱 걱정된다는 것이다.

장애가 있는 당사자도 불편하지만 그에 대한 사회적 편견이 그들을 더 힘들게 한다. 그래서 장애인인 화자의 지인은 장애가 있는 자신의 손주가 잘못되기를 한순간일망정 바라게 된다. 장애 있는 사람이 어떤 삶을 사는지를 자신이 직접 경험하였기 때문이다. 화자의 지인은 경험도 있지만, 어미로서 딸이 겪는 아픔과 슬픔도 간과할 수 없기에 순간이지만 아이를 없는 존재였으면 하고 바랐던 것이다. 어느 순간 존재성이 무화되는 아이는 우리 사회 어디에도 있을 수 있다. 어미의 손에 버려지는 아이들, 자식에 의해 폐쇄된 공간에 갇히게 되는 부모들, 장애를 가졌다고 무시 받고 심지어는 혐오의 대상이 되는 이들이 있다. 그래서 마르크스는 생물학적 진실조차 자아를 넘어선 '관계'에만 존재한다고 했던가. 주체가 자신을 내세울 때, 어머니일지라도 자신이 우선일 수밖에 없는 것이다.

우리는 장애로 고통받는 삶을 사는 할머니, 그의 고통이 얼마나 지독했으면 그랬을까 조금은 이해한다. 혈육으로 이어진 그들은 한쪽이 "열병을 치르면 그 핏줄은 같이 열병을 앓는다"니 그들을 바라보는 지인의 심경이 오죽했을까. 그런 지인을 아는 화자는 그의 말을 '불순하게' 듣지 않고 그대로 받아들여 준다. 장애를 앓아보지 못한 자신이 지인을 완벽하게 이해하지는 못한다는 것을 수긍하기 때문이다. 어설픈 이해나 동정을 하지 않고, 있는 그대로의 현실을 인정해주는 일, 그들이 누구든 존재와 존재 간에 중요하고도 필요한 일이다.

"나는 그 아이보다 얼마나 가치가 있는 사람이라고 그리 말을 했을까요. 다음에 만나러 가서 용서를 빌어야겠어요." 뒤이어 자신의 실수를 통렬하게 뉘우친 지인의 메시지다. 자신의 손주가 세상에 없는 존재이길 원했던 그 순간의 슬프고 아픈 감정에 화자의 지인은 아이에게 용서를 빌겠단다. 사실 태어난 생명은 어떤 상황 어떤 경우에도 똑같이 존엄하게 대해야 한다. 그 사람이 어떤 사람이건 존엄성을 지키고 지켜줄 의무가 있다. 그러나 우리가 사는 시대는 그들이 처한 환경이나 상황에 따라 존재의 가치가 더해지거나 형편없는 존재로 전락하여 없는 사람이 되기도 한다. 그게 현실이기에, 그런 현실을 바꾸기 위해 문학은 더 많이 인간의 존엄에 대해 외쳐야 한다.

좀 모자라면 모자란 대로 그만큼 누리고 사는 그 자체만으로 충분히 훌륭한 생이다. 더 잘되고 더 잘하기를 바라는 것은 옆에서 보는 사람의 욕심일 뿐 결코 당사자의 행복은 아닐 것이다. 보는 사람들의 잣대에 맞지 못한다고 손사래 치고 거리를 두는 마음이야말로 고쳐야 할 장애이리라.

그들에게 결코 불행이라는 단어만이 붙어다니는 것은 아닐 것이다. 어려운 과정을 거치면서도 서로간에 애정을 더 확인해 보는 일도 있을 터이다. 온 가족이 겪어야 하는 고통과 아픔이지만 밝은 웃음도 함께 간직하게 되리라는 믿음도 가져본다.

함부로 예단하기는 어려우나 한 사람의 인생에서 그가 느끼는 행복과 고통의 질량은 비슷하다고 한다. 행과 불행의 모양과 색깔과 형태는 다르지만 존재가 느끼는 행복과 불행의 총량은 같다는 의미다. 부연하면 장애인을 비롯하여 사회적 약자나 강자 모두 행, 불행의 양은 같다. 많이 가져서 행복할 것 같은 사람에게도 불행이라 느끼는 순간이 동량이고, 너무 못 가져서 불행할 것 같은 사람에게도 행복하다고 느끼는 순간이 동량이라는 것이다. 다만 우리의 사회구조 속에서 외형적인 모습으로 볼 때 상대적 박탈감으로 못 가진 이들이 불행해 보일 뿐이지만, 개개의 삶을 들여다보면 행복과 불행이 비슷하게 교차한다.

장애가 있는 이들에게도 행복과 불행은 같이 있다. 다만 사회라는, 그들 바깥에서 가해지는 편견과 불평등이 더 큰 문제다. 그런 의미에서 장애인에 대한 화자의 시각은 매우 따뜻하고 조화롭다. 그들을 있는 그대로 봐줄 때 그들은 우리 사회 어디에도 있는 존재가 되지만 편협한 시각으로 그들을 밀어내고 편견으로 대할 때 그들은 우리에게 없는 존재가 된다. 설령 그들이 비장애인들보다 조금 더 불행해 보인다 해도 그들은 여전히 우리 사회를 구성하는 구성원이고 함께 가야할 존재이며, 평등하게 인정받아야 할 권리를 가진 또 다른 '나'이기도 하다.

3. 영화 〈제5원소〉에서 찾은 것은 사랑

코로나바이러스로 방역 비상, 폭발, 벼랑 끝, 팬데믹 쇼크…. 삭막한 단어가 넘쳐나고 사람들의 마음이 어딘가에 착지하지 못하는 혼란스러운 시기를 건너고 있다. 우리 사회는 조금씩 진정이 되어가는 국면이지만 이탈리아를 비롯한 여타의 나라들은 비상사태에 돌입했다. 도움 주러 간 사람들에게 당신 탓이라고, 어느 나라가 원흉이라고 극단의 혐오를 드러내는 이들도 있다. 그런 와중에도 타인의 존재성을 인정하며 자기희생과 양보, 그리고 격려를 멈추지 않는 이들이 있어 이 삭막한 시절을 견딘다.

우리는 왜 바이러스와 싸우는가. 그것이 생명을 지키기 위한 것이라면 그 싸움에서 삶이 위태로워지는 사람들을 지키는 것도 중요하다. 신종 바이러스는 사람 사이에서 퍼지지만 그 바이러스와 싸우면서 만들어진 혐오와 소외, 거리두기 등의 인간을 향한 불신은 바이러스가 물러간 후에도 내면화되어 우리 삶에 침투한다. 타인을 향한 혐오와 배제의 감정이라는 바이러스를 물리칠 수 있는 것은 사랑과 존중의 바이러스뿐이다. 뤼크 베송 감독의 영화 〈제5원소〉에서 주인공들이 외계 침입자들로부터 지구를 구하기 위해 그토록 찾았던 제5원소도 다름 아닌 '사랑'이었다.

'있음과 없음'이라는 존재론 문제는, '현대와 도시'라는 시공간 개념과 연계되면서 '함과 됨'이라는 실천으로 이어져 왔다. 위의 작품들을 통해 충분하진 않지만 몇 편의 수필에서도 그러한 움직임의 단초를 찾아볼 수 있었다. 온갖 모순이 가득한 이 세상에서 무엇을 '할 것인가?', '어떻게 할 것인가?'를 묻고 궁구하고 실천하는 일들이었다. 있을 것이 없고 없을 것이 있는 '나쁜' 세상을, 존재들이 더불어 잘 살아갈 수 있는 없을 것이 없는 '좋은' 세상으로 변화시키기 위해서 문학을 통해 보여준 작가들의 빛나는 사유와 성찰이 유독 귀하게 느껴졌다. 매화, 산수유 만발한 풍경처럼 절로 흐뭇하고 안온한 일상의 평화가 그리운 시간이기에 더욱.

풍자 그리고 사랑에 담긴 진정성의 윤리

1. 존재의 윤리성

　작가에게 글쓰기는 자기 삶을 지탱하고 견인하는 방편이기도 하다. 그런 이유로 작가가 글쓰기의 소재를 머릿속에 두고 그것을 언표화 하기까지 스스로에게 던져보는 물음들은 지극히 윤리적이고 정당하다. 작가의 마음속에 사는 슬픔과 분노는 문학인이란 어떤 존재인가라는 본질적인 물음을 상기시킨다. 그래서 글을 쓰는 이는 '자신을 더 알고 더 깊게 절망하기 위해' 문학을 한다. 절망은 현실과 이상 사이의 괴리를 메꾸지 못한 데서 오는 존재론에서 생기기에 절망이 클수록 존재 또한 깊어진다. 그중에서 현실적 욕망에 휩쓸리다 느끼는 절망은 절망이되 진실로의 절망은 아니다. 그뿐 아니라 욕망의 세계에는 절망에 이르기 전 다른 욕망으로 옮겨갈 대체물들이 많아 절망의 기회조차 오지 않는다. 어쨌거나 문학은 이상과 현실 사이의 간극에서 오는 매혹의 크레바스에서 건져 올린 결과물이다. 그런 시간을 견딘 작가는 인간 존엄을 지키고 유지하기 위한 존재의 윤리성을 발견하게 된다.

한국 문학에 윤리가 처음 유행처럼 등장했을 때 그것은 타락한 세계에 맞선 개인의 투쟁을 상상적으로 승인하기 위한 것이었다. 이후 타자의 윤리학은 2014년 세월호 사건을 겪으면서 타자에 대한 애도의 윤리학과 연결되었다. 1990년대에는 개인주의적 진정성의 윤리가 주창되었고 이후 그것은 개인의 자아 중심주의를 비판하며 정신분석학적 주체의 관점에서 실재의 윤리를 정립하려는 시도로 이어졌다. 비슷한 시기에 데리다와 레비나스 등을 경유한 환대의 윤리 혹은 타자의 윤리 담론이 문학비평을 이끌었고, 그것은 문학과 정치의 관계를 묻는 질문으로 번져 나갔다. 이후 윤리는 더 세심하고 관계적이며 상호지향적인 것이 되었는데 그건 아마 일상의 폭력을 무반성적으로 재생산하는 미시적 장치일 수 있다는 깨달음에서 비롯되었을 것이다.

도덕에 대한 '학문'이라고 종종 불리는 윤리(학)는 인간이 자기 자신뿐 아니라 타자와 자연 세계를 도덕적 사고의 대상으로 이해시키기 위한 가치에 역점을 두어 다룬다. 범박하게 말하자면 선, 덕목, 올바른 행위의 경계와 구성요소의 범위를 정하는 일차적 믿음과 실천에 대한 이차적 성찰에 중심이 있다. 나를 위해, 타인을 위해, 이 세계를 위해 '나는 무엇을 해야 하는가?', '어떻게 하면 좋을까?'

라는 질문을 쉼 없이 하는 존재인 작가는 윤리를 실천하는 인간이다. 전통적인 수필가들은 대체로 규범윤리학(normative ethics)의 범주에서 글을 써왔다. 그들은 주로 선과 올바른 행위의 궁극적인 것을 추구함으로써 윤리를 실천하려 했다. 수필작가들이 소재나 주제를 통해 구현하는 윤리적인 원리는 그 시대에서의 보편성이다. 그러나 문학은 때에 따라서 윤리적 규정을 초월하는 세계를 지향한다. 쓰여질 당시 상황에서 인간 삶을 밝히고자 보편적 윤리의 세계를 초월하는 것이다.

　자본주의의 영향 아래 개인주의적 성향이 강화되고 이기적인 인간 세상이 도래할수록 메타윤리학(meta-ethics)적 글쓰기가 필요하다. 그것은 '선한 것이 무엇이 좋은가' 혹은 '나쁜 것과 좋은 것을 구별할 수 있는가?' '왜 나에게 의무 지워진 듯한 것을 내가 해야만 하는가?'와 같은 질문을 던지며, 윤리적 특성과 평가의 본질을 이해하려는 노력에서 쓰여지는 것이다. 이러한 본질을 아는 존재는 어떤 윤리적 행위를 하면서도 자신을 억압하지 않고, 그러한 작가는 행복한 글쓰기를 한다. 자신을 억압하지 않고 쓰는 글은 독자를 자유롭게 한다. 작가는 한 개인의 주관적인 견해나 욕망, 기질의 표현만이 아닌, 소소한 진리일지라도 객관적인 진리를 반영하기 때문이다.

　현대사회 체제에서는 단일한 윤리체계가 있을 수 없으므로 도덕적 가치와 믿음은 객관적이기보다는 주관적이고, 이성에 의하여 어떤 특정 윤리체계를 채택함으로써 표현될 수 있는 '진정한' 인간 본성이란 존재하지 않는다. 도덕적 주체로서 인간이 지니는 자율성과 합리성을, 이상적이고 결정적인 특징이라고 동일시하지 않는 것이다. 이러한 포스트모더니즘적 윤리는 도덕적 믿음이나 가치 실천이 문화와 문화 간에, 시대와 시대 간에 심지어는 상황과 상황 간에도 개념이 바뀔 수 있는 것이다. 그러므로 '나는 무엇을 해야 하는가'라는 물음에 대한 대답은 질문자의 상황에 따라 변화해야 오히려 의미가 있다. 현대소설에서 젊은 작가들이 쓰는 서사 속에 이러한 인식론이 녹아든 작품을 보아왔다. 그들의 감성이라고도 볼 수 있는, 그들이 고통이나 슬픔을 표현하는 방식과 그에 항거하는 방식에서도 느껴진다.

 지금을 기점으로 10년 혹은 20년 전만 떠올려 봐도 세상은 이토록 편리하거나 풍족하지 않았다. 그럼에도 오늘의 우리는 어느 한 쪽의 풍요와 상대적 궁핍을 말하지 않을 수 없다. 따라서 2000년 이전의 인생을 사는 이들은 세상이 더 좋아졌다고 하지만, 젊은 세대는 불평등이라는 복병이 버티고 있는 이 세계에 대한 절망이 더 크다. 이러한 도덕적 상대주의에 대한 지속적인 포스트모더니즘적 처방이란 존재하지 않지만, 도덕적 언어의 사용과 도덕적으로 더 나은 삶의 방식을 개념화하는 가치는 인정되어야 할 것이다.

 문학 장르 중에서도 수필 쓰기는 비교적 포스트모더니즘의 영향을 적게 받는 영역이라 하지만 이러한 철학에 대한 포스트모던한 도전으로 인간이 어떻게 살 것인가, 그리고 왜 사는가라는 물음을 가로막을 수는 없다. 하여 작가들은 끊임없는 질문 속에서 오늘도 쓰고 지우기를 반복하고 있다. 작금의 세태에 대한 풍자성을 띠고 있는 작품과 사랑에 대한 성찰이 담긴 작품을 통해 작가가 사유한 것들을 해석해 본다.

하재열, 〈나는 개보다 나은가〉

저 무참할 정도의 제목에서 우리는 이미 이 글이 풍자수필임을 인지한다. 생물학적 관점에서 인간과 개는 동물이지만 존재론적인 측면에서는 무수히 많은 차이점을 가진다는 것을 내면화하고 있기 때문이다. 그럼에도 하재열이 '나는 개보다 나은가'라고 물을 때에는 우리의 삶 속에는 그만큼의 위기의식이 내포되어 있기 때문이다. 작가는 그러한 문제를 직설적으로 풀지 않고 기지 넘치는 우회로 개와 인간의 삶의 양상이 전도되어 있음을 꼬집는다.

풍자수필이란 어떤 현상이나 사실에 대한 발언을 슬며시 돌려서 말하거나 조소적인 표현을 곁들인 글을 일컫는다. 사회의 부정적인 현상이나 인간들의 결점, 모순 등을 빗대어 비판하는 경우가 많다. 문학작품에서는 개인에 대해 비판적인 내용을 담고 있으면서도 모욕적인 언사로 받아들여지기보다는 보는 이로 하여금 웃음 짓게 만드는 유머가 담긴 것이 특징이다. 겉으로 보기에는 조화되지 않는 반응들, 사랑과 미움, 음란성과 점잖음, 칭송과 경멸이 혼재하는 패러디나 과장 등을 활용하기도 한다.

〈나는 개보다 나은가〉의 화자는 공원 산책을 즐기는 인물이다. 그가 의자에 앉아 쉬는 동안에 한 마리의 개를 끌고 나온 남녀의 대화가 바람결에 들린다. 남자가 "몇 살 되었지요?"라고 묻자 여자가 네 살이라 대답하고, 남자는 "우리 애보다 어리네요. 잘 생겼네요"라고 말한다. 화자는 그들이 나누는 대화 속에서 지칭되는 대상이 개인지 집에 있는 아이인지 헷갈린다. 그 의미를 모르지 않겠지만 '개'를 두고 '애'라는 언어의 모순을 꼬집는 것이다. 말도 시대의 변화에 따라 달라진다 치자. 인정할 수 있다. 그럼에도 '애'의 자리에 들어가는 '인간'과 '개'를 동일시할 수 있는가, 이런 문제이지 싶다. 사실 개와 인간(호모사피엔스)은 생물을 분류하는 가장 기본적인 단위의 '종'에 속하나 존재론인 측면에서는 엄연히 다르기 때문이다.

사람들이 반려동물을 키우기 시작한 지는 그리 오래되지 않았지만 이런 현상은 유행처럼 급속하게 번져갔다. 화자가 말한 것처럼, "살기 힘들다 하면서도 반려라며 개를 늘리는 건 사람보다 개 쪽이 마음 붙이기 편해서 그런 것인가. 어찌하다 정떨어지면 이별하기 쉬워서도 그런 걸까."에 반려견을 키우는 심리가 일부 표현되어 있다. 일반적으로 사람과의 이별은 쌍방 간의 합의에서 이뤄지나 반려동물과의 이별은 일방적으로 행해진다. 그와 관련하여 문명과 자본주의의 영향으로 인간 삶의 구조가 복잡해질수록 개체적 인간 성향은 쉽고 편한 것을 원한다. 혼자 사는 외로움을 극복하기 위해 생명체인 반려동물과 함께 산다. 인간과 같이 살기 위해서는 타인을 위한 윤리를 준수해야 하는 인내가 필요하다. 그러나 반려동물은 보살피고 사랑하면 된다. 인간과 상호관계에서 발생하는 복잡한 갈등 문제를 일으키지 않는다. 그런 면에서 화자가 한 말의 일부는 매우 타당하다.

이런 시대가 오기 전 개는 인간을 보호하며, 생존의 근거지를 얻어 살아왔다.

개 사는 일도 여러 길이다. 조금 전 시각장애인을 이끌며 큰 안내견 한 마리가 지나갔다. 근처의 장애인 복지관에서 나온 이들로 이따금 자원봉사자들과 함께 이 공원길에서 산책을 한다. 얼마 전 산에서 길 잃은 지적장애 여학생을 찾아낸 탐색견의 검은 눈망울도 떠오른다. 지난해 와룡산에서 멧돼지 쫓던 사냥개의 거품 문 입도 다시 눈에 잡힌다. 공원의 이 솜털 같은 개들은 대체 뭔가.

다른 길로 갔던 남녀가 다시 나타났다. 한 바퀴 돈 모양이다. 바람에 흔들리는 그늘 사이로 햇볕 조각이 산란하다. 두 개는 만나자마자 또 입을 맞추며 살랑댄다. 옛 고향집 개처럼 도둑 지킬 일도 없으니 그냥 노는 개다. 아득한 시절, 인간에게 길들여져 산 이래 지금 이들 개처럼 공생의 역할이 없어진 견공은 없을 터이다. 백수건달, 유한마담, 기호품, 소통대용품 같은 거다. 사는 일의 호사를 주체하지 못하는 지금 인간의 호들갑을 맞춰주면 되는 것 아닌가. 어느 순간 씹던 껌 내뱉듯 버려지는 신세가 되기도 하지만, 취직도 돈 걱정도, 울화통 터지는 정치꾼 청문회 말도, 광화문과 서초동의 팔뚝 내지르는, 제 잘난 떼창도 딴 세상 일이니 어쩌면 이 짐승이 사람보다 한세상 잘 보내는 것만 같다.

인간과 공생의 관계로 존재하던 개가 이제는 인간의 호사를 증명하는 대상의 일부로 변화했다. 그런 면에서 "취직도 돈 걱정도, 울화통 터지는" 세상의 현상들을 보고 견뎌야 하는 인간의 삶보다 편하겠다는 것이다. 늙은 부모는 성가셔하면서도 개의 배설물은 봉지 들고 주우며, 숨 거둘 땐 눈물 쏟아내며 장례식까지 치러주는 인간의 심사를 두고 작가는 '나는 개보다 나은가'를 묻고 있다.

이 시절 개처럼 하면 편할 것 같다. 모르는 게 약이라며, 행복이라며 그냥 끙끙대면 그래도 살아질 것인가. 아니면 물어뜯으며 나서야 하나. 내 조국인지 뭔지에 세상사의 옳고 그름이 뒤범벅되어 온통 난장판이다. 어쩐지 누가 내 목에도 줄을 채워 몰고 다니는 세상이 될 것 같아 갑갑하다. 내 빈 밥그릇 바라볼 일이 될까도 싶고. 북쪽엔 칼 가는 소리 더 세어지고, 물 건너에서 힐끔거리며 이죽거리는 자들까지 애써 쳐다보며 얄궂은 이 시절 넘기는 백성은 힘들고 서럽다. 나는 귀뚜라미 소리에 잠 뒤척이며 사무치게 가을밤을 끌어안고 싶고, 새털구름 쳐다보며 사람살이 축가를 불러도 보고 싶은데.

화자가 살고 있는 사람살이에 대한 모습은 영 마뜩잖다. 그런 세상에서 모른 척하며 살자니 사람으로서의 윤리의식이 불편하게 하고, 무엇인가 그래서는 안 될 것 같다. 그래서 그는 불안정하고 부조리한 현상들에 대해 저항하며 사람다운 일상을 살고 싶다. 화자가 사는 대한민국은 총체적 난국이라는 의미다. 정치인들은 당리당략만을 일삼으며 진실로 책임져야 할 사안들은 방기하고 있으니 윤리적 정치는 씨알도 찾기 힘들다. 한국과 일본의 경제적 싸움, 북한과 힘겨루기는 해결될 기미가 보이지 않아 화자는 시국에 대한 고민으로 자신이 갈망하는 '가을밤을 사무치게 끌어안'지 못하고 인간적 윤리를 생각하지 않을 수 없는 것이다.

이러한 삶에 대해 출구를 찾지 못하는 화자는 주인의 온갖 보살핌과 애정 속에서 세상 걱정 없어 보이는 개를 보며 차라리 '나는 저 개보다 나은가'라는 질문을 하게 된다. 이 순간에는 그간 보여줬던 인간적 사고나 행위, 존재에 대한 성찰 따위는 삽시간에 모습을 감춘다. 얼마나 지독한 패러독스(paradox)인가. 풍자의 대상이었던 '반려견'이 화자(사람)라는 존재와 완전한 위치 전도를 이루었으니. '슬기로운 사람'이라는 호모 사피엔스의 원뜻을 새삼 곱씹어 본다.

안길웅, 〈요지경〉

수필 〈요지경〉에는 불필요한 이야기가 없다. 오로지 '요지경'이라는 소재를 통해 현대의 정치판을 풍자하는 주제를 명료하게 드러내는 데 작가의 추동력이 받쳐질 뿐이다. 그래서인지 마치 앉은 자리에서 이야기 하나 잘 듣고 일어서는 느낌이다. 이미지 하나를 선명하게 살려내는 것이나 주제를 분명하게 구현하는 것은 분명 좋은 작품의 요건일 수 있다. 그럼에도 언어예술은 언어로 표현하는 미적 감흥의 요소도 곁들여져야 미학을 획득할 수 있다. 그뿐만 아니라 강렬한 반전을 위해서인지 모르겠으나 어린 시절에서 여의도 이야기 사이에는 비약이 일어난다. 그 시간 사이에도 '요지경'의 세계는 얼마든지 있고, 요지경을 바라보는 작가의 시선도 변화했을 텐데. 작가의 인식 세계가 건너뛴 만큼 작품에서도 빈 공간이 남는다.

밀짚모자를 쓴 남자가 내 키만한 나무상자를 짊어지고 마을을 돌며 요지경을 보라고 소리를 질렀다. 나와 친구들도 뒤따라다니며 남자의 흉내를 냈지만 요지경이 무엇인지는 모른다. 어른들이 돈을 내고 작은 구멍에 눈을 갖다대면 남자는 구부러진 손잡이를 돌리며 베네치아도 가보고 파리인지 모기인지도 보라며 아리송한 말만 했다.

　통 안을 본 사람들도 제 정신이 아닌 것 같다. 홍수가 났는지 마을이 물바다라 배를 타고 다니고, 옷이 없어 남자 여자 할 것 없이 겨우 사타구니만 가린 사람도 있는가 하면 먹물을 뒤집어 썼는지 전신이 시커먼 사람도 있다며 횡설수설했다.

'요지경'은 상자 앞면에 확대경을 달고 그 안에 여러 가지 그림을 넣어 들여다보게 만든 장치를 말한다. 그 속에는 유럽 문명을 상징하는 베네치아, 파리의 사진이 들어 있고, 문명의 반대편에 있는 흑인도 있었던 모양이다. 우리나라는 아직 유럽만큼 근대화가 덜 진행되었을 때라 옷을 제대로 입지 않은 그들을 보며 참으로 희안한 사람들이라 생각했을 것이다. 바다 위에 집을 짓고 사는 사람들이란 얼마나 놀라운 존재였을까. TV가 처음 등장했을 때 신기한 화면 속으로 빨려 들어가던 아이의 모습과 같다. 그렇다면 '요지경'은 인간에게 상상력을 자극하는 매력적인 세상이다.

　인간은 자신이 다 보지 못하고 다 알지 못하는 세계에 대해 선망하며 꿈을 꾼다. 그런 시절에는 내가 모르는 것도 있고, 보지 못한 것도 있다고 생각하여 오만하지 않았다. 그러나 최첨단의 매체를 통해 지구촌 곳곳을 속속들이 알고 있는 지금의 인간은 아는 것이 너무 많아 다른 이의 말을 믿으려 하지 않는다. 스스로 많이 안다고 생각하기 때문이다. 아는 것이 진짜 앎인가라는 무거운 질문은 차치하고라도, 모르는 것에서 아는 것으로 변화하는 사이에서 잃어버린 것이 인간에 대한 윤리다. 어쭙잖은 앎이 주는 오만이 타인에 대한 신뢰를 포기하게 한다. 멀쩡한 눈으로 세상을 볼 줄 아는 오이디푸스가 눈먼 티레시아스를 모독하는 것처럼. 보이는 것을 놓고 싸우는 인간의 눈은 영혼으로부터 점점 멀어져간다. 인간과 인간 사이의 윤리는 그만큼 희석된다. 인간에게 재미와 호기심을 주고 자신이 살던 세계를 확장해주던 '요지경'은 이제 '바뀐 뜻 내용이 알쏭달쏭하고 복잡하여 이해할 수 없는 이름'을 가리킬 때 표현한다. 그 언어 속에는 부정적인 느낌이 강하게 내포되어 있다.

　　인천공항은 요지경 세상을 구경 가는 사람들로 항상 북적인다. 통 안을 보고 다른 세상을 동경하던 사람들이 외국여행을 이웃집 마실이라도 가듯 보편적 생활 패턴으로 바꾸어 놓았다. 아직도 요지경 세상이 남아있다면 그곳은 우리나라 여의도가 아닐까 싶다.

　　화자가 어린 시절 보았던 '요지경'의 세계를 이제 직접 찾아다니는 시대가 되었다. 궁금하면 직접 보고 확인하는 좋은 시절임에도 인간은 왜 행복하지 않을까. 바깥세상을 향해 쏟는 시간과 에너지에 비해 인간 안으로 들어와 생각하는 시간이 없어진 탓이다. 그들에겐 사람에 대한 가치보다는 물질과 대상에 대한 가치가 더 크게 여겨진다. 지그문트 바우만은 현대인들을 두고 '고독할 수 있는 시간을 잃어버린 존재'라 하였다. 자신을 비우고 들여다보며 타자를 껴안는 시간을 갖게 되는데, 그럴 기회조차 잃어버린 존재가 된 것이다. 국민을 위한 정치를 한다는 사람들이 모인 '여의도'는 당략만을 일삼는 이들로 요지경 판이 되었다. 국민을 위한, 국민에 의한 정치적 윤리는 실종되고 삭발이나 단식이라는 이벤트를 통해 정치적 몰염치의 한계를 은폐해보려는 술수만 난무한다. 그런 곳에는 사람(국민)에 대한 기본적 가치는커녕 오히려 인간의 윤리를 전복시키는 이들이 모이게 된다. 그 또한 '요지경' 세계다

오승휴, 〈사랑의 편지〉

오승휴 수필가의 〈사랑의 편지〉에는 묘하게도 평화로움이 내재한다. 이 작가의 마음이 그러하지 않았을까 싶다. 인상파 화가들의 작품 앞에 서서 한참을 들여다보고 있으면 내면에서 올라오는 감정을 느낄 때가 있듯, 문학작품에서도 그런 파동을 받는다. 그 이유가 다가 아니라면 '사랑'에 관한 에세이, 혹은 철학서를 쓴 작가들의 글이 떠올라서였는지 모른다. 아니, 사랑이라는 말이 지닌 마법 탓인지도 모른다. 사랑이라는 말에는 왠지 휴머니티가 들어 있을 것 같고, 그래서 인간에 대한 예의와 사랑의 윤리가 가득할 것 같다. 그래서 사랑 이야기에 매료되지 않는 사람이 없는 것이다. 사랑한

다는 것은 온갖 고독을 넘어서 존재에 생명력을 불어넣는 일이다. 지금 기억되는 것만 떠올려봐도 쥘리아 크리스테바는『사랑의 역사』를, 롤랑 바르트는『사랑의 단상』을, 알랭 바디우는『사랑 예찬』을 썼다. 그들의 사랑은 여자와 남자에 국한되지 않고 주체와 타자는 물론 존재의 세계를 넘나드는 진리이기도 하다. 그처럼 사랑의 대상은 수없이 많겠으나 작품 〈사랑의 편지〉에서 화자가 사랑하는 사람은 아내다. 가장 가까이서 한평생 같이 산 존재를 여전히 사랑하고 있다는 사실에 존경이 꿈틀거린다.

사랑하는 카타리나!
새해가 시작된 지 엊그제 같은데 벌써 가을이네요. 창가에 비치는 저녁노을, 아쉬움을 위로하듯 내 마음을 감싸 안는 부드러운 노을이 참 곱습니다. 세월은 "고달팠던 지난날들은 잊어버려라." 하면서, 선선하게 불어오는 바람을 타고 멈춤 없이 앞으로 흘러가고 있습니다. 흐르는 세월이 빠름을 실감하게 되는 건 낙엽 지는 계절 탓만은 아니겠지요?

서두의 문장이다. 가을과 저녁노을, 낙엽 등의 이미지는 구태여 설명하지 않아도 화자의 연륜을 잘 말해주고 있다. 그들의 사랑이 녹음방초 우거진 한여름의 열정적 사랑이 아님을. 그러나 수줍은 새봄을 지나 짙푸른 여름을 거친 사랑은 한층 그윽하게 무르익었겠다.

화자가 아내에게 사랑의 편지를 쓸 수 있게 된 것은 '나눔 모임'을 통해서였다. 처음엔 그도 "사랑의 편지를 쓰는 게 놀림감이 될까 부끄러웠고, 그걸 발표하는 건 무척 쑥스러웠"다고 고백한다. 그 모임에 이십 년이나 참여했던 그는 동문의 날 행사에 나가서도 같이 참석한 아내에게 "당신이 있어 제 어깨가 으쓱했"다고 말한다. 아내라는 존재를 배려하고 존중하는 화자의 태도를 보여주는 대목이기도 하다. 그뿐만 아니라 "근래에 들어 카타리나 당신이 꽤나 달라졌어요. 밝고 명랑한 모습이 저를 기쁘게 합니다. 예전에 많이 하던 그 잔소리도 적어졌어요."를 보면 화자가 아내를 얼마나 사랑하는지 그 감정이 고스란히 느껴진다. 사랑하는 마음은 섬세하게 작동한다. 더구나 한집에 사는 부부가 저토록 감정과 표정 변화까지 감지하려면 화자의 관심과 마음이 아내에게 가 있어야 한다. 예전에 비해 달라진 아내의 변화가 무엇 때문인지도 생각한다. 한집에 사는 부부일지라도 오로지 자신의 관심사에 집중하며 바깥 생활에 시간을 보내는 일들이 허다한 현실에서 보면 감동이 배가 된다. 가까운 사람들끼리 서로 존중하며 사랑하는 이들에게서 부부가 어떻게 살아야 하는지의 윤리를 생각한다. 이 글이 평화롭고 따뜻한 이유다.

사랑하는 카타리나!
요즈음 당신의 빛나는 눈, 맑은 목소리, 아름다운 미소가 더욱 사랑스럽습니다. 나이 탓인지 얼마 전부터 아침잠에서 깨면

나는 손발이 차갑고 저림을 느낍니다. 그럼에도 나의 눈과 귀는 예전보다 밝아졌나 봐요. 참 이상하지요? 당신이 아주 예뻐 보이고, 목소리도 부드럽고 다정하게 들리는 겁니다.

 살짝 열린 입술 사이로 "당신을 향한 나의 사랑은~ 무조건 무조건이야~."하며 흥겨운 노랫가락이 흘러나옵니다. 이렇게 좋을 수가! 세월이 흘러도 늙지 않는 것, 변하지 않는 것은 오로지 사랑뿐이라네요.

 누구나 그렇듯, 한 생을 부지런히 살아온 화자 또한 신체적으로는 '손발이 차갑고 저림을 느끼는' 나이지만 사람의 본질을 꿰뚫는 영혼은 더 밝아져 '아내가 더 예뻐 보이고, 목소리도 부드럽고 다정하게 들린다'고 말한다. 그것은 아내의 겉모습보다는 마음을 보기 때문이다. 아내의 모든 것을 사랑하는 남편, 완전한 사랑이다. 신화학자 조셉 캠벨의 표현을 빌려보면 그는 아주 결혼을 잘한 사람이다. 정열에 사로잡힌 젊은 시절엔 몸으로 사랑하고, 나이 들어 자식들이 떠난 후에도 여전히 사랑하는 부부가 있다면 영혼으로 만난 사람들이란다. 그들이 진짜 부부이며 그들로부터 사랑의 윤리, 결혼의 윤리가 탄생한다. 몸으로 사는 일은 누구에게나 가능하나 영혼으로 사는 일은 제 짝을 제대로 만난 사람들이 아니면 어렵기 때문이다. 그들에게서 부부의 사랑이 어떤 것인지를 통찰한다.

배문경, 〈오동나무, 울다〉

사랑에는 이기적 사랑과 이타적 사랑이 있다. 보편적으로 인간은 이기적 사랑을 한다. 내게 결핍된 무엇을 가진 자를 사랑하는 것, 그것은 엄연히 자기애이다. 외견상 타인을 위해 행하는 말과 행위도 기실 자신의 요구로부터 오는 것이 있기 때문이다. 그러나 그런 사랑도 인간사회에서는 매우 소중하고 필요한 것이다. 반면 나보다는 타인의 결핍을 채워주고 그를 위해 내 것을 조건 없이 내주는 것은 이타적 사랑이다. 여기서 '조건'은 이 두 사랑의 경계를 가늠하는 선이 된다. 그런 이유로 완전한 형태의 이타적 사랑은 성현들이나 가능하다고 하겠다. 그나마 비슷한 상황이 있다면 부모가 자식을 돌보는 일이지 않을까. 성현이나 부모의 경우 사랑이라는 이름으로 이타와 이기의 구분이 허물어져 버리므로.

부대 근처에서 국밥집을 하는 어머니가 있다. 과년한 딸을 둘이나 데리고 있으니 국밥집의 인기가 짐작된다. 더구나 어머니는 군인들을 친자식처럼 아끼며 음식을 공짜로 주기도 하고, 고향 생각하는 그들을 보며 '내 자식 같은 군인들이 얼마나 힘들겠'느냐고 용돈까지 주었으니 군인들이 그녀를 어머니라 할 만하다. 그런 어머니에게는 아들 셋을 잃은 아픔이 있다. 자식을 잃은 어머니의 울음소리는 빈 하늘을 채울 만큼이었다. '온 방을 돌며 가슴을 쥐어뜯으며 울음으로 날 새운 시간들은' 어머니에게 슬픔의 소리를 내는 오동

나무의 나이테가 되었으니까. 1960년대 초반은 가난한 시절을 살던 젊은이들이 월맹과 싸워 이기고 돈을 벌어 돌아오겠다는 의지를 드러내던 시기였다. 어머니는 아들로 여기던 그들 세 명을 끝까지 말리지 못하고 월남에 보냈다.

어머니는 월남으로 떠나는 그들에게 기도 같은 반지를 끼워줬다. 금반지 석 돈짜리가 그들의 손가락에서 반짝였다. 어머니의 주문은 살아서 돌아오라는 눈물의 염원이었다. 그들은 어머니의 가슴팍에 안겨 살아 돌아오면 제일 먼저 어머니를 찾겠노라 다짐을 했다. 돈 많이 벌어 와서 어머니한테 받은 것의 몇 배를 갚겠다며 눈물을 흘렸다.

어머니가 그들에게 끼워준 금반지는 살아 돌아오라는 간절함을 담은 부적 같은 것이었다. 간절함의 상징적 표식이었다. 그들 또한 돌아오면 어머니를 먼저 찾아오겠다 하지 않았는가. 그러나 언제나 흔들릴 수 있는 것이 사람의 마음 아닌가. 전쟁은 끝났으나 무사 귀환한 아들 셋은 누구도 어머니에게 돌아오지 않았다. 두 번씩이나 아들들을 상실한 어머니의 가슴에는 아무것도 남지 않았다.

어머니는 친아들을 셋이나 엄동설한에 파묻었다. 밤새 자신을 지하 감옥 속에 가두었을 어머니는 죽은 아들을 대신할 살아있는 자식이 필요했다. "어머니, 어머니!"라고 불러줄 아들. 하지만 새로운 아들들도 살갑게 어머니를 진정한 모정으로 대하지 않았다. 어머니는 홀로 그 아픔을 속으로 삭였다. 옛 울음은 새로운 울음으로 소리가 되어 나무에 쌓였다.

(중략)

아들을 잃고 아들이라 생각했던 아들조차 자신을 배신했을 때, "머리 검은 짐승은 거두지 마라"는 어머니의 유언이 되었다. 여자가 되고 엄마가 되고서야 알게 된 어머니의 심정. 넘치던 사랑도 베여 상처가 되고나니 앙다문 입술로 앙칼진 말도 나올 수 있는 모양이다. 모든 것을 지독스레 아끼던 어머니가 넉넉히 베푼 인정이 버림받았을 때 한恨이 되지 않았을까.

〈오동나무, 울다〉에서 사랑의 윤리를 양면적으로 해석할 수 있는 여지를 남기는 부분이다. 일찍이 잃은 아들에 대한 애절함으로 그 황량한 마음을 채우기 위해서였든, 그때 어머니 마음이 자연스럽게 아들을 대하듯 군인들을 사랑하게 되었든, 그 사랑은 사랑이다. 아들을 잃었다 해서 누구나 그렇게 타인을 사랑하지는 않는다. 만일 월남에서 돌아온 그 아들들이 단 한 사람이라도 어머니를 찾아갔다면 그들을 향한 어머니의 사랑은 완성되었을 것이다. 그것이 사랑의 윤리이기도 하다. 타인이 내게 보낸 사랑에 대한 보답이 오갈 때 그 사랑은 더 아름답게 완성된다. 그런 사랑은 핍진한 인간 삶에 꽃을 피운다. 어머니의 상처 진 마음에 새 살이 돋을 만큼, 그리고 그들의 관계는 더 공고해졌을 것이다. 후일에 그들의 인연이 다 되어 자연스럽게 헤어지는 때가 올지라도 최소한 어머니의 사랑이 한이 되지는 않을 터이니.

군인 아들들은 어머니의 사랑을 단절시켰다. 한때 마음은 물론 경제적 지원까지 아끼지 않았던 어머니에게 돌아온 것은 풍문으로 듣는 그들의 무사 귀환 소식뿐이었다. 얼마나 사무쳤으면 '머리 검은 짐승은 거두지 마라'가 유언이 되었을까. 이 글이 미학적으로 성공하려면 이 유언이 바뀌어야 한다. 어머니 시대에는 간혹 이런 이타적 사랑도 가능했으니까. 그러나 이 결말 또한 리얼리티를 확보한다. 사랑에 대한 윤리적 개념 또한 그 시대적 가치를 외면할 수 없기 때문이다. 그 사랑이 이타적이든 이기적이든 사랑은 사랑이다. 다만 우리 인간은 사랑을 나누고 베푸는 과정에서 인간이기에 가능한 의미와 가치를 확장하여 살아있음의 존엄함을 지켜가는 것이다. 사람이 사람을 사랑하는 일은, 어떤 사랑이든 마음에 흔적이 남는다. 완전한 이타적 사랑이 아니기 때문이다.

구활, 〈곡예사의 첫사랑〉

어떤 상황에 따라 예술에서 지향하는 세계는 사람이 살아가는 일상적 윤리와 충동할 때가 있다. 예술은 인간 삶의 그림자라고 할 수 있지만, 세계의 본질을 향해 가는 과정에서 현실과는 괴리된 모습을 그림으로써 역설적인 세계를 드러내기 때문이다. 예술가들, 혹은 작가들의 예술적 이념에 따라 현실을 재현하는 방식이 다르니 당연한 이치다. 그것이 작가들이 예술을 대하는 윤리일 수 있고, 인간의 삶을 바라보는 윤리적 안목일 수 있다. 상상력과 허구의 세계를 동원하는 시와 소설의 영역에서는 표면적으로 인간의 윤리를 저해하는 작품들이 자주 등장한다. 작가들은 인간 심연의 밑바닥까지 파헤쳐 추하게 파닥이는 비윤리적인 세계를 통해 인간 삶을 반성하고 좀 더 성숙한 세계로의 전망을 보여야 하는 책무를 가지고 있다. 그럴 때 문학과 인생은 서로에게 영향을 미치며 바람직한 방향으로 나아가는 길항작용이 가능하다. 그러나 수필은 화자와 작가가 같은 인물이라는 인식 때문에, 그리고 경험적 세계를 재구성한다는 제약 때문에 작가는 아름다운 이야기, 감동적인 서사로 끌어가야 한다는 강박을 가지게 된다.

〈곡예사의 첫사랑〉 화자는 가수 박경애의 '곡예사의 첫사랑'을 처음 듣는 순간 그 매력에 빠진다. 화자가 젊은 시절, 군산 선유도에 들어가기 위해 배를 기다리던 때였다. 철 지난 바캉스 시즌인지라 배는 출항할 기미가 없고, 멍석 주막에 앉아 막걸리잔을 기울이는데 흑백 텔레비전에서 그 노래가 들려왔다. 처음 듣는 노래에 반한 그는 LP를 구했고, 곡예사의 사랑 이야기가 그의 가슴에서 성숙해 가는 동안 그의 젊은 날도 흘러갔다.

그 노래 속에 내 청춘이 들어 있었는데 망각의 세월 탓에 젊음이 달아나 버린 모양이다. 그러니까 한 많은 곡예사는 손풍금과 흰 분칠에 빨간 코를 바랑 속에 집어넣고 서글픈 사랑 노래를 허허롭게 부르며 먼 길을 떠나 버렸나 보다. 난생처음 들어본 노래가 그렇게 좋아진 걸 보니 내 유전자 속에는 광대, 각설이, 곡예사 같은 부질없는 신명이 들어 있었나 보다.

화자가 그랬듯, 저 노래에 반한 사람들이 많았다. 화려한 문명 속에 사는 현대인들이지만 우리는 가난하게 방랑하며 예술을 노래했던 풍각쟁이의 삶을 내면화한 사람들이다. 호머가 '서사시'에서 율리시스의 방황을 노래한 것은 더 이상 방랑할 수 없는 것에의 동경을 노래한 것처럼, 우리는 더 이상 만날 수 없는 곡예사의 사랑 노래에 빠져들 수밖에 없지 않겠는가. 인간 내면 깊숙이 잠들어 있는 생래적인 감각을 화자는 용케 끄집어냈다. 그 후 화자는 프랑스 화가 베르나르 뷔페 전에서 광대를 만난다. "나의 곡예사가 떠날 때 지고 갔던 바랑을 내려놓으며 멀찌막하게 웃고 서 있었다." "곡예사의 첫사랑에 나오는 줄을 타는 그 친구도 만난 적이 없고", 뷔페가 그린 광대도 만난 적이 없지만 둘 다 화자의 영혼과 조우한 것이다. 뷔페가 그린 그림 속의 광대는 "배고픔과 불안과 우울 속에서 메마른 사막을 맨발로 걷고 있는 듯한 처지"였으니 "우리들의 어린 시절의 가난"과 등가적이고, 그 속에서의 예술은 인간 고독과 우울을 통해 심연으로 올라온 절실한 무엇이었다. 그것은 무엇으로도 대체할 수 없는 예술의 한 영역이고 예술의 절대적 윤리를 형성한다. 인간이 내면에서 끌어올릴 수 있는 절대치의 예술이 표현되었을 것이기 때문이다. 화자는 구체적으로 말하지 않으나 곡마단 광대의 이런 매력에 빠져 광대가 되겠다고 생각했던 모양이다. 그러니 광대는 화자의 그림자이기도 했다.

화자는 광대와 서커스를 좋아한 화가들을 소환한다. 뷔페, 피카소, 로트렉, 샤갈이다. 광대를 그리고 사랑했던 그들은 회화화에는 성공했을지 몰라도 인간적 사랑은 실패한 사람들이다. 그들 생의 조건이 그랬듯, 평범한 사랑을 하지 못했던 것이 그 한 이유이다. 천재 예술가들이 평범한 일상을 못 견뎌 했듯, 사랑도 평범하게 하지 못했다. 그들이 쥔 붓끝이 무디어지면 더 이상 좋은 그림을 그릴 수 없듯, 삶도 마찬가지였다.

〈곡예사의 첫사랑〉 이전에도 작가 구활의 수필에는 그림과 관련된 이야기가 등장한다. 어쩌면 문학과 회화의 크로스를 통해 무엇인가를 이야기하고자 하는지 모르지만, 주제가 그것에 있지는 않았던 것 같다. 이 수필도 곡예사로 시작한 이야기가 화가들에게로 전환된다. 피카소를 비롯한 입체파 화가들이 서커스를 주제로 한 작품을 남겼지만 왜 광대를 그리는지에 대한 설명은 없다고 한다. 샤갈이 서커스에 빠져드는 이유를 "회화도, 언어도 결코 서커스의 정확함에는 미치지 못한다"고 하여 '서커스 크라운들의 매력은 정확성에 있다'는 정도의 결론에 이를 뿐이다. 그럼에도 작가는 "그런데, 그런데 말이다"로 자신의 의심을 다시 부추긴다.

추상 회화를 지향하던 피카소, 몬드리안, 뭉크, 칸딘스키는 물론 심지어 샤갈의 유화에서조차 정확성을 찾아내기가 매우 어렵다. 추상화라는 그림 자체는 기존의 질서, 비례, 구도를 어기고 추상이란 개념 자체에 충실하려는 노력의 집합이 아닌가. 나의 그림 보는 눈은 정확과 부정확을 아직 구분할 수 없으니 수준 미달임이 분명한 것 같다. 뷔페의 광대전이 열리는 예술의 전당에 가서 어릿광대의 서글픈 사랑을 보고 울고 웃으며 실컷 즐기기나 해야겠다.

이 글의 종착지다. 그러나 인간 몸동작인 행위의 정확성과 예술의 정확성은 다른 문제라는 것부터 언급한다. 또한 칸딘스키의 경우, 알아볼 수 있는 대상을 배제한 순수한 추상화를 그렸다 하니, 추상화는 구상의 요건을 지워가면서 그리는 그림이라 할 만하다. 그런 만큼 한 치의 오차도 없이 정확하게 움직여야 하는 서커스의 행위와 비유의 대상이 되기는 어렵다.
또한 어떤 대상을 좋아하고 그에 열광하는 것과 그들로부터 탄생한 예술작품은 별개의 개념이지 않겠는가. 고양이를 잘 그리는 화가라 해서 반드시 고양이를 좋아해야 한다는 것은 아니니까. 그렇다면 화가들이 서커스와 광대를 즐겨 그리는 이유를 다른 것에서 찾아야 하지 않을까. 이를테면 그들이 살아온 환경과 당대 사회의 억압적 요소들, 그런 문화 속에서 내면화된 개인적 특징들에서 발견할 수 있지 않을까. 그 화가들은 오히려 서커스 크라운들의 틈새가 허락되지 않는 정밀함을 보며 자기의 상상력을 확대하여 추상화를 그려내는지도 모른다. 숨죽이고 들여다봐야 할 만큼의 긴장된 순간에 몰입된 에너지를 추상화에 흩뿌리는 작업 말이다. 심장 뛰는 그 순간의 긴장이 추상화라는 절정으로 재탄생하는.

그런 관점에서 보면 이 글은 '곡예사의 첫사랑'과 화가들이 즐겨 보고 빠졌던 서커스의 광대를 통해 그 공통분모를 찾는 일이 무난한 작품으로 완성되는 것이다. 그랬을 때 감동적인 그리고 단아한 이야기 하나가 탄생한다. 왜냐하면 화가들이 그렸던 서커스의 광대와 우리네 인생(최소한 작가 세대)은 심정적으로 깊이 유대 해 있기 때문이다. 보편적인 작가의 글쓰기 윤리일 것이다. 구성이 흩어지지 않아 최소한 독자를 혼란스럽게 하지 않기 때문이다. 그러나 구활 작가는 그 방식을 거부한다. 의식의 흐름대로 이야기를 서술한다. 그리고 그 알 수 없는 지점을 "나의 그림 보는 눈은 정확과 부정확을 아직 구분할 수 없으니 수준 미달임이 분명한 것 같다"며 그 판단을 독자에게 유보한다. "뷔페의 광대전이 열리는 예술의 전당에 가서 어릿광대의 서글픈 사랑을 보고 울고 웃으며 실컷 즐기거나" 하겠단다. 정교한 수필이 되지는 않았으나 자유로운 작가 정신의 발로에서 기인한 작품이다.

3. 존엄을 지키며 살 수 있을까.

인간은 이야기하는 동물, 호모픽투스(Homo fictus)이고, 작가는 그런 이야기들을 자신이 표현하고 공감할 수 있는 가치로 만들어 작품화한다. 그것이 작가의 윤리를 표현하는 방식이 된다. 〈82년생 김지영〉이 그랬듯, 좋은 문학작품은 인간사회를 성숙하게 하는 원동력이 되고, 공동의 가치를 강화하여 사회를 결속시키는 기폭제가 되기도 한다. 그 시대가 요구하는 윤리성을 내포하고 있기 때문이다. 그러고 보면 삶의 세부, 구체성을 부조하고 기억하려는 언어에 대한 작가의 집념이야말로 문학의 언저리에 머물게 하는 근원적 힘이지 싶다.

작가로서 존엄을 지키며 살아갈 수 있을까. 희미한 가능성이라도 찾을 수 있을까. 글쓰기가 바로 그런 '존엄'을 수행할 방법이 될 수 있을까. 그런 질문을 던지다가 지금보다는 조금 더 나은 무언가를 만들어 보려고 애쓰는 작가는 문학적 윤리를 놓지 않고 있는 사람이라는 생각에 이른다. 그렇다면 희망이다. 문학으로 삶에 가까이 다가가기 위한 가능성이 열리기 때문이다. '나 자신이 얼마나 위선자인지 나를 더 깊이 알기 위해 아직도 문학을 한다'고 한 어느 작가의 고백을 재삼 곱씹으며 겨울의 초입에 선다. 서이정의 수필 〈목

도리에게 경의〉에서처럼 올겨울엔 추위에 떠는 사람을 만나면 내 목에 둘렀던 목도리를 풀어 그의 목을 감싸주려 한다. 그와 나, 같이 따스해질 것이다.

유레카를 호명하는 순간

1. 예술작품과 자연

　자기 삶의 여건으로 인해 도시에서 살지만 자연 속의 일상을 그리워하는 사람들이 있다. 그들은 눈앞에 자연을 끌어들이고 싶어 인공정원을 만들어 물과 물속 생물들을 기르며 보는 것의 즐거움을 누리고, 새를 기르며 자연의 소리를 듣는 기쁨을 누린다. 분재를 가꾸며 나무와 숲을 그리고 산의 모습을 상상한다. 그도 여의지 않으면 풍경화를 벽에 걸어두고 작은 풍경을 즐기는 것으로 위안 삼는다. 새삼스러운 것도 아니지만 얼마 전 동양의 풍경화, 곽희(郭熙)의 「계산추제도(溪山秋霽圖)」를 접하고 압도적인 어떤 힘 속에서 강렬한 희열을 경험했다. 이 산수화의 풍경은 자연의 영원성이나 무한한 공간을 암시함으로써 기운생동을 보여주고 있기 때문일 것이다. 산수 자체가 시간의 파노라마 속에 있어 그 안에 포섭된 인간은 매우 작은 존재일 수밖에 없다는 인식이 감각되었을 수도 있다.

예술작품을 보면서 혼연일체가 되는 느낌을 받는 시간이 늘 있는 것은 아니다. 일상에서도 대상과의 거리를 잘 조절하며 찬찬히 응시하는 동안 어느새 내면이 분기하여 그림의 풍경과 진실로 조우할 때, 그토록 강력한 경험이 가능해진다. 그때 우리의 내면이 변화하고 이성이 깨어나 사유의 변화가 일어난다. 기원전 3세기의 아르키메데스가 자신이 풀어야 할 문제를 골똘히 생각하던 중 목욕탕에 몸을 담그는 순간 넘치는 물을 보며 "에우레카!"라고 외쳤듯, 자연을 통해 자신의 철학적 테마를 사유했던 철학자들이 유레카!라고 부를 수 있는 순간이 이런 것일지 모른다. 그의 머릿속에 섬광처럼 번쩍이는 불이 들어온 순간도 철학과 과학, 모든 학문에 정통했기 때문이다. 좋은 작품을 쓰기 위한 작가들의 집중력과 고민도 이와 닮았을 것이다. 학문과 예술, 삶을 확장하고 나아가기 위해 골몰하던 예전의 선조들이 그랬듯, 현대인 또한 답답한 일상에서의 지친 몸과 마음을 쉬려고 자연을 찾는다. 작가가 자연을 찾아 산책하며 산만해진 생각을 정리하고, 미처 생각하지 못했던 아이디어를 창조해 글의 주제를 끌어내는 것도 비슷한 이치다. 인간이 자연을 통해 얻을 수 있는 혜택 중의 일부이다.

그러나 엄밀히 말하면 예술작품과 실재하는 자연이 주는 감흥과 정신, 즉 사유의 맥락은 차이가 있다. 천재 음악가가 최상의 음악을 만들어도, 마음을 열고 듣는 처마 끝의 낙숫물 떨어지는 소리, 겨울밤 함박눈이 수런대듯 고요하게 댓잎에 내려앉으며 내는 소리, 천지를 품고 계곡을 흐르는 물소리와는 다른 음악이고, 화가들이 대단한 실력으로 그림을 그려도 새싹이 돋아나는 봄날의 연둣빛 이파리나 여름에 보는 녹색 이파리의 생동감을 자연만큼 담아낼 수는 없다. 경이롭거나 장엄한, 그리고 매우 아름다운 자연을 만났을 때 '그림 같다'라고 표현하나 역동적으로 변화하는 존재로서의 자연과 그림은 다를 수밖에 없다. 인간의 인식 작용을 통해 옮겨온 자연물에는 정도의 차이는 있으나 그의 이념이 스며있기 때문이다. 특히 언어를 통해 예술을 구현하는 문학은 더욱 그러하다. 그럼에도 자연과 예술, 그것을 온전하게 볼 수 있는 힘, 이 힘은 자연을 닮은 인간의 본성에서 기인하는 것이지 싶다.

인간이 자연을 대하는 태도에는 크게 형이상학이나 과학적 의미로서의 자연관이 있고, 미적 감흥으로서의 자연관이 있다. 자연의 과학적 탐구는 서양 근대에서 시작되었다가 형이상학의 퇴거와 함께 '합리적 주체'가 등장하여 자연을 인간에 의해 이용되고 개발되는 수동적인 '객체'로 재정의하게 되었다. 그러나 관념론자(특히 일원론)인 라이프니쯔나 헤겔 등은 자연을 이성의 일부로 보았다. 헤겔에게서 이념은 본래 그 자신으로 되어가는 정신이고, 그 정신은 자연이다. 그런 점에서 자연은 생성하는 정신(der werdende Geist)이다. "정신은 우리에 대하여 자연을 자신의 전제로 삼으며, 자연의 진리 곧 그 절대적 우선자가 정신이다."
헤겔적 의미에서 자연이란 곧 정신철학의 문제이며, 정신은 자연의 진리태로 정립되는 것이다. 결국 인간은 자연을 통해 자기 발전의 힘을 내부에서 끌어올릴 수 있는 존재로 본다. 이후 현상학, 실존주의, 정신분석학, 포스트 구조주의자들은 자연은 고정된 실체가 아니며, 질서나 규칙의 지배를 받지 않고 늘 생동한다고 보았다. 자연은 어떤 '힘'에 의해 스스로 작동하며 변화하고 재구성되는 존재인 것이다.

21세기를 살아가는 현존재에게 코로나19 바이러스가 인간의 몸 속으로 쳐들어온 것은, 인간이 자연을 무차별적으로 침범하고 파괴해서 바이러스의 생존 근거를 빼앗았기 때문이라는 설명은 충분히 설득력이 있다. 그간의 생활 속에서 코로나가 불러온 변화 가운데 가장 두드러진 것으로 '언택트(비대면 접촉)' 문화의 정착을 꼽을 수 있다. 그런 환경에서 사회적 거리 두기를 해야 하는 일상은 핍진해질 수밖에 없겠다. 사람이 살아가기 위한 여러 요건 중에 사람을 만나고 교감하며 정서적으로 소통해야 삶이 윤택해질 텐데 그러지 못한 시간이 꽤 길어졌다. 물리적 거리 두기가 생각보다 오래 이어지면서 가까운 이들을 만나지 못하는 데 대한 아쉬움과 억압이 쌓여가고 옹색한 마음이 생겨나기도 한다. 사람 끼리 만나 서로 부대끼는 일은 중요하다. 나를 이해하고 받아들여 주는 사람이 있다는 든든한 믿음은, 이 너른 세상에서 혼자

이겨내야 할 고통과 슬픔, 불행과 행복을 이겨나가는 데 힘이 된다. 그 힘이 적대적인 세상으로 뛰어들더라도 용기 있게 살아가도록 버팀목이 되어준다.

메리 셸리의 〈프랑켄슈타인〉에서 '프랑켄슈타인'이 지독한 단절감을 견디다 못해 자신을 빚어낸 창조주를 향해 '나와 똑같은 괴물'을 하나 더 만들어달라고 절규하는 장면이 떠오른다. 자신과 같은 존재 하나만 더 있으면 둘만으로도 삶을 견딜 수 있을 것 같은 믿음 때문이었다. 상황은 다르지만 그런 믿음조차도 온전하지 못한 일상의 영향인지, 혹은 여유롭지 못한 현실적 생활의 여건이 나빠진 이유인지, 어느 학술단체에선 예년에 비해 논문의 양이 풍요롭지 못하다는 소식과 작가들도 작품이 잘 써지지 않는다는 고백을 듣기도 했다. 그런 현상은 실생활에서도 일어났고, 예술은 물론 경제, 정치, 문화 사회 모든 영역에 영향을 미치고 있다.

그런 와중에도 붓을 놓지 않는 작가들의 끈기와 열정에 존경을 보낸다. 코로나로 인한 사회적 거리 두기 때문인지, 삶의 이면이나 답답해진 사건들을 해결하는 실마리를 자연과의 조우를 통해 찾는 작품이 많았다. 자연은 때때로 인간에게 지혜를 주거나 문명의 스승이 되어줄 뿐만 아니라 이성을 가진 존재로서의 성숙의 계기를 던져준다는 진리를 새삼 재인식하는 계기였다.

2. 작품들

최영애, 〈무수천〉

다른 이들에 비해 자기 생을 치열하게 살아내는 존재들에게 찾아오는 딜레마가 있다면, 인생이라는 여정에서 쉬어가고 싶을 만치 지치는 시기가 있다는 점이다. 자신이 가진 에너지를 아낌없이 방출한 후 방전상태가 되어야 비로소 자신을 돌아보기 때문이다. 인간도 자연같이 자기 에너지를 사용하여 재생의 능력을 갖추고 있으나 그것은 매우 제한적이다. 누구든 자기 생을 낭비하며 살지는 않겠지만 가정이나 사회에서 유독 그 역할이 많거나 열정적으로 일하는 사람이 쉽게 지친다. 혹은 책임과 의무를 나누지 못하고 혼자 감당해야 할 때 더욱 그런 상황에 이른다.

〈무수천〉의 화자도 그랬을까. 그는 무력해지는 자신을 의식하고 제주의 올레길에 나선다. 자신을 유지하고자 하는 본능이 아직 태고의 신비를 이어가고 있는 울창한 숲으로 이끌었을지 모른다. 자신을 지키고자 하는 몸과 마음의 신호일 테다. 그가 만난 제주는 "인간이 사는 세상에도 이런 곳이 있나" 싶을 만큼 빼어난 비경을 많이 보존하고 있는 곳이니 세상에서 부대낌에 지친 사람이라면 자연의 품속에 흠뻑 빠져들 만했겠다. 강렬하고 성스러운 기암괴석의 풍광 앞에서 인간사의 시름은 스스로 자취를 감추게 되니 '무수천'

이 품은 의미가 자못 깊다.

    비가 내릴 때만 잠깐 폭포를 만들기는 한다. 지하로 내려간 물은 다시 솟아 작은 소를 채운다. 청잣빛 물색은 저리도 푸르게 느껴질까. 영롱한 물빛을 드러내는 유리 같은 맑은 소들이 오묘함을 더한다. 물속에 몸을 담그고 저 물빛에 물들고 싶다. 물이 들면 내 삶도 좀 괜찮은 생으로 살아질까. 모든 것은 고통 후에 주어지는 것. 얼마나 깎아내는 모진 고통을 견뎌야 천상의 비경으로 설 수 있을까.

한 사람의 일생이 무수히 많은 사건과 경험과 관계들로부터 형성되듯이, 작가의 눈앞에 신비로운 비경으로 존재하는 무수천 또한 수많은 천재지변과 자연환경의 영향을 받으며 만들어졌다. 그 기원이 되는 한라산의 정상에서부터 흘러내리는 용암과 태양의 빛, 그리고 물살과 바람과 별빛이 지금의 무수천을 탄생시켰다. 그 모든 것을 품은 자연 앞에서 작가는 "용암이 뿜어내는 동안 세차게 저항했던 우레 같은 함성"이 들리는 것 같은 착각이 든다. 사람의 일생에서도 화산이 폭발하고 용암이 흘러내리는 것처럼 고통과 아픔이 있고, 봄 햇살 아래서 만끽할 수 있는 감미로운 시간이 있다. 자연처럼 인간의 삶도 그렇게 순환하기에 볼수록 탄식을 자아내는 저 자연 앞에서 몰아 일체가 되어 자신은 물론 모든 것을 내려놓게 된다.

　무수천. 풍경을 마주하니 떠날 때 두고 온 곳곳의 시간들이 보인다. 살아온 삶이 너무 요란했다. 때로는 견디기 어려울 만큼 가혹했다. 이별의 상처도 묻어두니 아프다. 해야 할 속말도 아직까지 가슴에 품은 채다. 얼마의 시간이 흘러야 이것들이 삭혀질까. 얼마를 더 살아내면 무수천처럼 고요하고 담담해질까. 내가 원하는 삶이라기보다 주어진 것에 책임을 다하며 살아냈었다는 표현이 맞을지도 모른다. 내 뜻대로, 내 마음대로 살 수 있는 곳은 어디에 있을까. 어디선가 위로의 소리가 들린다.
　"괜찮아. 괜찮을 거야"

　작가는 아마 그리운 사람과 이별을 한 것으로 보인다. 아직 하지 못한 이야기도 있고, 포기하거나 내려놓아야 할 것도 있다. 그런 상황에서 문득 예기치 않는 이별과 마주했을 때는 모든 걸 가슴에 묻어야 한다. 그래서 더 아프다. 작가는 요란하고 가혹했던 자신의 시간을 돌아보며, 저 맑은 무수천처럼 고요해질 수 있을까를 묻는다. 우리가 사는 세상은 자연처럼 맑고 담담한 세계는 아니다. 사람과 사람 사이에서 다치고 상처받으며 고뇌하고, 치열한 생존경쟁에서 살아가야 하니 존재 자체가 고통의 시간으로 뒤덮여 있다. 다만 고통과 고통의 틈새에 잠깐씩 찾아드는 행복과 기쁨의 시간이 삶을 살아가게 하는 원동력일 뿐이다. 작가 또한 자기의 뜻대로 살기보다는 책임을 다하기 위해 살았다고 말할 만큼 자기 삶을 살지 못한다. 그러나 무수천 앞에서 그런 모습도 자기 삶이었음을 인정하고 나니 "괜찮아. 괜찮을 거야"라는 자연의 소리가 찾아온다. 사람이 전하는 '괜찮아'와 자연이 전하는 '괜찮아'는 그 느낌과 전달되는 힘이 다르다. 타인이 '나'에게 전하는 위로는 주체를 크게 변화시키거나 큰 위로가 되지 않지만, 자연을 통해 스스로 깨닫는 '괜찮아'는 공명의 울림을 갖는다. 그래서 바깥을 향해 아무리 외쳐도 내 안이 달라지지 않으면 변화가 없다.

작가는 한라산 용암의 흔적처럼 자신의 아픔이나 그리움이 없어지는 것은 아니라고 냉철하게 생각한다. 다만 '천년의 바람이 흐르면서 무수천 비경을 만든 것처럼, '모질게 살아왔던 삶들도 그렇게 흘려보내고 나면 조금은 고운 빛으로 보일지 모른다' 되뇌어 볼 뿐. 인간이 자연에서 얻을 수 있는 것은 저런 여유와 용기일 것이다. 그 순간 작가는 '천국을 보았다'고 하는데 왜 아니 그럴까. 일상에서 얻을 수 있는 최고의 상태, 결핍 없는 충일한 감정의 경험, 유레카!다. 불완전한 존재, 인간은 종종 그때의 힘으로 생을 견뎌간다. 비로소 다시 시작되는 삶이다. 치밀한 구성과 가열 찬 고뇌의 흔적을 담고 있는 이 수필이 작가와 자연과의 교감을 통해 탄생했음에 주목했다. 무수천의 비경이 주는 경이로움과 무거운 마음을 털어내고 순례자처럼 올레길을 걷고 있는 존재의 이미지를 떠올리며 쓰는 내내 같이 걷는 느낌이었다.

김사랑, 〈오빠의 뱃놀이〉

문학작품으로 감상하든, 분석할 텍스트로 읽든, 독서를 하다 보면 작가가 터덕거리지 않고 쓴 것 같은 느낌이 드는 작품을 만날 때가 있다. 소재를 두고 깊이 성찰하되 힘을 빼고 쓴 작품의 경우다. 작품에 기교를 부리지 않고 진솔한 마음을 그대로 드러내는 작품은 힘들이지 않고 수월하게 읽힌다. 어쩌면 이런 글이 바람직한 글일 것이다. 주제 파악이 어렵지 않고 단순한 구성에서 오는 감동이 크다. 물론 어떤 글도 쉽게 쓰지 않는다. 작가는 쓰는 일의 힘겨움을 절실하게 느끼며 고통 속에서 작업한다. 좋은 글이란 사유하게 하거나 감동을 주는 글일 텐데 그에 덧붙여 수월하게 읽히면 금상첨화일 것이다. 〈오빠의 뱃놀이〉가 그런 경우라 할 수 있다. 어렵지 않게 읽히는 이 수필은 '오빠'의 한 생을 들여다본 동생이 따뜻한 시선으로 진솔하게 그려 잔잔한 감동을 불러일으킨다. 어쩌면 오누이가 살아온 자연환경처럼 그들의 생각과 삶도 자연스럽게 흘러갔을 것만 같다.

화자는 오빠의 부음을 듣고 장례식장으로 가면서 오빠와 함께 지냈던 시간을 떠올린다(첫 단락은 필요치 않다). 오빠는 가부장적인 아버지 아래서 아들로서의 확고한 입지를 가지고 있으면서도 누이들에게 그런 면모를 드러내지 않는 남자였다. 수몰 지역에 살던 아버지와 오빠는 나룻배를 타고 건너편 논밭으로 농사를 지으러 다녔지만, 두 사람이 나룻배를 타는 의미가 달랐다. 아버지는 가장으로서 가족의 생을 책임지기 위해 나룻배를 탔고, 오빠는 자신의 낭만적 삶을 누리는 방식으로 생의 헛헛함을 달래기 위한 노 젓기였다. 그래서 "뱃놀이나 하는 성싶게 구수한 타령도 불렀고, 망망대해를 항해하는 마도로스 같기도 하였"던 것이다.

여러 딸을 둔 아버지의 자식 사랑에 동참했다. 재가 폴폴 날리는 잿간에서 과년한 누이들의 혼사를 위해 목화씨를 포대에 담았고, 겨우내 사랑방 아랫목에서 키운 고구마 싹을 잘라내어 묶음을 만들고 오목하게 들어간 감자의 눈은 다치지 않게 발라 함지박에 담았다. 이렇게 마련한 봄 농사 채비는 집을 나서는 나룻배에 실리게 되었다. 잘 준비된 채비는 오빠에게 간택된 처자처럼 으스대며 저수지를 건넜다. 저수지나 숲정이에서는 산새들이 결혼 축가나 부르듯 야단이고, 곁들여지는 오빠의 노랫소리는 윤슬처럼 아름답게 물결쳤다. 저수지에 찬바람이 일고 새들의 울음소리가 높아지면 오빠는 긴 여정의 농번기를 접고 돌아왔다. 가을 산이 붉게 타들어 저수지 깊이 가라앉으면 다시 오빠의 뱃놀이는 시작되었다.

오빠가 농사를 지으며 누이들을 보살피는 장면의 묘사들은 잃어버린 시절의 목가적인 장면을 떠오르게 한다. 일하되 그에 매몰되지 않는 오빠의 태도는 그가 살던 자연환경에서 오는 여유이며 나룻배는 오빠가 농촌에서 일하며 자기 삶을 지켜갈 수 있게 하는 매개체였다. 산업사회 이후 남자들에게 그런 세상은 다시 오지 않을 풍경이다. 먼 옛날 고향에의 향수처럼, 자연과 사람이 순연하게 어우러지는 아름다운 시절은 오지 않을 것이다. 온 힘을 다해 일하지 않으면 자신과 가족의 생을 책임질 수 없는 지금 시대의 노동은 시지프의 도로(徒勞)와 흡사하기에 화자가 그리는 오빠의 삶은 더 그립고 아름답게 여겨진다.

오빠는 어쩌면 삶을 뱃놀이하듯 꾸린 건 아닐까. 배를 띄우면서 살아내기에 바빴던 아버지와는 달리 주어진 여건 속에서도 삶의 멋을 챙기며 산 것 같았다. 늘 음악과 함께 했던 사람. (…) 인근에 콩쿠르 대회가 열리면 단숨에 달려가 기타를 치고 드럼을 두드렸던 사람, 주변 여고에서 인기투표를 하면 언제나 1등을 차지한 사람, 부모의 뜻에 따라 관공서에 취업했어도 자유분방한 욕구를 채우려 직장도 걷어차고 드럼맨이 되어 전국을 활보한 사람. 그가 내 오빠였다.
초평저수지에 띄웠던 오빠의 나룻배가 이제 정박하였다. (…) 오빠가 탄 나룻배는 그 아무도 제어함이 없이 자유롭게 초평저수지를 저었다. 그동안의 항해가 어떠했던 오빠의 뜻대로 움직일 수 있었으니 이 또한 가치 있는 삶이 아니었을까. 더러는 뭍으로 끌려 나와 모래바람을 맞았다 해도, 그도 한 삶이었다.

이 작품에서 빛나는 대목 중의 하나는 "더러는 뭍으로 끌려 나와 모래바람을 맞았다 해도, 그도 한 삶이었다"는 부분이다. 나룻배로 은유 된 오빠가 원하지 않았던 생까지도 그의 삶이었다고 인정하는 화자의 태도에서 생을 이해하고 관조하는 연륜이 느껴지기 때문이다. 화자는 원하든 원하지 않았든 한 사람이 지나간 길이라면 그것 또한 그 사람의 길임을 알고 있다. 그래서 오빠의 모든 생을 받아들인다.

이 수필은 화자의 오빠, 즉 한 사람의 일생을 담담하지만 따듯하고 진실한 시선으로 그렸다. 오빠의 인생을 나룻배로 상징화하면서 자유로우면서도 책임감 있게 살다 가는 모습을 잘 보여주었다. 생과 죽음의 틈새에서, 인간의 유한성을 인정하고, 소멸하는 존재에 대한 슬픔을 담담하게 그리는 화자의 진심이 과장되지 않아 울림이 더 크다. 문득 자연에서 살았던 사람들의 이야기에 감동할 시대는 언제까지일까, 그런 정서가 어느 세대까지 전해질 수 있을까 하는 쓸모없는? 생각이 일어난다.

그럼에도 나룻배가 떠난 수문은 닫혔으나 오빠의 한 생은 한 편의 글로 남아 누군가에게 다시 존재하게 되었다. 스러져간 존재의 이야기를 복원시키는 것, 글을 쓰는 작가의 보람이지 싶다.

김은주, 〈사막 건너기〉

여행길에 나서는 사람들에게는 나름의 이유가 있다. 누군가는 방전상태의 지친 생을 재충전하기 위해 떠나고, 누군가는 익숙해진 일상을 벗어나 새로운 '나'를 찾는 계기를 맞으러 떠난다. 그냥 좋아서 떠난다 해도 그조차 이유가 된다. 떠날 때와 돌아올 때의 결과는 반드시 남겨진다. 혹여 목적 없는 무목적의 여행일지라도 길 위에서 방랑하다 돌아올 때는 평소 알지 못했던 자신을 발견하는 앎을 누릴 수 있다.

김은주의 〈사막 건너기〉에도 사막을 건너며 겪는 생에 대한 묵직한 통찰이 담겨있다. 자칫 예민해질 수 있는 사람들과의 관계도 타인을 이해하는 시선으로 바라보다 보니 곳곳에서 작은 깨달음이 일어난다. '사막 건너기'는 인생이라는 사막을 건너는 이야기의 환유이기도 하다. 구체화하면 화자는 해돋이를 보기 위해 사막을 건너가며 시종 여유와 따뜻한 배려로 이야기를 꾸려낸다. "세상의 모든 말은 귀가 열리면 언어이고 귓등을 되돌아 나가면 소음이다. 왕왕거리는 소음도 며칠 듣다가 보니 말속에 가락도 있고 정情도 느껴진다." 여행 중의 화자가 같이 다니는 사람들을 어떻게 대하는지를 보여주는 이러한 그의 생각과 태도에서 화자를 신뢰하는 마음이 생겨난다. 사막이라는 대자연 속에서 풍족하진 않아도 신께 기도하며 섭리대로 사는 사람들의 이야기와 그들을 보며 자신을 성찰하는 화자에게 심리적 거리를 좁히게 되는 것이다.

얼마나 달렸을까? 느낌은 같고 제목이 다른 여러 음악을 건너 사막에 닿았다. 밝은 여전히 흰 칸두라를 발목까지 잘잘 끄는 남자는 잠시 차를 세우고 어둠 속으로 나선다. 어두워 무얼 하는지 알 수는 없지만 차가 기우뚱 흔들리더니 살짝 주저앉는다. 한번 발을 들이면 쉬이 빠져나올 수 없는 사막으로 들어가기 위해서는 타이어도 힘을 빼야 하나 보다. 탄탄한 길 위에서의 팽창은 모래 언덕에서는 아무 소용이 없다는 것을 여기 와서야 깨닫는다. 적당히 무르고 때에 따라서는 모양 사납지 않게 쭈그러들 줄도 알아야 온전히 사막을 건널 수 있다. 힘을 빼고 낮게 엎드려야 생존할 수 있음을 이 나이에 이르러서야 어렴풋이 깨닫다니 늦어도 한참 늦다.

사막을 건너기 위해 초입을 들어서는 것이나 인생을 시작하는 첫 출발점에서의 발걸음은 흡사하다. 모래사막을 향해 발걸음을 내딛기 시작한 후에 되돌아 나오기가 어렵듯 어느 길이든 선택해서 시작한 인생 또한 돌아서기 어렵다. 그래서 한번 시작한 사막 길에서 물러서지 않기 위한 준비가 지프의 타이어에서 힘을 빼는 일이다.

화자는 "탄탄한 길 위에서의 팽창은 모래 언덕에서 아무 소용이 없다는 것을 여기 와서" 알게 된다. "적당히 무르고 때에 따라서는 모양 사납지 않게 쭈그러들 줄도 알아야 온전히 사막을 건널 수 있"기 때문이다. "힘을 빼고 낮게 엎드려야 생존할 수 있음"은 타이어뿐만 아니라 몸을 낮춰야 생존이 가능한 고산지대의 나무나, 낮은 곳으로 흐르는 본성을 가진 물이나, 자신을 낮추려 애써야만 물색없이 치켜 올라오는 본능을 겨우 제어할 수 있는 인간이나 그 이치는 같다. 그렇듯 사막에 와서 화자는 때와 장소에 맞춰 형태를 바꾸는 사물을 통해 인간 존재의 한 면모를 깨닫는다.

해를 기다리는 사이 그들은 헤드라이트 불빛 앞에 동그랗게 모여 앉아 기도를 올린다. 신새벽 그들은 한 사람의 가장으로서 밥을 구하러 사막에 왔고, 우리는 일상을 버리고 나를 만나러 이곳에 왔다. 서로 다른 이유로 왔지만 함께 일출을 기다리는 마음은 똑같다. 장소 불문 하루 다섯 번 올리는 기도는 깃털처럼 가벼운 일상을 매 순간 숭고하게 만든다. 희붐하게 새벽 동이 틀 무렵 검은 실과 흰 실이 구분되기 시작할 때 하루의 첫 예배를 올린다. 잠시 가이드라는 일을 내려놓고 허리를 굽혀 땅에 머리를 조아린다. 나를 낮추고 세상 모든 것을 향해 경배하는 시간이다. 세상 만물 중에 나를 가장 낮은 존재로 인식하는 저 몸짓이야말로 두고 새겨야 할 마음의 양식이다. 엎드린 그들을 보면서 나는 모든 걸 접고 순하게 엎드려 본 적이 있었나 되짚어 봐도 기억에 없다. 부지불식간에 주어진 삶을 옆구리에 차고 앞만 보고 내달렸을 뿐 순정으로 땅에 이마를 바쳐 본 적이 없다.

타이어의 바람을 적당하게 뺀 지프차를 타고 곡예 하듯 몸을 기울이며 사막 한복판에 이른 그들은 모래가 발목까지 차오르는 언덕에 앉아 해를 기다린다. 여행객들이 용틀임하며 장엄하게 떠오를 해를 기다리는 동안 가이드들은 하루를 시작하는 기도를 한다. 어둠을 여는 새벽, 광활한 사막에서의 기도는 인간이라는 존재가 자연이라는 신에게 치르는 성스러운 의식이다. 그저 허리 낮춰 머리를 땅에 조아리거나 간절하게 두 손 모으는 것으로도 순간이지만 자연과 하나가 되는 시간 아니던가. 그가 누구든 절로 고개 숙이고 경이로운 자연 앞에서 숭고함을 느끼지 않겠는가. "나를 낮추고 세상 모든 것을 경배하는 시간"이기 때문이다. 화자 역시 그런 자신을 찾기 위해 저 메마른 사막으로 여행을 떠나지 않았을까. 현대적 삶의 방식에서는 만나기 어려운 저 시간을 위해 그 먼 곳으로 가지 않았을까. 세상과 내가 하나가 되는 시간, 내 마음과 세상의 마음이 서로 만나는 시간이다.

저들의 모습을 보면서 화자는 엎드린 적 없이 달렸으면서도 자신의 생은 "뛰다가 다친 상처만 수북할 뿐 등에 짊어진" 것이 없다고 성찰한다. 그들은 별로 가진 것 없어 맨발로 살아도 저토록 충만해 보이고, 언제나 밝고 유쾌한 모습으로 산다. 그럴 수 있는 것은 '땅을 향한 몸짓', 낮춤에 있다는 것을 깨달은 순간 "늘 주변을 맴돌던 시시한 것들이 여기 와서야 확연해"져서 머리를 조아리며 땅에 엎드려 보지 않았어도 자기의 삶은 감사한 일로 가득했었다는 걸 깨닫기 때문이다. 아무리 소중한 사람, 아름다운 존재가 곁에 있더라도 자기가 마음을 열어 받아들이지 못하면 만날 수 없는 것이다.

우리는 내가 어떤 존재인지에 대한 의문을 가지고 살면서도 이런저런 이유로 그것을 놓치거나 억누르며, 유보하고 산다. 그러다 문득 여행을 떠나거나 대자연 앞에서 경이로움을 경험하고 나면 이 실존적 물음에 대한 해답이 구해지기도 한다. 존재가 행복해지려면 내가 누군지에 대한 각성이 풍요로워야 하지 않겠는가.

황진숙, 〈등〉

인간이 생을 마감하고 돌아가는 곳은 어디일까. 알지 못하는 사후 세계에 대해서는 종교와 종교철학이 구현한 것을 통할 수밖에 없다. 그에 의하면 보이지 않는 인간의 정신은 천국으로 가거나 윤회를 통해 다른 존재로 태어나고, 지수화풍(地水火風)으로 이루어진 육신은 자연으로 돌아간다. 그래서 죽음을 두고 흙으로, 자연으로 돌아간다고 말한다. 이때 인간 총체성을 드러낸다고 보는 정신은 우주적 정신의 자리에 놓을 수 있고, 몸 또한 우주를 품고 있다. 그렇게 보면 '인간은 우주적 정신을 가진 존재이고, 그런 정신은 외면화되어야 하기에 경험적 자연 대상들로 나타나야 한다. 무생물이나 생물, 생명 등은 다 그렇게 구체화 된 것들'(헤겔)이다. 따라서 인간은 그의 정신이 완전한 인식에 도달할 때까지는 필연적으로 유한한 정신적 존재로 남을 수밖에 없고, 신이 아닌 한 어쩔 수 없이 불완전한 존재로 살아가게 된다. 그런 존재의 구심력인 등 이야기, 수필 〈등〉을 말하기 위한 포석이었다.

사람의 신체 기관은 모두 연결되어 있지만 저마다의 역할로 운명이 갈린다. 그중에서 '등'은 신체의 중앙에 위치하여 다른 기관의 구심력 역할을 하고 있으니 화자의 말처럼 '직립의 운명'은 필연적이다. 우주의 한 존재, 사람의 생을 유지하고 곧추세워주는 것이니 얼마나 고달프겠는가.

> 떠받들어야 하는 천형으로 몸 한복판에 자리 잡았다. 목이 지탱하지 못해 넘어오는 머리의 무게는 온전히 등의 몫이다. 기우는 어깨를 지지하는 것도 등이다. 들거나 안을 수 없는 짐은 등이 짊어지고 걸머진다. 해가 이울 때까지 지워진 무게를 내려놓을 수도 없다. 종일 혹사당한 등을 바닥에 붙이고 나서야 숨을 돌릴 수 있다. 수직의 본성에서 이탈하지 않기 위해 헌신하는 등이 우직하다.

화자의 남편이 등을 다쳐 병원에 입원했다. 같은 자세로 쉼 없이 일하고 사고로 다치기까지 했으니 등의 수난은 임계점을 넘어 수모의 수준이다. 남편의 등이 처음부터 그랬던 건 아니다. 젊은 시절, 화자를 업어줄 때는 반듯하고 탄탄하고 매끈해서 듬직했다. 그런 등 위로 세상 바람이 지나가며 뒤흔들고 상처를 내다보니 비정상적으로 굽고 휠 수밖에 없다. 그럼에도 화자는 한 치의 틈도 내주지 않고 남편을 밀어냈다. 직업을 결정하는데 화자의 반대의견을 받아들이지 않았다는 이유로 가족을 위해 일하다 낸 사고를 용납하지 않았다. 고통받는 등으로 환유 되는 남편은 표정으로 눈으로 몸짓으로 필사적인 표현을 하고 있었으나 화자는 애써 외면했다. 상대의 무너짐을 인정하는 순간에 화자도 무너질 수 있기 때문이다. 화자의 외면처럼, 인간은 자신을 지키기 위해 '필사적인 외면'이라는 본능을 가동한다. 그러나 수필은 그러한 인간의 본능에 대처해서 폭로하고, 성찰하고 새로운 세계를 모색하여 나아간다.

작품 〈등〉에서도 가장의 등은 "등짝을 따라 흐르는 소금기에 절여지고 배어든 한기에 서늘해질 때까지 온 기운을 소진"해야 했다. 그 결과는 "결리고 저릿한 통증이" 버거워 잔뜩 움츠러들었다. "숨 쉬기조차 힘들어 생의生意를 상실"할 즈음에야 마침내 등의 통증을 인정하고 등이 보내는 메시지를 받아들인다. 눈앞에 닥친 절박한 현실만큼이나 등의 외침 소리도 절박했을 것이다. 어찌 화자의 남편만 그랬을까. 등은 사람이 지닐 수 있는 물리적이고도 정신적인 모든 것을 지켜가도록 희생하는 신체다. 그래서 등에는 인간의 비루하고도 존엄한 모든 것이 기록된다. 온갖 바람을 맞으면서도 견디며 침묵했던 남편의 등에는 "가슴벼락에서 슬픔이 무너지는 소리가 스며있고", "세파에 너덜거리는 가슴팍이 기댈 수 있게, 허기를 껴안아 오그라든 뱃가죽이 맞닿을 수 있게" "두 다리가 절망에 접질릴수록 직립의 갈망으로 곧추세"워야 하는, 그래도 직립의 꿈을 포기하지 않아야 할 당위와 포기할 수 없는 슬픔이 새겨 있다.

육신의 후방이면서 생의 전방인 등. 수많은 소리를 삼키고 각인된 기억으로 능선을 그리는 접경지대. 마른 이파리를 스치는 바람처럼 메마른 소리가 일어서고 허방 짚듯 푹 꺼지는 진동도 감지된다. 밀리고 쓸리느라 덧났을 마음이 고이고 바람 잘 날 없는 삶의 희로애락이 모여든다. 온갖 흔적으로 너덜해지고 비루해지는 생의 표지表紙다.

중중첩첩 등이 져 나른 고행으로 생 하나를 일으켰다. 등 너머를 꿈꾸며 숱하게 넘어섰기에 가족을 건사할 수 있었다. 불탄 자리에서 돋아나는 목숨처럼 거친 숨결을 여미고 황량한 벌판에 다시 서는건, 나와 아이들의 등이 되기 위해서였으리라.

등의 호소에 귀 기울이며 가만히 들어주자 "메마른 소리가 일어서고" "푹 꺼지는 진동도 감지"된다. 이제야 등은 한 존재의 버팀을 위한 생의 표지임을 인정받았다. 그리고 가족의 등이 되기 위해 황량한 세상에 다시 선다. 그런 남편의 등은 굽었지만 능히 세상사에 대처해서 여전히 듬직하다. 그래서 화자는 "기울었을 뿐, 무너지지 않을 단단한 성벽이다. 그의 등이 타전하는 강인함에 내 등을 맞대어 보"겠다 한다. 기운 남편의 등이 다시 단단한 성벽이 될 수 있을까. 시간의 풍화로 어느 곳엔 구멍이 생기고 휘거나 멍이 들었을 수도 있겠다. 그녀의 등이 구멍엔 꿈이 되어주고, 휜 곳의 지지대가 되어준다면 가능하겠다. 그는 다시 가족의 등이 되어주기 위해 바람 세찬 세상 밖으로 나가 자신의 기운 등을 곧추세울 수 있겠다.

문학과 삶은 서로를 거울로 삼으며 길항작용을 멈추지 않는다. 문학은 삶에 기대지만 그 삶을 넘어서려 하고, 생은 문학에 기대 변화 발전한다. 그럴 때 문학은 우리의 현실을 압도하거나 뜻밖의 생각으로 이끈다. 유레카! 그리 외쳐도 좋을 시간이다. 사물이나 대상에 대한 관찰력과 묘사가 뛰어난 작가의 작품을 읽는 시간은 행복하다.

윤석희, 〈가로수〉

가끔 나무들이 불타버린 민둥산을 보게 될 때가 있다. 그것은 산이 아니다. 고대의 맹자는 사람들이 함부로 착취하여 헐벗은 산을 비유로, 산의 본성은 나무에 있다고 했다. 나무가 없는 산은 산이 아니라는 것. 코로나 바이러스의 상황을 견디면서 사람들은 도시의 공원과 숲이 주는 혜택을 누리며 고마움을 느끼고, 주변의 산이 주는 위대한 힘을 알게 되었을 것이다. 인간이 자연과 공존할 때 행복할 수 있다는 것을 재확인하지 않았을까.

수필 〈가로수〉에는 건기로 인해 흙먼지 날리는 인도 캘커타의 나무들이 어떤 모습으로 살아가며 자기 유지를 위해 얼마나 고군분투하는지를, 사람을 바라보는 따뜻한 시선으로 그린다. "말라버린 가지며 초록을 잃고 초췌해진 이파리들이 애처롭다. 목마른 뿌리는 갈증 속에서 몸을 지탱하느라 얼마나 안간힘을 쓸까"는 화자의 안타까운 마음을 대변하는 부분이다. 이 작품은 자연의 파괴로 생태계가 무너지고 먹이사슬이 분열되어 위기 상황에 놓인 현실의 문제를 곱씹게 하는 주제를 담고 있다.

어디 소리뿐이겠는가. 거리에 쏟아지는 매연과 악취는 또 어떠한가. 싱그럽던 파란 하늘도 뿌옇게 바래버렸다. 소곤소곤 다정했던 달님도 별님도 떠나버렸다. 나무 둥지에 기대어 부지런히 살아가던 작은 생명들도 숨어버렸다. 벗 하나 없이 사막같은 황량한 거리에서 나무는 그저 외롭고 쓸쓸하다.

무자비한 태풍도 이겨냈는데 싹둑싹둑 몸통이며 가지가 잘려 나가는 고통도 수시로 당한다. 전깃줄에 닿지 않으려 움츠릴 때는 오싹 소름까지 돋는다.

오랜 시간을 거슬러 먼 옛날의 자연을 떠올리면, 인간에게 나무는 '침묵과 묵상의 삶을 사는 존재'였다. 그때에는 나무도 달과 별과 파란 하늘을 벗 삼아 푸르고 건강하게 줄기를 뻗어냈을 테다. 그에 기대어 사는 작은 생명은 얼마나 풍요로웠을까. 거리에서 살아가는 것들과 애환을 나누고 때론 그늘을 만들고 따뜻한 햇볕도 나눌 줄 아는 나무였다. 그러나 지금은 모두 떠나고 황량한 거리에 서 있는 나무는 "외롭고 쓸쓸하"게 버티고 있다. 무자비한 자연의 횡포도 견뎌냈으나 인간은 그예 몸뚱이까지 잘라버린다. 인류가 종이나 일회용품들을 사용하면서 벌목하기 시작한 자연환경의 파괴가 어디까지 진행될 것인지. 무분별한 파괴의 시간이 더 흐르고 우리가 사는 도시에 나무가 없는 장면을 상상해 보면 삭막함을 넘어서 차라리 끔찍해진다. 그런데도 우리는 눈앞에 있는 자연의 소중함을 쉽게 잊고 무관심하게 대한다.

가로수를 보면, 건기의 가로수를 보면 꼭 그가 보인다. 살벌하고 삭막한 세상에서 메마르지 않으려 안간힘 쓰는 그가 보인다. 가진 것 죄다 내려놓고 바른길을 가느라 고달픈 그가. 편한 길 마다하고 나서 오히려 쏟아지는 거리의 비웃음을 감당해야 하는 그가. 세상사 아랑곳하지 않고 뚜벅뚜벅 제 길을 가는 당당함과 외로움을 다시 상기한다. 거친 세상에서 스스로 가로수의 삶을 사는 그. 비 자주 내려 늘 깨끗하고 푸른 마음으로 살라고 기원한다. 기어이 뜻을 펴서 품 너른 나무로 세상의 그늘이 되라고 박수한다.

  자연적 삶을 추구하고 그에 가치를 두는 작가들은 주로 자연에 관한 소재를 다룬다. 이 작가 역시 그러한 시선으로 작품을 써왔던 것으로 기억한다. 저 인용은 작품의 결미인데 자못 의미가 깊다. 물론 텍스트에 따라 다르지만, 자연과 관계된 이야기 속에 사람이 없다면 그것은 인간의 성찰로 나아가기 어렵다. 인간은 자연의 한 부분이지만 인간 없는 자연에서는 의미가 생기지 않기 때문이다. 그래서인지 화자에게는 자연의 횡포에 흔들리고, 사람의 무지한 소행에 핍박받으며 사는 거리의 나무를 보면 '그'가 보인다. 저 거리의 나무처럼, 삭막한 세상에서 대처하며 사느라 힘들어도 똑같이 되돌려 응대하지 않으려 애쓰는 사람, 그가. 그래서 화자는 "비 자주 내려 늘 깨끗하고 푸른 마음으로 살라고 기원"하고, 거리의 가로수를 닮은 그를 찾아오는 존재들에게 바람도 막아주고 그늘도 되어주는 "품 너른 나무"가 되어달라 응원하는 것이다.
  가로수와 나무로 상징되는 자연과 사람의 불화로 시작했으나 사람의 아름다움으로 끝나는 이 작품은 자연에서 찾아내는 지혜가 인간 삶에 영향을 미치고 있음을 보여준다. 어찌 보면 나무로 대변되는 자연과 문명사이에서 인간이 아직은 영향을 주고받으며 변증법적으로 존재함을 전하는 메시지일 것이다. 우리가 희망을 노래하는 것은 가망 없는 세계에의 동경에서 비롯된 것이라 할지라도, 희망을 꿈꾸는 작품을 기다리는 것은 인지상정이다.

3. 글로만 표현할 수 있는 것들

　인류에게 불을 훔쳐다 준 프로메테우스는 미리 깨닫는 자로, 동생 에피메테우스는 나중에 깨닫는 자로 알려져 있다. 우리는 에피메테우스의 후예에 가까운지 늘 경험을 한 후에야 깨닫게 된다. 사후에라도 알고 변화해 간다면 그나마 다행이라 할까. 코로나로 인해 사람과 사람 사이에도 적절한 거리가 필요하다는 것을 알았다. 물리적 거리뿐만 아니라 심적 거리도 적절해야 사람의 관계에서 균형이 유지된다. 적당한 거리는 관계의 단절이 아니라 관계를 이어가는 디딤돌임에도, 우리는 그 적당한 거리를 못 견딘다. 그래서 자칫 타인에게 이기적이고 무례한 말과 행동을 하여 상처를 주는 데까지 나아간다.

　거리 유지의 필요성은 사람과 자연 관계에서도 필요하다. 인간은 자연의 부분이면서 동시에 그 본질에서는 정신이다. 따라서 자연의 위기는 곧 인간 정신의 위기이고, 인간의 위기와 같은 의미이다. 고대에서부터 현대에 이르기까지 사람이 자연에 횡포를 부리고 무차별적으로 파괴한 대가가 바이러스로 인한 전염병의 창궐이다. 그런 끔찍한 경험을 일일이 늘어놓지 않아도 자연과 함께 살아야 하는 인간은 자연을 제 몸처럼 보호하고 아낄 때 비로소 자연이 자기 자신임을 깨닫게 될 것이다. 그런 의미에서 위기의 인간이 자연 앞에서 삶을 통찰하거나 문득 깨달음을 얻는 작품들에 대한 언급은 유의미한 것으로 본다.

혼란과 불안 속에서도 작가들은 자신의 경험적 세계와 내면을 쓰기 위해 홀로 작업의 공간을 지킨다. 오직 글로만 제대로 표현하고 전할 수 있는 것이 있으니 얼마나 다행한 일인가. 절망과 권태의 시간 속에서 문학은 나를, 당신을 지키는 등대가 되어 왔고 존재의 성찰을 끊임없이 외치게 했으니, 그만하면 유레카를 외쳤던 아르키메데스를 소환해도 크게 흉은 되지 않으리라.

애도를 비롯한 몇 개의 단상들

1. 《애도 일기》를 호명하다

 애초 다짐한 게 잘못이었나. 이번 호 글을 잘 쓰고 싶었다. 몇 편의 작품을 꼽아두고 기록해둔 메모지를 뚫어지게 응시해도 도무지 그 작품들을 관통하는 하나의 주제를 찾을 수가 없다. 아니 반복이 아닌, 새롭게 구성해 볼 이야깃거리가 떠오르지 않는다. 삶이란 게 그리 단선적인 것이 아닐 텐데. 안목이 흐릿해진 자신의 문제일까 싶어 스스로 책망하면서 글쓰기가 우울의 원인이 된다는 것을 절감한다. 작가에게 글쓰기는 우울의 원인이며 해결책이라는 사실을 인정한다. 그렇다면 애초의 생각을 접는 방법밖에 없다. 평자로서의 자신과 타협한다. 뭐든 쓰자. 정공법이 아니어도, 아쉬움이 남아도 심중의 이야기를 쓰는 게 진실일 수 있다.
 어느 평론가든 좋은 작품을 만나 풍부한 감성을 끌어내고 자신의 지적 세계를 확장하는 문학적 담론의 장을 펼치길 원한다. 그런 행운을 누리기 위한 필수요건은 좋은 텍스트를 만나야 한다. 좋은 소재와 작가의 창의성이 만났을 때 명작이 탄생하듯, 좋은 작품과 평론가의 안목이 만났을 때 괜찮은 평론도 탄생한다. 작품에 숨어 있는 세계, 즉 품고는 있으나 표층적으로 드러나지 않는 그 세계를 찾아 해석하고 의미를 찾아 새로운 세계로 그 영역을 확장하는 것이 평론이다. 이러한데 작품과 평론의 유기성에 대해 더 말한들 무엇하랴. 요컨대 작품과 평론 사이의 길항작용이 일어나 미적 세계가 창출되는 순간을 만나고 싶은데 그러지 못하는 것에 대한 평자의 우울을 사족처럼 붙이고 있다.

장르적 특성이 다를지라도, 수필의 세계에서는 우리의 현실에서 당면한 문제의 이야기가 너무 적다. 21세기, 이토록 당혹스럽고 불행한 현실에서도 그런 문제에 대해 좌절하고 일어서려 사투를 벌이거나 갈등하는 작품이 보이지 않는다. 그렇다고 그런 시대에 대한 감성과 문학적 정서가 드러나는 경우도 거의 없다. 작가라면, 당대 사회의 궁핍을 딛고 첨예한 문제와 싸우지는 못해도, 최소한 우리는 이러한 시대에서 사는 존재라는 자각과 그에 대한 작가의 철학을 드러내야 하지 않을까. 수필 문학이 중심부에 서지 못하는 이유 중 한 가지는 당대의 시대성과 함께 가지 못하기 때문인 것도 있다.

문학은 개인적 문제에서 정치적 문제까지 모든 걸 이야기할 수 있다. 심지어는 철학이 하지 못하는 영역, 종교가 하지 못하는 영역, 과학이 하지 못하는 영역조차도 말할 수 있다. 그렇기에 현실에서 해결할 수 없을 것 같은 모순조차도 그려낼 수 있는데 수필은 먼 산 불구경하듯 관망하는 태도를 보인다. 모두 다 그런 건 아니지만 수필가(평자 포함)는 그러한 문제들을 덜 절박하게 받아들이는 것은 아닌지. 수필이 세상을 좀 높고 넓게 보고 이 현실에 대한 책임 의식도 드러냈으면 싶다. 자본에 함몰된 인간의 문제, 생태계의 파괴로 인한 환경문제, 차별로 인한 혐오의 문제, 존재를 타자화하여 소외시키는 인간의 윤리적 문제, 세계화로 인한 인종차별의 문제, 개인의 상처, 인간 심연의 어두운 그림자, 그리고 인간의 근원적 고독이나 철학적 사유들, 이런 소재들을 심층 깊이 들어가 고군분투하여 작품을 써냈을 때 비로소 작가의 책무도 다하는 것이지 않겠는가. 정보를 나열하듯 설명문이나 기록문이 아닌 문학적인 그물망을 통과시켜야 하는 과제는 있다. 정보가 홍수처럼 넘쳐나는 시대에 다른 매체를 뒤적여 찾을 수 있는 글을 문학이라 하지 않기 때문이다.

최근 들어 '죽음'과 자주 맞닥뜨렸다. 개인적으로도 그랬지만, 우리가 함께 슬픔을 공유할 수 있는 분들의 죽음도 있었다. 장마가 시작되고 여름이 깊어질 무렵엔, 1991년에 창간된 《녹색평론》을 통해 근대산업 문명에 대한 근원적 비판과 삶의 위기를 선언한 김종

철 선생이 떠났고, 작곡가이며 영화음악의 거장 엔니오 모리코네도 영영 떠났다. 엔니오 모리코네는 영화 〈미션〉의 '가브리엘 오보에'나 〈시네마 천국〉의 '사랑의 테마' 그리고 〈황야의 무법자〉를 비롯한 〈사선에서〉, 〈로리타〉 등의 음악을 통해 조우할 수 있겠지만 김종철 선생의 사상은 이후 누구에게서 온전하게 만날 수 있을까 아쉽기만 하다. 우리 삶에 커다란 영향을 미치고 생각을 같이하는 사상가, 정치가가 세상을 떠났을 때 쓸쓸함이나 비통함을 느끼기도 하지만, 우리의 정서를 풍요롭게 어루만지고 심금을 울리게 하는 예술가의 부재 또한 큰 상실감과 슬픔을 안겨준다. 주체의 감정에 흔적을 깊게 남기는 것은, 개개의 가치와 감성에 따라 영향의 정도가 다를 것이긴 하지만.

또 한 사람, 박원순 전 서울시장의 죽음에는 다의적 해석이 따른다. 페미니즘과 깊이 관련된 젠더의 문제에서 그의 이야기는 지금도 논의되고 있다. 그의 죽음은 우리 사회가 '미투 혁명'으로 가는 길에 놓인 슬픈 역사의 중심에서 발생한 사건이다. 우리의 현실은 이제 젠더적 관점 없이는 어느 것 하나 설명하기 어렵게 되어가고, 그 문제를 풀지 않고서는 불평등, 권위주의, 갑질 문제도 해결할 수 없게 되었다. 그의 죽음을 통해 젠더 문제는 한층 첨예하고 민감한 이슈임이 재확인되었고 그만큼 사회의 변화도 따라야 한다. 다만 한 사람으로서 그도 자식의 아버지이고, 아내의 남편이고, 부모의 자식이었다는 점에서는 온전하게 애도 받아야 한다.

그런 의미에서 롤랑 바르트가 어머니를 잃고 슬픔에 잠겨 쓴 《애도 일기》의 일부분은 현대사회를 사는 우리가 새겨볼 만하다. "자기만의 고유한 슬픔을 지시할 수 있는 기호는 없다. 이 슬픔은 절대적 내면성이 완결된 것이다. 그러나 모든 현명한 사회들은 슬픔이 어떻게 밖으로 드러나야 하는지를 미리 정해서 코드화했다. 우리 사회가 안고 있는 패악은 그 사회가 슬픔을 인정하지 않는다는 것이다"《애도 일기》. 태어남을 순수하게 기뻐하듯, 죽음에 대한 애도 또한 순수한 것이어야 함에도 그 속에는 당대 사회의 이념과 메커니즘이 작동하여 이미 코드화 되어 있다. 한 사람의 삶이 나이테를 형성해가는 동안 그 안에는 역사적 기록이 내재 된다는 의미다. 그것은 사적 삶과 공적 삶 모두를 아우르고, 법과 제도와 관습, 그가 살면서 체화한 모든 것을 내포한다. 존재는 그 자체로 한 우주를 품고 있을 터인데, 인간이 현실에서 사라졌다는 사실, 그 이상으로 더 큰 사건이 있을까. 그럼에도 살았을 때의 그림자를 지울 수 없는 게 오늘날의 죽음을 바라보는 관점이다.

12. 작품들

김정태 〈눈물은 어디로 흘러가는 것인가〉

프로이트에게서 애도는 다른 사랑의 대상을 찾았고, 우울증은 사랑의 대상을 자기 자신으로 대체했다. 그가 말하는 예술가들은 항상적 우울 상태를 견디는 사람이다. 오르페우스가 그랬듯, 사랑의 대상을 잃고 우울해하다 '원초적 환상' 단계에서 승화를 통해 현실로 돌아오는 게 예술가다. 예술가의 승화 메커니즘은 당연히 작품을 탄생시키는 과정에 있다. 그러나 롤랑 바르트에게 "어머니의 상실은 무엇으로도 대체할 수 없는 '패인 고랑'이다. 즉 어머니의 부재에 따른 해결할 수 없는 슬픔"(《애도 일기》)인 것이다. 저 바르트의 슬픔을 닮은 작품, 김정태의 〈눈물은 어디로 흘러가는 것인가〉를 만나본다.

　이 중편수필에서 작가는 아버지의 눈물을 통해 자식으로서 그리고 아비로서 '간장이 녹아내리는 눈물'의 실체를 이야기한다. 비 오는 날, 화자는 부모님 산소 아래의 밭인 '비알밭머리'에서 고구마를 심다가 아버지의 목소리를 듣는다. "작은애야, 고구마 싹은 세워서 심으면 못쓴다."는 아버지가 살아 계실 적에 곁에 있는 화자에게 하시던 말씀이다. 돌아가신 아버지의 목소리가 들려오는 것은, 아직 아버지에 대한 그리움이 절실하다는 것이니 화자의 심연에서 들려오는 소리였을 것이다. 출처가 어디든 듣고 있는 화자에게는 반가움에 목이 매일 수밖에 없다. 더구나 "깔끔한 차림의 아버지가 옆에 서 계신 듯 느껴"질 정도였으니 화자가 아버지를 만나고 싶은 마음이 얼마나 깊었을지 짐작된다. 화자에게 아버지는 "밖으로 내보낼 눈물이 가슴에서 끓고 있어 뜨거워도 토해낼 수 없는 시공간 속에 갇힌" 분이기에 그런 아버지를 생각하는 아들은 더욱 애달팠을 것이다.

롤랑 바르트는 어머니를 잃고 그 슬픔이 얼마나 컸는지 쓰는 행위라도 하지 않고는 견딜 수 없었다. 자신의 슬픔이 불순물 없이 오롯하게 보존되길 원하던 그는 자기의 기록이 문학이 될지도 모른다는 생각에 오히려 기록을 저어하기도 했다. 어머니에 대한 그의 슬픔이 문학이라는 목적이 될까 조심스럽고, 순수한 슬픔이 누군가에게 가서 불순해질까 염려가 된 것이다. 그러나 이 책은 그의 조바심과는 별개로 감성 충만한 문학인의 심금을 울리는 문학서가 되었다. "나는 이 일에 대해서 말하고 싶지 않다. 그러면 결국 문학이 되고 말까 봐 두렵기 때문에. 혹은 내 말들이 문학이 되지는 않을 거라는 사실에 대한 자신이 없기 때문에. 그런데 다름 아닌 문학이야말로 이러한 진실들에 뿌리를 내리고 태어난 것임에도 불구하고"《애도 일기》). 어떤 것으로도 위로받지 않겠다는 신념과 순수한 이 감정이 문학으로 이용되는 것에 죄의식, 차마 승화되어서는 안 되지 않겠느냐는 그의 자문 앞에서 우리는 무릎을 꿇는다. 애도의 응축이 이 상태라면 에우리디케를 좇아 지하세계까지 들어간 오르페우스를 무색하게 한다. 수필 〈눈물은 어디로 흘러가는가〉는 어떤가.

여덟 살 때의 일이다. 아버지는 마흔이셨다. 그날 나는 초등학교 입학하는 날이었다. 환갑을 막 넘기신 할머니가 뇌출혈로 졸지 간에 가족 곁을 비웠다. 마을의 큰 대문집 앞마당에서 윷놀이를 하다, 앞서가던 상대편의 석동무니 말을 잡고 기뻐 춤을 추다 쓰러지셨다는 것이 내가 알고 있는 전부다. 가족이 아니더라도 허망하기 그지없는 죽음이다. 아버지의 우는 모습을 그때 처음 보았다. 바닥에 누워 사지를 요동치며 아버지는 울음을 토했다. 우는 소리가 나다가 멈추기도 하고 온몸을 대 잡은 박수무당처럼 떨었다. 어머니는 냉수사발을 아버지의 목을 받쳐 들고 입에 부었다. 그러다 물 개벽을 하며 몸은 다시 요동쳤다. 누나와 형을 끌어안고 무서워서 울었다. 아버지의 목에서 이름 모를 짐승의 소리 같은 게 날 때 나는 오줌을 지리며 진저리를 쳤다.

뜻밖에 어머니를 잃고 몸과 마음을 제어하지 못하는 아버지의 모습이다. 심리적으로 보면 슬픔이 극에 달했을 때 사람은 차라리 정신을 잃고 잠시나마 그 아픔에서 벗어나고자 한다. 극한 슬픔에 직면하여 참다가 억압하면 해리 상태에 이르거나 몸이 아픈 것처럼, 인간의 무의식은 몸으로 메시지를 보내 자신의 고통을 호소한다. 무의식의 언어다. 화자의 아버지 또한 '사지를 요동치며 울음을 토하지' 않았는가. '박수무당'처럼 떠는 것은 의식으로는 견뎌내지 못할 것 같은 몸의 반응 때문이다. 아버지의 목에서 '짐승의 소리 같은 것'이 나는 것도 마찬가지다. 이것은 '정동' 상태에 가깝다. 화자의 아버지처럼, 예전의 사람들은 극한 기쁨이나 슬픔에서 감정이 폭발하여 이런 경험을 하는 경우가 있었다. 오늘 보았던 어머니가 사라졌다는 사실을 인정 못 하는 아들의 반응이다. 아들에게 어머니를 잃는다는 것은 세상에서 버림받아 의지처가 사라졌다는 의미이다. 상실감이 너무 커 '죽음의 영역으로 다시 끌려 들어가'는 느낌이 이러지 싶다. 고통에 취약한 현대의 우리는 어쩌면 정신이 나가버릴지도 모른다.

두 번째 아버지의 눈물을 본 것은 갑작스런 형의 죽음이다. … 한 주 전에 다녀간 당신들의 큰자식이 지금, 생사가 하늘에 달렸다고, 늙은 아비와 어미에게 또 다른 자식이 전해야 하는 소임은 차라리 정신 놓은 형의 자리에 있고 싶었다. 뜨거운 피가 아직 흐르는 맏자식의 손을 잡아보고 아버지는 헐렁한 육신을 바닥에 내려놓았다. 몸이 움직이는 대로 토해지는 소리는 근원을 찾을 수 없는 울림으로 복도의 벽을 때렸.

죽음은 경험해보지 않고는 전수되지 않는다. 다만 죽음에 가까워지고 있는 자는 그 실체에 조금 접근할 수 있을까 하고 추측할 뿐이다. 흰 벽에 등을 대고 찬 바닥에 널브러진 아버지의 표정이 그랬다. 접근할 뿐 대체하고 싶으나 대체되어지지 않는 것이다 … 예고 없는 큰자식의 죽음 앞에서 여든의 아버지는 그렇게 생각했을 것이다. … 사람이 어찌해 볼 수 없을 때 눈물은 흐르는 건가. 나는 아직 그것을 알지 못한다.

　화자의 아버지가 흘린 두 번의 눈물은 어머니와 아들의 죽음을 대신해 줄 수 없다는 변할 수 없는 생사의 진실을 알기에 허망해서 흘린 눈물이다. 달리 말하면 자신의 목숨과 같은 눈물이다. "당신이 하실 수 있는 그 어떤 일도 없음을 아시기에" 흘린 눈물이기 때문이다. 그래서 화자는 아버지가 "목숨을 버려서라도" 수습해 볼 수 있는 실마리가 있다면 "우는 쪽을 택하지 않았을 것이"라 말한다. 그때의 아버지가 보인 눈물은 지금 빗속에서 울고 있는 화자의 눈물과는 슬픔의 심급에서 다르다. 이런 상실의 전경은 독특하다. 롤랑 바르트가 "이 순수한 슬픔, 외롭다거나 삶을 새로 꾸미겠다거나 하는 따위와는 아무 상관이 없는 슬픔, 사랑의 관계가 끊어져 벌어지고 패인 고랑"이라 한 것은 가장 지순한 애도 상태이다. 그 슬픔에는 아무것도 끼어들지 않아, 오로지 사랑하는 이를 만날 수 없다는 순수한 아픔만 존재한다. '그(어머니)'가 죽었는데 온통 '나'를 잃어버린 존재로 느끼게 된다. 그래서 상실은 슬픔으로 끝나지 않고 슬픔을 받아들이며 감각적 소통을 한다. 화자의 아버지는 눈물과 몸짓으로 비명을 질렀고, 언어학자였던 바르트는 언어로 비명을 지른다.
　사랑하는 이를 떠나보내는 아픔을 이토록 깊고 극진하게 드러낸 이들 앞에서 경건해진다. 그런 아버지의 아들인 화자는 지금 빛바랜 슬픔 앞에서 아직 남은 여분의 애도를 바치고 있다. 개인의 슬품은 지워지지 않는다. 그저 강렬한 상태가 지속되지 않을 뿐 슬픔은 그대로 남아있기 때문이다. 슬픔에 한도는 없다. 하여 화자는 글을 쓰며 슬픔을 통과하고 있는지도 모른다.

 화자의 아버지가 어머니의 죽음을 대신할 수 없었듯, 롤랑 바르트 역시 '나는 그녀와 하나가 아니었다. 나는 그녀와 함께(동시에) 죽지 못했다'고 말해 현대의 우리를 더 부끄럽게 한다. 우리가 사는 세상에서 죽음에 대한 애도의 정도는 어느 날 갑자기 사라지는 존재에 대해 이상하게 여기지 않는다는 점에서도 짐작할 수 있다. 슬퍼할 겨를도 없이 일상에 쫓겨 애도를 강제 종료해야 해서 결국 애도조차 억압하는 현실이다. 애도는 상실을 피하는 것이 아니라 오히려 직면하는 것이다. 충분히 슬퍼함으로써 마음 깊이 남긴 사랑과 그리움, 아픔과 고통까지도 다 표현되어야 한다. 현실의 우리는 무엇에 쫓기듯 상실한 대상을 빨리 잊어야 한다고 생각한다. 그래서 사랑하는 대상을 잃고 애도 과정을 거치는 사람을 이상하게 여기지 않아야 한다. 이런 각박한 삶을 건너는 현실에서 화자의 아버지가 슬픔을 견디는 이야기는 특별하면서도 소중하게 읽힌다. 다시 만나기 어려운 문학적 소재여서 더욱.

서연실 〈향기로 대신 전하다〉

 상실은 누구에게나 아프다. 대상과의 거리에 따라 혹은 주체의 감각 정도에 따라 좀더 깊거나 넓어 통각의 반응이 다를 뿐이다. 사랑이라는 감정은 곁에 있을 때 감지되기도 하지만, 부재할 때 더 강렬해지기도 한다. 가족들, 특히 부모와 자식 간의 이별은, 같이 지내던 사람이 갑자기 부재 하는 데서 오는 허무와 아픔과 고통이 일상을 제대로 잇지 못하게도 한다. 별 어려움 없이 일상을 보내다가도 갑자기 아프게 찌르고 들어오는 슬픔에 주저앉기도 한다. 서연실의 〈향기로 전하다〉에서 이런 경험을 만나게 된다.

> 해를 걸쳐서 집안에 슬픔이 거듭 있었다. 젊은 시동생이 저세상으로 떠났다. 그 아픔으로 아버님마저 돌아가셨다. 한꺼번에 생긴 두 사람의 빈자리는 동굴처럼 캄캄하고 무서웠다. 나는 눈물을 매달고 살았다. 앞날이 창창한 자식을 잃은 어머님은 망연자실로 먼 산을 바라보았고, 남편은 저녁마다 술을 벗삼아 허전함을 달랬다. 망치로 때리고 나면 또 다른 곳에서 솟아오르는 두더지 잡기 게임처럼 불거져 나오는 건 아픔뿐이었다. 상황이 그렇다 보니 모든 것이 귀찮고 시큰둥했다. 일어나야지 하면서도 나를 추스르기가 힘들었다.

주체가 느끼는 감각 작용에 대해 같은 상황을 경험하지 않은 타인이 뭐라 관여할 수 없다. 그럼에도 우리는 이런 생각을 해 볼 수 있고, 롤랑 바르트 역시 이런 말을 한다. "우리가 그토록 사랑하는 사람을 잃고 그 사람 없이도 잘 살아간다면, 그건 우리가 그 사람을, 자기가 믿었던 것과는 달리 그렇게 많이 사랑하지 않았다는 걸까?" 산 사람은 살아야지 하면서 눈물을 훔치며 밥을 먹고, 하던 일을 이어가는 것이 미덕이라고 생각하는 산 자 위주의 애도 과정을 거치는 우리를 무색하게 하는 대목이다.

바르트의 지순한 애도의 말이 현대의 우리와는 조금 다를지라도 해석의 여지는 있다. 바로 〈향기로 전하다〉의 화자가 전하고 있지 않은가. 죽음과는 상관없다고 생각한 젊은 아들이 죽자 그 상실감으로 시아버지마저 세상을 떠났다. 그때 느낀 막막함을 화자는 "한꺼번에 생긴 두 사람의 빈자리는 동굴처럼 캄캄하고 무서웠다" 회억한다. 땅속으로 가라앉는 것 같은 암울함이 캄캄한 동굴로 환유 된 것이다. 초점 잃은 눈으로 먼 산을 바라보는 어머니, 술로 그 고통을 잊으려 하는 남편, 그들을 응시하는 화자의 마음을 바르트의 말과 연결 지을 수 있다. 죽은 이를 따라가지 못해 살아야 하는 그들의 모습이다.

그런 화자에게 직장 근처에 사는 할아버지가 향기가 좋다며 꽃나무를 선물한다. 할아버지의 의도를 정확히 알 수는 없지만 캄캄한 동굴에서 나온 것 같은 화자에게 밝은 빛을 보게 해주고 싶었던 모양이다. 좁은 집에서 대충 키우던 나무의 안부를 아침마다 묻는 할아버지에게 미안해서 마음을 고쳐먹고 지지대를 세워주고, "가지가 풍성하도록 순자르기를 했다". 그간의 무관심이 미안해서 쌀뜨물을 챙겨 주었다. 그러다 어느 날 문득 콧노래를 부르는 자신을 보게 된다. 콧노래를 부르며 나무를 돌봤다고 하지만, 살아있는 꽃나무에게 관심 갖고 사랑을 주면서 화자의 마음이 조금씩 열린 후 노래를 부르게 되지 않았을까(사실 그래야 좋은 구성이고, 좋은 글이 된다). 나무를 들여다보며 "행복해서 웃는 것이 아니라 웃어서 행복하다는 말이 실감났다"는 것으로 보아 그 나무에게 사랑을 주며 웃게 되었기 때문이다. 그 웃음은 어머니에게까지 전달되고 그들은 슬픔의 그늘에서 벗어나기 시작한다. 어떤 대상을 의식하고 애정을 기울이면서 슬픔의 감정을 조금씩 회복해 갔던 셈이다. 한 번 웃기 시작하자 그 웃음이 일파만파로 퍼지는 나비효과를 낳았다.

아! 드디어 꽃이 피었다. 별 모양의 하얗고 앙증스러운 꽃에서 향기가 뿜어져 나왔다. 밤에 오는 향기라는 뜻을 지닌 야래향이라고 했다. 살아가니 이런 기가 막히는 향기도 맡게 되는구나. 영화 속에 벅찬 감동을 주는 장면을 보는 것처럼 눈물이 흘러내렸다. 마음을 쏟아 꽃나무를 가꾸어 끝내 향기를 피워 내다니 …. 나 자신이 대견했다. 할아버지는 내게 슬픔을 잊고 일어서라는 말보다 야래향을 키우는 과정에서 아픈 마음이 치유될 것을 미리 알고 꽃나무를 건네지 않았을까. 깊은 뜻에 새삼 고개가 숙여졌다.

화자가 애도의 전이 상태에서 웃음을 찾고 생에 활기를 띠기까지의 치유 과정이다. 슬픔에 잠겨 있는 사람에게는 그 이야기를 들어

주고 묵묵히 기다려주는 방법이 좋겠지만, 사실 화자는 더 큰 슬픔에 잠겨있는 시어머니와 남편을 바라보고 있어야 하는 사람이다. 각각의 차이는 있으나 가족이 모두 애도 상태에서 어둠 속을 헤매고 있을 때, 할아버지의 야래향 선물은 화자가 애도를 마치고 일상으로 돌아오게 하는 직접적인 매개체가 된다. 화자 또한 야래향을 선물한 할아버지의 뜻을 자신을 치유해주기 위해서라고 깨닫는다. 주는 이와 받는 이의 생각이 다를 수도 있겠으나 화자가 할아버지의 마음을 헤아린 것이다. '염화미소'! 부처님이 녹야원에서 설법하시다 연꽃을 들자 가섭존자가 미소를 지었다는 이야기다. 말로 표현하지는 않았으나 상대의 마음을 안다는. 화자도 그랬지 싶다. 헤아리는 것은 각자의 몫, 자기의 뜻대로 받아들여지는 것이니.

문학은 행복하고 즐거운 이야기에서보다 슬프고 고통스러운 이야기에서 울림의 진폭이 더 커진다. 희극보다 비극이 더 큰 울림을 주지 않던가. 남편과 시어머니를 위로하고 살피느라 자기의 슬픔은 내색조차 하지 못했을 화자 또한 이 글을 쓰면서 잔여의 슬픔이 있다면 위로받고 애도가 이루어졌을 거라 믿는다. 자기만의 고유한 슬픔이 있는 것이니 그에게도 위로받을 당위성이 있다.

김지희 〈매직아워〉

'매직아워'가 현상적으로 드러나는 시간은 "해 뜨기 전이나 해가지고 난 후 하늘이 금빛으로 변"할 때다. "빛은 이미 사라져 사물들은 어둑어둑해지지만 카메라에 담긴 풍광은 붉고 푸른 광원이 섞여 환상적 색채를 이"루는 시간이기 때문이다. 그뿐 아니라 화자는 "하루를 갈무리하는 저녁 어스름의 눈부신 찰나는 인생의 여정이 종착역에 다다른 시간과 같지 않을까"라며 어머니가 영정사진을 찍는 순간과의 관련성을 지시한다. 전자가 물리적 시간에 대한 것이라면 후자는 인생의 '매직아워'를 표현한 것이다. 해가 뜨거나 지기 전의 어스름한 시간은 신화의 시간이기도 하다. 융이 말한 바 대로 이 시간은 사람만이 아니라 '새가 둥지로 돌아오는 시간'이기에 존재가 근원으로 돌아가는 때다. 따라서 해 질 녘의 '매직아워'의 순간은 현상이면서 본질이기도 하다. 우리의 일상에서 그런 시간은 섬세하게 작동하나 현상에 집중하는 우리는 그 깊은 의미를 간과하는 경우가 많다.

세상에는 한낱 미물이라 할지라도 덧없이 사라져버리는 것은 없다. 매미는 칠 년이 넘게 땅속에서 침묵하다가 깨어나 열흘 동안 밀월을 꿈꾸고 생을 마감한다. 대나무는 어둡고 몽밀한 숲에서 속을 비운 채 백 년을 살다가 죽기 전에 딱 한 번 꽃을 피운다. 한여름 쇠등을 두고 다투던 소낙비가 그치면 생채기처럼 무지개를 내건다. 이렇듯 모든 사물은 자신의 생애 한번은 눈부신 순간을 가진다.

화자는 투병 중인 어머니를 돌보고 있다. 이십 년이 넘도록 잔병 치레를 하던 엄마는 기본적인 생리현상까지도 혼자 해결할 수 없고, "물기 말라버린 몸은 바스러지기 전의 낙엽" 같은 가벼운 존재가 되었다. 어머니의 생에서도 윤기 나고 창창했던 시간이 있었을 텐데. 우리의 아픈 현대사 속의 인물인 화자의 어머니는 일제 강점기에 태어나 6.25 전쟁으로 아버지를 여의고 가장이 되어야 했기 때문에 자신의 꿈을 포기하고 살았다. 화자가 태어난 후에는 가족을 먹여 살리기 위해 "태산만 한 보따리를 이고" 행상을 해야 했다. 어린 화자는 "종아리에 부어오른 푸른 핏줄들이 어지럽게 펼쳐진 고샅길 같"은 어머니의 종아리를 밟아야 했다. 그토록 힘든 고난을 함께 한 어머니였으니 그런 어머니를 간호하는 화자의 심정이 남달랐을 것이다. 그런 어느 날, 침대 곁에 앉아서 깜빡 잠에 빠지는 순간 영정사진 찍으러 가자는 어머니의 소리를 듣는다.

엄마가 사진관 의자에 다소곳이 앉아 있다. 오랜만에 화장하고 고운 한복을 입었다. 새색시처럼 옷 매무새를 다듬고 카메라를 향해 얌전하게 앉아 있다. 나보다 한 뼘이나 작아져버린 엄마는 이제 더 작아지면 새끼손가락처럼 되진 않을까. 명주 실타래 같은 곱슬머리가 플래시 불빛에 언뜻 번뜻 금발이 된다. 배경화면이 무채색의 검정에서 석양빛의 자홍색으로 바뀌었다. 다소곳한 엄마의 모습 뒤로 오로라 같은 광채가 피어났다.

"자 웃으세요!" 사진사가 먼 시간의 저쪽에서인 듯 아득하게 말했다. 나도 "엄마 웃어!" 하면서 거들었다. 무표정하던 엄마의 얼굴에서 희미하게 웃음이 피어났다. 엄마가 최고로 행복한 순간은 아마 이때가 아닐까. 매직아워가 한순간 절정을 가지는 것처럼. 평생을 고생한 덕에 아들딸은 엄마의 기대에 어긋나지 않게 저마다 그 자리에 필요한 사람이 되어있다. 팟! 하고 공중에서 플래시가 터졌다. 놀란듯 보이는 영정사진은 엄마가 누운 병원 침대 머리맡에 놓아져 있다.

〈매직아워〉는 어머니가 경험하는 눈부신 순간을 통해 화자의 매직아워와 우리 생에서의 '매직아워'를 말하려 한다. 어머니의 매직아워는 '플래시 불빛에 언뜻 번뜻 금발'로 변할 때다. 영정사진을 찍기 위해 화장을 하고 고운 한복을 입은 어머니가 새색시처럼 옷매무새 가다듬고 앉았는데 플래시 불빛이 엄마 뒤의 배경을 석양빛의 자홍색으로 마술을 부려 아름답게 보이는 순간이다. 그 순간에 어머니의 머리는 금발이 되고 아우라를 지닌 새색시가 된다. 그와는 달리, 영정사진을 찍는 자리에서 희미하게 묻어나는 웃음을 웃는 순간을 매직아워라 할 수도 있다. 저 웃음에는 이중의 의미가 내포된다. 그 하나는 당신이 가장 소중하게 여기는 자식들이 기대에 어긋나지 않게 살아 인생에서 꽃을 피우게 한 자랑스러움과 긍지이고, 다른 하나는 인생의 황혼 녘에서 죽음을 예견하는, 어쩌면 마지막 남을 영정사진을 찍는 순간의 웃음이라는 점이다. 후자에 더 많은 의미가 담겨있지 않을까.

화자가 매직아워를 두고 "특정한 시간에 일어나는 현상"이라 했듯이, 존재에게 가장 빛나는 순간을 일컫는다. 그야말로 매직의 순간이다. 그런데 일상의 편린이 모두 눈부시다면 그것은 일상일 뿐 빛나는 특별한 순간은 아니라는 점에서 매직의 시간이 될 수 없다. 화자의 어머니가 석양처럼 스러져가면서도 눈부시게 반짝이는 매직아워의 시간을 영정사진에 남긴 것도 같은 맥락으로 읽힌다. 불운한 시대에 태어나 어렵게 살면서도 자식들을 잘 키워낸 어머니로서의 삶을 응축하여 빛나는 저 한순간으로 비유하고 있는 것은 아닌지. 한 생의 아름다운 마무리를 '오로라 같은 광채'로 '실루엣이 아우라처럼 피어'나는 모습으로 남을 수 있어, 한 인간이 근원으로 돌아가려는 신화적 시간의 포착이라는 점에서 사유가 빛난다.

유영희 〈길동무〉

제목처럼, 특별한 소재도 아니고 도드라진 표현기법이 있는 것도 아니며, 특별한 내용도 아니고 화자의 목소리가 강렬하지도 않다. 이 수필은 마음 가까운 이가 조근조근 들려주는 이야기처럼 매우 편안하게 읽힌다. 그렇다고 주제가 가벼운 것도 아니다. 그런 때문인지 이 수필의 매력이라면 작가의 생각을 차분하게 따라가다 느껴지는, 그래 그렇지에 도달한다는 점이다.

인근에 있는 사찰에 사는 개였을까. 누군가와 발걸음을 맞춰 곁에 있어 주는 것으로 이토록 힘이 되는 것임을 새삼 알게 해 준 고마운 친구이다. 같이 길을 걸어가면서 보폭을 맞추어 주는 것이 애정의 기본이다. 배려와 양보가 있어야 상대의 발걸음을 맞출 수가 있다. 그에 더불어 시간을 내어준다는 것은 곧 자기 마음을 내어주는 것이 아닐까.

세상의 여러 길에서 여러 갈래의 동반자를 만난다. 배움을 같이하는 학우, 종교 생활을 같이하는 도반, 직장에서 만나는 동료. 같은 취미를 가진 동호회원, 글 길을 같이 걷는 문우, 모든 이들이 서로 격려하고 이끌어주며 세상의 길을 걷는다. 같은 시대에 태어나 서로의 교차점이 있다는 그 인연만으로도 우리는 서로를 챙겨야 하는 것인지도 모른다.

화자는 혼자 산책길에 나서길 좋아하는 사람이다. 여럿이 가는 길에서는 "눈에 보이는 경치나 머리칼을 부드럽게 날리는 바람결을 느끼기보단 동행자의 말이나 그의 패턴에 맞춰야 되므로" 사색에 집중하기 어렵다. 그러나 혼자서 걸을 땐 발걸음 따라 의식이 집중되면 생각이 정리되고 "내 안의 나를 만날 수 있"다. 그런 화자가 어느 날, 홀로 길에 나섰다가 갑자기 변화한 일기로 무서움을 느끼자 광명진언을 외거나 관세음보살을 부르며 스산함에서 벗어나고자 하지만 쉽지 않다. 그때 나타난 대상이 사찰에서 온 것 같은 개였고 "누군가와 발걸음을 맞춰 곁에 있어 주는 것으로 이토록 힘이 되는 것임을" 깨닫는다. 상대와 "같이 길을 걸어가면서 보폭을 맞추어 주는 것이 애정의 기본"임을 확인한 것이다. 우리는 종종 나란히 걷고 있다고 생각하는 사람의 발걸음이 나와 같이 나아가지 않는다는 것을 경험한다. 상대의 움직임과 생각에 집중해야, 그래서 나를 양보하고 그를 배려해야 상대의 발걸음에 맞출 수 있다. 그런 나의 시간을 할애해 준다는 것은 곧 자기 마음을 내어주는 것이다.

  화자가 말하듯, 세상의 길은 많고, 그 많은 길에서 각기 다른 동반자를 만난다. 같이 공부한다는 이유로, 같은 공간에서 같은 일을 한다는 이유로, 혹은 부부가 되어 일생의 동반자로, 격려하고 이끌어주며 세상이라는 길을 걷는다. 화자는 동시대에 태어난 우리가 서로의 교차점에서 만났다는 인연만으로도 서로를 챙기고 함께 걸어가야 한다고 말한다. 이럴 때 타인과의 관계는 나를 내려놓고, 타인에게서 나를 발견하려는 의지가 있을 때 가능하다. 타인은 나 자신의 '외재성'인 바 이런 외재성의 반복을 통해 동반자가 될 수 있다. 그뿐 아니라 생각과 행동이 맞지 않아 발걸음이 나란하지 않아도 같이 가야 하는 길동무와는 전우가 되어야 한다고 한다. '인생의 긴 여정에서 부부는 길동무가 되어야 하지만, 늘 뜻이 같을 수가 없는 것이 부부라는 관계'이기도 하기 때문이다. '싸우고 화해하고 서로를 토닥이면서 이인삼각의 게임처럼 한 길을 서로 부축해가며 걸어가는 길'이기에 삶의 전장에서는 전우가 된다.

언젠가 본 한산도 제승당 앞의 바다 물빛은 유난히 인상적으로 남아있다. 솔숲의 그림자가 잠기어 짙은 녹색의 그윽한 바다는 해당화를 더욱 아름답게 만든다. 청초하면서 화려한 새침데기 같은 꽃, 그 꽃 곁에 앉아 하루 종일 바다의 물빛을 바라보고 싶다는 생각이 문득 들었다. 이 물빛이 햇살에 따라 어떻게 변할까. 그러나 외딴 바닷가에 혼자 앉아있기는 좀 그럴 것 같기도 해서 인생의 전우(?)에게 슬쩍 의견을 물었더니 그게 무슨 재미냐는 반응이다. 이 길동무는 따로 구해야 할까 보다.

화자는 이미 앞에서 혼자 나서는 산책길도 좋고, 여럿이 가는 길도 흔쾌하게 나서야 한다고 했다. 그리고 부부는 마음과 행동이 잘 맞지 않아 발걸음이 나란하지 않아도 전우처럼 살아야 한다고 했다. 해당화 핀 아름다운 해변에 앉아서 햇빛에 따라 변화하는 물빛을 바라보고 싶은데 남편은 동반자가 되어주지 않는다. 자기의 생각이 아무리 좋아도 상대가 원치 않으면 언제든 물러서는 화자의 태도가 돋보인다. 우리가 만나는 현실에서는 전우라는 이유로, 혹은 동반자라는 이유로 상대에게 자기 생각을 고집하고 강요하기도 한다. 그것은 '타자를 나와 똑같은 방식으로 구조화하려는 욕망'(주디스 버틀러, 《윤리적 폭력 비판》)이다. 그러한 자신의 욕망을 충족시키기 위해 상대에게 자기 생각을 강요하며 불편하게 한다. 타인과의 관계에서 인간은 똑같이 환원될 수 없는 이타성을 가진 존재라는 점을 인정하면, 결코 '나'가 '너'에게 무엇이든 강요할 수 없다.

그런 면에서 타인을 인정하고 존중하는 화자에게는 발걸음이 잘 맞는 동반자가 늘 옆에 있지 않을까. 수필 〈길동무〉는 개인, 가정, 직장, 사회, 국가 등 타인에 대한 폭력이 난무하는 현실에서 나는 타자를 어떻게 대하고 있는지 성찰하게 한다.

송신근 〈나무와의 약속〉

이 수필은 햇살이 좋은 봄날, 화자가 나무를 심으며 자신의 마음에도 나무를 심는다는 이야기다. 바깥으로는 세상을 녹음으로 보호할 나무를 심고, 안으로는 항상성이 없는 마음의 변화를 덜 움직이게 하는 단단한 심지를 세우는 일이다. 그런 나무를 심기 위해 굽이진 산길을 달려 '머릿골'에 있는 마을에 당도한다.

마을 풍경은 이십 년 전 처음 왔을 때나 지금이나 달라진 게 없다. 변한 게 있다면 입구 도로가 확장이 되고 좌측 야산의 허리를 감아 도는듯한 임도가 개설되어 간혹 차들이 지나다니는 정도다. 오랜 세월의 흔적이 깊게 파여 있는 폐가들과 돌담 위에

차곡차곡 쌓여있는 기왓장도 옛 모습 그대로다. 푸른 바람을 맞으며 한없이 자유롭게 서 있는 대나무도 여전히 당당하다.

    세상만사가 쉼 없이 변하는 와중에도 여전한 것이 있다는 것은 새삼스럽게 느껴지면서도 평온한 안도감으로 다가온다. 참 다행이라는 생각도 해본다. 문제는 내 몸과 마음은 여전하지 못하는 것이다. 몸은 만신창이로 망가진 지 오래고 마음도 시시때때로 변한다. 불과 몇 초 전의 마음과 몇 초 후의 마음 상태가 다르다. 수많은 생각과 느낌, 감정들이 순간순간 파도처럼 밀려오는 마음은 도저히 어찌 해 볼 수가 없다.

    화자는 20년 전의 마을이 지금과 크게 달라지지 않았음을 통해 변하지 않는 것에 대한 안정감을 말한다. 인간은 익숙한 것에 안정을 느끼는 존재이면서도 끊임없이 새로운 것을 추구하는 모순적인 면을 가지고 있다. 그러나 화자는 크게 달라지지 않은 마을 풍경을 통해 자신의 마음을 성찰한다. 인간의 마음 상태를 두고 '원숭이가 날뛰듯' 한다는 비유가 있다. 단 일 초도 한 생각에 머무르지 않고 시나브로 변하는 마음을 두고 이른 말이다. 화자는 "황무지와 다름없는 상태로 메마른 잡초만 무성"한 곳의 돌조각들을 주워내고 구덩이를 파 금목서, 은목서, 홍가시, 자목련, 백목련 등의 나무를 정성스럽게 심는다. 그의 마음에도 '촛불의 심지' 같은 나무를 심고자 했을 것이다. 초가 자신을 태워 주변을 밝히듯이, 화자 역시 마음에 푯대 같은 나무를 심어 '자리이타自利利他' 행을 하고자 했음이다.

문우들과 온 힘을 다해 심어놓은 이 나무들이 무럭무럭 잘 자라나 울창한 숲을 만들고 그늘을 짙게 드리워, 이 척박한 환경 속에서도 묵묵히 살아가는 사람들에게 시원한 풍경과 휴식을 주었으면 좋겠다. 그래서 먼 훗날 나무로서의 고유한 존재성을 널리 드러냈으면 좋겠다는 생각도 해본다.

인간의 입장에서 볼 때 나무의 고유한 존재성은 튼실한 뿌리를 뻗어 가지와 잎이 번창하여 큰 그늘을 드리워주고, 그 자체로 그 자리에 있음으로써 홍수와 가뭄에서 인간을 지켜주는 일이지 않겠는가. 먼 길 나선 나그네가 지친 몸 잠시 쉬어가고, 바람과 온갖 새와 곤충들이 깃들어 그야말로 자연스럽게 살아가는, 그렇게 아름다운 풍경으로 서서 인간의 감성에 심미적 자극을 준다면 더할 나위 없을 것이다. 저 나무를 심은 '문우들'의 마음이 그렇지 않았을까.

화자는 나무를 심는 행위와 자기의 심근을 연결하여 마무리 짓는다. "덤으로 내 안의 빈터에도 한 그루의 나무를 심었"고 그 나무는 "언젠가는 가슴을 헤치고 외부를 향하여 가지를 뻗어야 할 나무"라는 것이다. 화자의 나무 심기는 단순하지 않고, 그 의미가 확장되어 있다. 사람과의 관계에서도 큰 나무들이 품어내는 영향력처럼, 자신의 마음도 그러하길 바라는 것이다. 이 수필에 '코로나'라는 의미의 단어는 등장하지 않는다. 그러나 평자가 이 글을 언급하며 코로나를 떠올린 것은 어떤 이유일까.

　코로나와 관련된 글을 쓴 김월미는 〈라일락나무 아래에서〉를 통해 "라일락나무 아래에서 나는 '인간과 나무가 다르지 않다'는 니체의 말을 중얼거린다. 나무를 좋아하는 내게 바이러스로부터 자유로워질 수 있는 희망의 속삭임으로 들린다. 나무가 나에게 백신이 된다면 나무를 향해 손을 뻗으며 구원을 청해 보리라"고 했다. 그는 나무로부터 코로나를 이겨낼 수 있는 희망을 말한다. 하지만 그런 나무를 심어야겠다는 생각이나 실행의 계획 같은 건 없다. 물론 작품의 메시지나 구성이 판이하게 다른 글이지만, 이 지면에서 '나무 심기'를 해설하고 있는 이유다.
　요즘 우리 일상에서 매우 많이 회자 되는 '코로나 바이러스'다. 코로나 발생의 원인은 생태계의 파괴로부터 시작되었고, 인간의 끝없는 욕망이 바이러스의 변이양상까지 불러왔다. 지금 우리는 무엇을 자각하고 어떻게 해야 할까. 그 한 예로 김월미는 '나무'로부터 희망을 말했고, 송신근은 직접 '나무'를 심었다. 나무를 비롯한 생태계의 복원을 위하여, 오염되고 망가진 산하의 회복을 위하여 한 그루의 나무를 심는 일이 평자에게는 소중하게 느껴졌다. 사실 산천이 변한다는 것은 그만큼의 자연환경이 오염된다는 말과 거의 등가적이다. 망가진 자연을 복원시키는 일이 미래의 또 다른 코로나를 퇴치하는 지름길이라는 것을 누가 모르겠는가. 환경을 위한 실천만 남았을 뿐이다. 그간 우리는 필요 이상으로 먹고, 입고, 자연을 홀대하며 살았다. 그런 의미에서 '내일 지구가 멸망할지라도 한 그루의 사과나무를 심겠다'는 스피노자를 소환하는 일은 유의미하다.

3. 문학을 포기할 수 없는 이유

이 시대의 문학은 자본에 떠밀린 인간성의 상실과 호화로운 다른 놀잇감에 정신 현상이 옮겨가 더는 최전선에 있지 못한다. 그런 현상을 잘 알고 있으면서도 문학을 포기하지 못하는 이는 자기 삶의 가치를 여기에 두고 있기 때문일 것이다. 서두에서 수필문학의 세계가 다양하게 확장되지 못하고 있음에 대해 안타까움을 토로한 것도 이러한 연장선상의 수필에 대한 애정 때문이었다. 시대가 어떻게 변해도-코로나19 바이러스로 인해 어쩌면 세상이 좀 더 빨리 달라질지도 모르지만-사람이 사는 한 문학도 사라지지 않는다. 코로나로 인해 생겨난 비대면 문화가 사람과의 관계를 한층 소외시키거나 반면에 소중하게 여기게 되는 메커니즘으로 변화할 것이다. 수필도 그런 세계의 도래에 준비해야 할 것이다. 문학은 세상을 단박에 변화시키지는 못하지만, 현실이 변화할 수 있는 사람의 마음을 변화시킨다. 가시적이지 않지만 매우 근원적인 작용을 한다는 점에서 문학의 위대성은 유효하다.

수필이 문학이라면 그 또한 시대의 산물임을 인정해야 한다. 어느 수필 동인의 이야기다. 작품을 논할 때, 그들 중에는 천수를 다하여 세상을 뜬 어른에게서 배운 글쓰기 방식을 기름종이에 써둔 채권기록처럼 고수한다. 자기들이 배운 수필 쓰기가 수필의 전범이라 생각하는 것이다. 그 어른의 시대에는 그 시대의 글쓰기가 존재하고, 새로운 시대의 글쓰기는 새롭게 변화한다. 마치 같은 부모에게 난 자식이지만 너무 다르다는 것을 인지하는 경우처럼, 문학도 그렇게 달라진다. 다만 윗세대의 수필을 이어 다음 세대의 수필 쓰기가 시작되지만, 그것은 문학이 요구하는 여건에 맞게 끊임없이 변화해야 한다. 아니, 문학 또한 자의적이고 살아있는 존재여서 스스로 변화의 장 속으로 나아간다. 21세기, AI에 음악을 입력해주면 그에 맞는 춤을 만들어내는 시대다. 컴퓨터가 사람의 감정까지 흉내 내는 시대를 건너면서 수필은 무엇을 어떻게 말해야 하는지 고민해야 한다.

제2부

문학과 삶의 길항작용
— 이동이 《머문 자리》

동경 닮기로서의 수필 쓰기
— 변종호 《섶다리》

식물적 감성, 독자를 끄는 이완의 힘
— 심인자 《왼손을 위하여》

고통의 숙명성, 문학적 승화
— 김나현 《화색이 돌다》

잃어버린 풍경에서 '나'를 보다
— 박귀덕 《잃어버린 풍경이 말을 건네오다》

시간의 '숨결'을 알다
— 이옥순 《홍차가 우려지는 동안》

문학과 삶의 길항작용
– 이동이 《머문 자리》

1. 문학과 삶은 닮은꼴

　문학은 언어를 통해 인간존재에 대한 질문과 탐색과 해답을 구하려는 깊은 통찰력에서 시작한다. 그래서 문학은 세상 사람들이 살아가는 구체적인 모습을 통해 삶의 본질적인 의미를 묻고 궁극적으로 어떻게 살아가야 할 것인가에 대한 해답을 찾아가는 여정에서 탄생한다. 또한 문학이 언어로 이루어지는 한에서는 문학 바깥의 삶도 없으며, 삶 바깥의 문학도 없다고 할 수 있다. 언어의 특별한 쓰임의 총체를 문학이라고 일컫는다면, 문학은 삶의 핏줄을 타고 삶의 피돌기를 통하여 삶의 모든 영역을 넘나들기 때문이다. 그렇기에 좋은 글이 독자의 심금을 투과하는 순간, 독자의 가슴을 울리며 잠복 되었던 리듬이 화들짝 튀어나오고, 혹은 전혀 예기치 않았던 선율이 새롭게 흘러나오게 된다. 텍스트를 마주하는 시간이 지금, 여기 살아 있음에 대한 황홀함을 만끽하는 순간이다. 이때의 독자는 작중 화자를 통해 마음이든 몸이든 한순간 일치되는 충일감을 경험하게 된다.

그처럼 우리가 문학작품을 쓰고 읽는 행위도 정보를 얻거나 지식을 얻기 위해서라기보다 온몸과 마음을 다해 기쁨을 얻는 그 짧은 순간의 희열을 만끽하기 위해서이다. 그 정서적 만족감은 지적인 만족감에 비해 훨씬 인간적이어서 비로소 그 순간 우리가 사람임을 느끼기 때문이다. 사람답게 살아가고 있음을 재확인하는 순간, 오감이 모두 열려 저 깊은 심연에서 올라오는 자기를 만나게 된다. 그런 의미에서 문학은 어떤 학문보다도 가장 인간적인 것을 꿈꾼다 할 것이다.

이동이의 《머문 자리》를 읽으며 유난히 작가를 자주 떠올렸던 것은 그러한 생동감을 주는 작품들을 만났기 때문이다. 이동이는 표현에 솔직하다. 문장 또한 살아있는 언어들의 배열로 박진감이 있어 독자를 끌어들이는 흡인력이 강하다. 게다가 섬세한 묘사력은 그러한 작품을 쓰는 데 일조하고 있다. 작가가 문장 표현을 잘한다는 것은 가장 큰 장점일 것이다. 문학은 사물이 아니라 활동이며, 그 활동은 아주 창조적인 활동이기에 문장 쓰기 또한 그에 맞는 표현이어야 하기 때문이다. 이제 이동이 수필의 창조성이 어떤 방식으로 직조되었는지 따라가 보기로 한다. 수필은 작가의 직접적인 체험을 바탕으로 쓴 글이라는 관념 때문인지 《머문 자리》 속에서 잠시 거닐다 보니 작가 이동이의 삶이 생생한 이미지로 환원되어 살아난다.

2. 주제와 심상을 아우른 작품

작가의 상상력은 창조적인 이미지를 만들어내고 그 문학의 특수성을 담보한다. 이동이 수필집《머문 자리》에는 묘사력을 극대화하여 이미지를 효율적으로 창조하는 작품들이 있다. 달리 표현하면 이동이는 상상력이 풍부한 작가이며, 그만의 개성을 가진 문학성을 가지고 있다. 수필에서의 상상의 요소는 이미지를 형성하고 수필의 독창성을 돋보이게 한다. 이때의 상상이란 과거 경험의 소재들을 결합해서 새로운 창조의 세계를 만들어낸다는 뜻임은 너무 당연하다. 인간의 상상은 모두 경험에 의한 기억 속에서 끌어내는 것이다. 그래서 새로운 이미지를 만들어낸다는 것 또한 구체적으로 기억 속에 축적된 이미지들의 총화이므로 상상은 현재의 지각과 기억으로부터 심상들을 끌어내는 과정이기도 하다.

그것은 여인의 속살처럼 뽀얗다. 실루엣에 보일 듯 말 듯한 몽환적인 빛깔이다. 투명과 반투명의 경계를 넘나든다. 햇살이 부서져 내리면 반짝이는 결정체가 눈물처럼 일렁인다. 소복이 쌓여 있는 것을 한 웅큼 쥐니 품고 있던 한이라도 녹여내려는 듯 제 몸을 온전히 풀어놓는다.

  온기로 인해 뭉쳐진 덩이는 단단한 무기가 될 수도 있으련만 펼쳐보이는 손바닥에서 산산이 바스라진다. 두 손을 부비며 털어내어도 끈끈한 잔여물은 가시지 않는다. 아마도 인연이었던 내게 그만의 방법으로 흔적을 남기는 것이리라.

– 〈소금 호수에 가다〉에서

  투명한 날의 수평선처럼, 푸른 하늘과 맞닿아 있어 더욱 눈부신 터키(튀르키예)의 소금호수 '투르괼'에 화자가 서 있다. 화자에게 소금은 여인의 뽀얀 속살이다. 소금은 "몽환적인 빛깔"이고 "눈물처럼 일렁이는" 존재다. 한 웅큼 쥐었더니 "한이라도 녹여내리는 듯 제 몸을 온전히 풀어놓는다". 쨍쨍한 햇볕을 견뎌낸 소금이니만치 누군가에게 상처를 낼 날 선 무기가 될 법도 한데 손바닥 위에서 스르르 자신의 존재를 감춰버린다. 그러나 형체도 없이 사라진 게 아니라 "끈끈한 잔여물"을 남긴다. 이를 두고 화자는 자신에게 온 인연의 징표로 흔적을 남기는 것이라 여긴다. 자신에게 온 대상에 대한 애정의 표현이며, 섬세한 관찰력이기도 하다.

  그 인연을 시작으로, 바다처럼 광활한 소금밭에서 자신도 모르게 신발을 벗는다. "온몸으로 그를 느끼고 싶은 것이다. 차가울 거라는 생각과는 달리 따뜻하고 부드럽다. 그러면서도 단단하다. 신비롭다. 햇빛에 오래 달궈진 그는 낮게 엎드려 제 몸을 담금질하고 있었던 것일까." 맨발로 소금밭을 걸으며 몸으로 체험한 화자는 결국 소금이 뙤약볕 속에 있는 이유를 찾아낸다. 소금이 지닌 부드럽고 따뜻하고 단단하고 신비로운 속성은 자신을 담금질한 뒤의 결정체이기 때문이라는 것을.

> 걸음마다 뽀드득거리는 소금의 간드러지는 소리에 전율이 인다. 모래와 섞여 있지만 서로가 끌어안아 하나이다. 투명한 빛의 반사로 세상이 온통 하얗다. 그 사이를 지나온 신선한 바람이 소금덩이처럼 뭉쳐진 마음을 느슨하게 풀어준다. 용서와 화해의 언어들이 밀려온다. 여기에 서 있으니 그 누구라도 품을 수 있는 너그러운 마음이 생긴다.
> 　　　　　　　　　　　　　　－〈소금 호수에 가다〉

소금 호수에서 화자가 발견하는 것은 "용서와 화해의 언어"들이다. 저 소금밭에 서 있는 내게 누구라도 품을 수 있는 여유가 생기는 이유를 묻는다면 그것은 우문이다. 그래도 말하자면 화자가 서 있는 그 시간의 세상을 온통 하얗게 변화시키고, 그 소금 빛을 투과하여 나에게 온 신선한 바람 앞에서 누가 화를 내고 투쟁하려 하겠는가. 그가 그렇게 변화할 수 있는 것은 작렬하는 태양 아래서 가열 차게 자기 견디기를 한 소금과 인생을 등가적으로 생각했기 때문이다. 화자의 삶에 소금의 생을 투사한 것이다. 아름다운 것은 쉽게 오지 않듯, 바닷물이 태양 아래서 비등점을 견디며 자기를 건조하여 소금이 되었음을 알기 때문이다. 그런 후에야 저 소금처럼 단단하면서도 부드럽고, 차가우면서도 따뜻한 양면을 모두 지니게 된다. 사람은 물론 어떤 대상도 인내의 고통을 견뎌낸 후 비로소 자기 본질을 찾을 수 있다. 그런 대상은 어둠과 밝음을 모두 품고 있어 빛처럼 반짝이고 눈부시며 신비롭기까지 하다. 달과 태양을 가뭇없이 품은 소금 앞에서 너그러운 마음이 생기는 이유이다.

그럼에도 화자는 무생물인 소금은 아니다. 그처럼 될 수는 없다고 강변한다. "온전하게 용해되어 보려 하지만 그럴만한 용기가 없다"고 고백한다. 의연해지려 애쓰지만 쓰라려 못 견뎌 한단다. 사람이기에 고통스럽다고 소리 지르고, 행복하다고 웃는다. 작가 이동이의 솔직함이고, 생생하게 살아있음의 은유적 표현이다. 소금 호수에서 소금을 닮고자 하지만 다시 자신에게로 돌아온다. 시끌벅적 사람 사는 세상 속의 그로. 그러나 화자는 이제 소금 호수에 서기 이전의 화자는 아니다. 자기 담금질의 의미를 체득한, 이전과는 다른 화자다, 다른 이동이다. 그만큼의 내공을 자신 안에 품었기 때문이다.

문장을 구성하는 언어는 문학에서 심상, 영상, 즉 이미지와 밀접하게 연관되어 있다. 그래서 작가는 상상을 통하여 명확하고 강렬한 인상을 독자에게 전달할 힘을 얻는다. 그러기에 알베레스는 수필을 두고 '지성을 기반으로 한 정서적 신비적 이미지'라 했다. 즉 수필이 이미지의 미학임을 피력한 것이다. 창작에 있어 상상은 내재와 외계를 접촉하게 하는 작용을 한다. 상상은 문학작품의 주제나 중심 스토리일 수는 없지만, 주제나 주제를 위해 훌륭한 역할을 할 수는 있다. 〈소금 호수를 가다〉에서 우리는 상상력을 통한 강력한 이미지가 주제에 기여하는 바를, 어떤 심미적 효과를 내는지를 일별해 보았다. 〈품은 달을 녹이다〉, 〈바늘길〉과 더불어, 문장 읽는 재미와 주제 의식이 뚜렷한 작품이다.

3. 사랑을 짓는, 마음 길이 열리는 시간

이동이 수필에서 자주 눈에 띄는 단어가 '길'이다. '길'은 인간의 삶에서도 중요하지만, 문학에서도 보편적 소재로 다양하게 변주되어 쓰인다. 〈소금 호수에 가다〉와 더불어 이동이 수필에서 수작으로 읽히는 〈바늘길〉은 모녀의 삶에 끼어든 순간적인 불온한 정서가 아이에게 어떤 상처를 남기고, 그것을 어떻게 치유해 가는지의 과정을 보여주고 있다. 섬세한 묘사와 충분한 사유와 곰삭은 소재를 잘 버무린 좋은 작품은 독자에게 어떤 울림을 주는지 그 전범을 보고 있는 듯하다. 이런 작품을 만났을 때, 문학의 형식적인 조건을 따지는 일이 무색해진다. 인간은 희극보다는 비극에서 더 큰 감동을 느끼고, 희극보다는 비극에서 더 강렬한 미학을 느끼게 된다는 것을 상기시켜주는 작품이다. 자식을 기르는 어머니로서 가장 아픈 이야기를 하는데도 오히려 그 슬픔에서 아름다움이 느껴지고 두 모녀의 마음이 숭고하게 여겨진다.

 드르륵…드르륵…. 재봉하는 딸아이의 손놀림이 섬세하고 민첩하다. 천을 뒤로 접었다가 말았다가 꺾어가며 한 땀 한 땀 촘촘히 사랑을 심는다. 다양한 색실을 갈아끼우는 게 번거로울 텐데 요소요소 예쁜 무늬를 놓는다. 알맞게 시접된 부분은 바늘이 수월하게 지나가지만 굴곡된 부분에는 손끝에 바짝 힘이 실린다.
 신기한 일이다. 두 개의 천이 맞닿은 곳마다 바늘 길이 열린다. 그 길은 곧고 반듯하다. 마음길이기도 하다. 자칫 감정의 파고가 일렁일 때는 울퉁불퉁 모난 길이 되기 십상이다. 평온할 때와 혼란 할 때의 심상을 확연하게 보여준다. 딸아이에게 재봉하는 시간은 사랑을 짓는 일이기도 하다.
- 〈바늘길〉에서

 화자는 딸아이가 재봉하는 모습을 보고 사랑을 짓는 행위라고 생각한다. 제 아이들에게 입힐 점퍼와 집시치마에 이야기와 웃음을 섞어 재봉틀을 돌리기 때문이다. 손놀림이 민첩한 딸은 다양한 색실을 갈아 끼우며 한 땀 한 땀 예쁜 무늬를 놓아 선을 내고 있다. 선은 인간의 삶과 매우 유사한 철학을 담고 있다. 사람은 누구나 자신이 지나온 길을 뒤돌아보았을 때 그 길이 끊기거나 휘어진 곳없이 하나의 선으로 반듯하게 이어지길 원한다. 그러나 그렇게 완전함을 원하는 것은 인간의 욕심일 뿐 어느 누가 완벽한 선을 만들 수 있겠는가. 개개의 사람들은 그저 자신이 내고 온 길을 뒤돌아보며 끊긴 부분은 이어주고 비뚤어진 부분은 반듯하게 펴보려 노력할 뿐, 완벽하게 잘 이어진 선은 존재하지 않는다. 그래서 인생은 점선의 연장이라 하는데, 매 순간 하나의 점선을 갈무리하며 살아야 한다는 의미다. 우리는 실수도 하고 아픔도 겪고, 행운도 얻으며 나아가지만 실수한 시간조차도 그 점선 안에 그려지기 때문이다.

다시 딸에게로 돌아간다. 시접으로 모양이 잡힌 부분은 바늘이 수월하게 지나가고 그 길은 반듯하다. 반면 접은 천의 결이 고르지 못한 부분은 바늘이 쉽게 지나가지 못하고 바늘 길 또한 울퉁불퉁하다. 그 길은 다름 아닌 마음길이기 때문이다. 그래서 평온할 때는 바늘 길이 반듯하고, 혼란스러울 땐 바늘 길도 들쑥날쑥해진다. 화자의 마음 또한 그러했다. 이토록 행복한 풍경을 맞닥뜨릴 때마다 화자는 눌러놓은 기억이 떠올라 슬프다. 그땐 왜 그랬을까.

> 그러던 어느 날 억누르고 있던 분노가 딸아이에게로 향했다. 그토록 애지중지하던 종이인형을 갈기갈기 찢어 비 내리는 마당으로 던져버렸다. 종이옷이 가득 담긴 상자도 통째 날려버렸다. …
> 겁에 질려 울음을 삼키던 아이는 젖은 종이인형을 제 손바닥

에 올려놓으려 했지만, 빗물에 형체가 일그러져 아무짝에도 쓸모가 없었다. … 아이의 허망했던 눈빛이 아직도 가슴을 저미는데 딸아인들 어떻게 그 일을 잊을 수 있을까.

― 〈바늘길〉에서

　화자의 생에 과부하가 걸렸을 때 그녀는 가장 가까이 있으나 저항할 힘이 없는 딸아이에게 자신의 심적 고통을 폭발시키고 말았다. 인간은 불완전한 존재이다. 자식에게 가장 안전한 대상인 어머니조차도 불완전한 순간이 있다. 누구나 생에서 그러지 않아야 하는데 어쩔 수 없이 행해지는 실수가 있는데, 화자의 실수도 같은 맥락이지 싶다. 주변 환경에서 오는 억압이 더 이상 견딜 수 없는 상황에 이른 그는 자신을 살리기 위해 그 분노를 표출하고 만다. 그것은 예기치 않은 일이었다. 후에 "딸아이와 공유하던 종이인형은 내면의 모순과 수시로 끓어오르는 불협화음을 불식시키기에 좋은 도구였다"고 말하지만 그 당시엔 이러저러한 상황을 이성적으로 생각할 겨를이 없었을 것이다. 딸아이와 함께 종이 인형을 가지고 놀 때에 그녀는 아이가 되고 자신을 찾을 수 있었다고 말한다. 엄마는 오히려 딸아이를 통해 자신을 견뎌가고 있었다. 그래서 더욱 엄마의 가슴엔 "아이의 허망한 눈빛"이 깊게 새겨져 있다. 그것이 어미의 마음이다.

왜 힘들게 재봉을 하느냐고 물으면 바늘길 따라 촘촘히 사랑을 심는 일이 마냥 즐겁단다. 누구에게나 자신의 가슴속에 가슴 벅찬 환희나 죽을 만큼 고통스러운 사연 몇 개쯤은 가지고 있을 터이다. 아마도 딸아이는 그날 선명하게 각인된 기억을 소담하게 아련한 작업들로 꾸미고 어우만지며 살아가는 것만 같다.

— 〈바늘길〉에서

시간이 흘러 그 딸이 엄마가 되어 재봉틀을 돌리고 있다. 촘촘한 바늘 길에 자신의 마음을 투사한다. 엄마와 함께 종이 인형을 가지고 놀던 어린 시절의 바느질 경험이 이제 사랑을 심는 재봉의 행위로 성숙해 있다. 엄마의 폭력적 행위에 대한 아이의 상처가 아직도 크게 남았다면 재봉 일을 거부하거나 꺼리게 될 텐데, 딸아이는 오히려 그 아픔을 승화하여 직접 바늘 길을 만들어 가고 있다.

재봉틀 앞에서 사랑의 길을 열고 있는 딸의 모습으로 모녀는 충분히 화해하고 치유했음을 보여준다. 혹은 여전히 사랑의 길을 내며 건강하게 치유 중인지도 모른다. 상처는 극복하는 사람에 따라 그 사람의 내면을 강하고 건강하게 다져준다. 때로 상처는 자신 안의 열정과 능력을 확인하게 하는 계기가 되기도 한다. 두 모녀의 모습이 어떤 이들보다 더 따뜻하고 아름답게 보인다.

"젖어버린 종이옷이 리드미컬한 재봉틀 소리에 춤추듯 다시 살아난다. 희고 고왔던 내 아이의 손. 이제 세 아이의 엄마가 된 딸아이의 손끝에서, 가슴 저리게 흐르듯 이어지는, 박꽃같이 환한 바늘길을 본다." 어린 시절 빗속에 던져졌던 젖은 종이옷이 딸의 손을 통해 생명을 얻어 춤을 춘다. 거친 세상의 희로애락을 알지 못하던 아이의 손이 이제 세 아이의 어미 손이 되어 있다. 제 어미의 마음을 알만한 어른인 것이다. 그땐 그랬지 하며 아픈 자리를 쓰다듬어 어루만져 주지 않아도 충분히 아는 모녀다. 화자에겐 한없이 아픈 이야기였을 수도 있는 이 소재가 한 편의 수채화처럼 아름답고 단아한 작품으로 승화되어 독자 앞에 있다.

4. 미처 다뤄보지 못한 이동이의 진면목

그 외에도 〈둔치도 여백〉을 통해서는 생의 이치를 아는 화자를 만날 수 있고, 〈품은 달을 녹이다〉에서는 이동이만의 상징이 도돌하게 빛을 발하는 "매화가 밤마다 품었던 달"이 있다. 《머문 자리》의 작품 전편을 만나면서 어쩌면 〈댄스 댄스〉의 화자가 진짜 이동이일 거라는 터무니없는 확신도 가졌다. 춤은 인간 시원의 몸 언어다. 그래서 다분히 신화성을 품고 있다. 〈댄스 댄스〉를 통해 작가는 자기의 몸이 전해주는 삶의 원초성을 드러내며, 춤은 내면으로 들어가는 통로라고 전한다.

현대의 인간은 이성과 문명에 익숙해서 원초적 감성을 드러내는 것을 주저한다. 그러나 이동이는 〈365〉의 마지막 문장 "거울을 통해 본 상기된 얼굴이 정념을 토한 옹녀보다도 붉다"라고 표현하여 독자의 미소를 자아내게 한다. 그러나 그것이 다는 아니다. 이동이는 자주 〈흔들리지 마〉에서는 "흔들리지 마"라고 자신에게 주문을 걸기 때문이다. 그럼에도 《머문 자리》의 화자들은 자주 흔들린다. 다만 곧 제 자리로 돌아온다. 당연히 돌아온 자리는 처음의 자리와는 다르다. 무엇인가를 아프거나 고통스럽게, 행복하게 경험하고 돌아온 자리다. 변화하고 발전하고 성숙해져 돌아온 화자들이다. 다양한 경험을 통해 길어 올린 의미와 가치는 변증법적 자리를 마련해 준다.

그런 의미에서 문학은 삶을 넘나들지만, 결코 삶과 동화되지 않는 채로 삶과 길항작용을 한다. 문학은 삶을 길항하면서 삶의 문제점들을 들추어내고 보다 나은 삶을 꿈꾸게 한다. 〈바늘길〉에서처럼 문학은 그 자신의 풍요로움으로 삶(화자)의 왜소함을 감싸고, 때로 문학은 그의 특수성으로 삶의 일반성을 비튼다. 그 점에서 문학은 삶을 향해 날아가는, 삶에 생채기를 내어 그 안에 새로운 피를 수혈하며 나아간다. 수필가 이동이는 〈멸치〉에서 "안이하게 살고 있는 나는 과연 얼마만큼의 치열함과 확고한 의지를 펼칠 수 있을까. 누구에게나 기억되고, 기쁨이 되고, 가치 있는 존재가 되고 싶건만 그 소망은 요원한 것일까."라고 묻는다. 그것은 《머문 자리》의 인물들을 통해 이미 실현해가고 있으며, 차후 이동이의 문학세계를 견인해가는 주축이 되지 않을까.

동경 닦기로서의 수필 쓰기
- 변종호 《섶다리》

1. 문학의 외재적 조건, 자기 찾기로서의 글쓰기

　새삼 문학은 무엇인가라는 질문을 던져본다. 조선시대에는 문학이라는 말이 별로 사용되지 않고 문(文)이 있었을 뿐이다. 글쓰기와 읽기를 모두 포괄하는 '문'이라는 말은 전통적인 의미에서 삶의 도리를 익히는 수양의 과정에 해당한다. 따라서 글이란 '인간의 삶의 도리를 담아놓는 그릇'이라 하였다. 이때의 글은 인간의 감성과 취향보다는 본질적인 가치의 영역에 해당한다. 그러다가 근대를 거쳐 전통적인 문의 개념이 새로운 담론의 분화 과정에서 독자적인 영역으로 분화되었다. 이러한 변화의 과정을 거쳐 현대문학은 인간에 대한 모든 제약을 벗어나는 충만하고도 해방감을 주는 상상력 혹은 창조성을 지향하게 되었다.
　한 권의 수필집을 읽고 나면 그 작가의 생이 웬만큼 보인다. 가족

관계를 시작으로 그가 어떻게 살았는지, 중요하게 여기는 인생관은 무엇인지, 문학을 하는 이유가 무엇인지를 본의 아니게 들여다볼 수 있다. 그래서 수필에는 작가의 사상은 물론이고, 생활 속에 있는 삶의 때가 수북하게 묻어 있다. 작가는 그것들을 자신의 희망과 공감의 욕구대로 가감하거나 윤색하여 형상화한다. 따라서 한편의 수필을 읽는 과정에서 작가가 어떤 삶을 살았는지와 그 삶이 문학에서 어떻게 펼쳐지는가를 살피는 것은 중요하다. 즉 문학작품을 둘러싸고 있는 외재적 요건에 관심을 두지 않을 수 없다. 시나 소설 등 여타의 장르에 비해, 수필은 창조적 주체로서의 작가에 초점을 두는 게 필수적이다. 작가가 어떤 환경에서 왜 그런 작품을 쓰게 되었는지를 밝히는 일은, 작품 속에 그려진 현실과 배경에 대한 이해의 폭으로 확장하여 텍스트를 명확하게 파악할 수 있기 때문이다.

어떤 수필가도 작품에 자기 투사를 하지 않는 이는 없다. 그럼에도 그들의 작품이 모두 다른 것은 추구하는 가치관이 다르고, 경험적 삶이 다르며 그것을 바라보는 관점이 각기 다르기 때문이다. 또한 문학적 태도와 작품을 쓰는 방식이 각기 다른 이유도 크게 작용한다. 그렇게 보면 수필집 《섶다리》는 작가 변종호의 자기 찾기의 한 방편이면서 한편으로는 상처 치유의 과정이기도 하다. 어쩌면 다른 표현의 같은 의미일지도 모른다. 그가 유년기에 아버지로부터 얻은 상처는 삶 전체에 영향을 미치고 고통스럽게 했지만, 그러한 상처의 회복을 통해 자기 찾기를 시도하고 있기 때문이다. 그 과정에서 아버지의 부재로 한층 고독한 생이었음도 드러나나 여타의 작품 속에서 읽히는 그의 성정은 곧으면서도 따뜻하다.

2. 아버지 극복하기

우리에게 아버지는 어떤 존재일까, 작가에게 아버지는 어떤 존재일까. 〈섶다리〉, 〈마음으로 흐르는 강〉, 〈늙은 감자와 인생〉에서 보여주는 작가의 아버지는 추억할만한 어떤 기억도 없으나 원망할 일만 남겨준 사람이다. 그저 생물학적인 아버지일 뿐이다. 누구에게나 아버지에 대한 추억거리를 갖지 못한다는 것은, 나쁜 기억이라도 함께 한 기억을 갖느니만 못하다. 가족은 함께 밥을 먹고 냄새나는 똥을 누며, 때로 사랑하고 악다구니도 쓰며 시시콜콜한 일상의 기억을 갖는 존재이며, 그러면서 함께 사는 의미를 체득해 가기 때문이다. 더구나 가장이 부재한 가정에서의 아들은 심리적으로 어머니에게 남편 역할까지 할 때가 많다. 그래서 아들은 남성으로서 더욱 고독하다.

〈섶다리〉에서 아버지는 6.25가 끝나고 극도로 혼란스러운 환경에서 가족이 잠든 사이 만류하는 어머니를 버리고 강을 건너간 분이다. 그것도 "신흥종교의 감언이설에 현혹"되어 논밭과 집을 헐값에 넘기고. 한국 문학에 드러난 근대의 아버지는 크게 두 유형으로 나뉘는데, 하나는 아버지를 찾고 계승해야 할 목표로 삼는 경우와 다른 하나는 극복해야 할 대상으로서이다. 가족을 두고 떠나는 아버지는 대체로 대의적 명분을 내세우거나 그렇지 않으면 자신의 명리나 남성으로서의 자기 정체성을 실현하기 위해서다. 가부장적인 근대의 아버지들은 가족보다는 그 명분?을 매우 중시했다. 그런 명분 있는 결단적 행위가 남자다운 삶이라 생각하기도 했다. 그러나 아들의 입장으로 보면 그들의 무의식에는 '남겨졌다'기 보다는 '버려졌다'는 강렬한 트라우마가 자리하게 된다. 따라서 심리적으로 보면, 아들은 자기 극복을 통해 아버지를 잊거나 용서하여 그 한계를 넘어서야 건강한 남성, 아버지가 될 수 있다.

> 돌이켜보면 가정의 든든한 기둥이자 바람막이가 없던 우리집이었다. 돌 지난 나를 두고 떠나간 아버지 사연을 열 살이 돼서야 어머니로부터 들었다. 그날부터 섶다리는 만나서 누리는 기쁨보다 헤어지는 아픔과 아버지를 떠나보낸 슬픔이 각인된 다리가 되었다.
>
> — 〈섶다리〉에서

'섶다리'는 화자의 고향 길목인 주천강 여울목에 있다. 그래서 화자가 그리워할 것 많은 고향에서 유독 가슴에 품은 장소이다. 화자가 본 유년의 섶다리는 고단한 산촌 사람들의 생필품을 옮겨주고, 흐르는 물에 흠뻑 빠진 달을 보는 서정의 공간으로, 삶과 정서적 흥취를 함께 품고 있는 곳이다. 그러나 화자에게 그것은 천륜으로 헝클어진 원망의 대상으로서의 다리다. 섶다리 자체는 마을과 마을을 이어주는 소통의 통로였지만, 화자에게 섶다리는 아버지와 자신을 단절시키는 부정적 매개체다. 그래서 아버지 부재의 원인을 알게 된 후부터 화자에겐 슬픔의 다리가 되고 말았다.

넘치는 사랑을 주셨던 작가의 부친이 계신가 하면, 우리 아버지는 첫돌이 갓 지난 나와 가족을 두고 떠났다. 나름의 사정이야 있었겠지만 그런 아버지가 미워서 입에 올리지도 않고 살아온 세월이 반세기다. 아버지를 선뜻 가슴에 품지 못해 끙끙대며 매달리느라 마무리 하지 못한 작품이 있다. 마음이 열려야 하는데 오그라들어 펴지질 않는다. 글을 쓰기 위해 받아들이는 척할 수는 없지 않은가

- 〈작가의 고향〉에서

고향은 누구에게나 정서적인 바탕이 되어주듯이, 작가의 고향 또한 변종호를 태동시키는 사상과 정서의 단초를 제공해 준다. 그런 의미에서 화자는 작가의 고향을 중요하게 생각한다. 어느 날 화자가 좋아하는 작가 일곡(호)의 고향을 찾아가 그의 아버지가 아들을 위해 간절하게 기도하는 장면을 대한다. 자식을 위해 아버지의 모든 걸 바칠 것 같은 일곡의 아버지를 자신의 아버지에 견줘 회상

하는 부분이다. 대체로 아들은 아버지를 통해 그 정체성을 이어받으며 성장하게 되는데 아버지 부재의 환경에서 화자는 스스로 길을 찾아 인생을 살아야 했을 것이다. 오직 자신이 길을 내며 나아가야 하는 삶이기에 더욱 외롭고 고독했다. 더구나 화자는 아버지가 남기고 간 트라우마가 있어 이를 극복해야 하는 이중의 과제를 안고 있다. 그뿐 아니라 아버지로 인해 고생만 하시는 어머니를 보며 평생 가슴속에 한을 묻고 산다. 복잡한 현실적 조건에서 화자는 아버지를 용서하기 어렵다. 어머니의 한 맺힌 삶 또한 아버지로 인한 것이었으니 어머니를 보는 일 자체가 화자에겐 쓰라린 상처였다.

상처는 가만히 덮어두어야 아무는데 핍진한 모자의 생은 늘 그 상처를 덧내게 된다. 가진 것은 물론 남편조차 없이 떠돌며 자식을 키우던 어머니의 모습은 〈부를 수 없는 노래〉에 잘 드러난다. 그래서 "늘 어머니의 노래는 '타향살이'"였고, 〈늙은 감자와 인생〉에서 어머니는 "나이에 비해 유독 주름살이 많은 어머니이고" 그 주름은 "홀로 자식을 키우느라 생긴 인생의 흔적임을 알게" 된 후엔 "내 안에는 오직 어머니만 가득 차 있다". 그런 화자가 어떻게 아버지를 이해한다는 말을 글로 쓸 수 있을까. 이는 작가 변종호의 곧은 성정을 드러내는 부분이기도 하다. 그가 사랑하는 수필이지만 글을 쓰기 위해 용서하지 못한 아버지를 용서하는 척 받아들일 수는 없잖으냐고 강변하는 것은, 자신에게 진솔하지 못하면 작가의 진정성에 타격을 받고, 독자에게도 성실하지 못하다는 글쓰기의 가치관 때문이다.

　　같은 하늘 아래 살았지만 함께 할 수 없었던 아버지. 가족을 버리고 매정하게 떠난 당신께서 추구하신 이상은 무엇이며, 재산을 다 바치고 얻은 것은 무엇인가. 집 떠나던 아버지 나이를 훌쩍 뛰어 넘은 내 나이다. 젊을 땐 아버지가 몹시 원망스러웠지만 나도 아버지로 살다보니 등에 진 짐이 얼마나 무거운지를 알 것만 같다. 잘하고 싶지만 실수를 하고 잘못도 하며 살아간다.
　　　　　　　　　　　　　　　　　　－〈늙은 감자와 인생〉에서

　　아버지에 대해선 그리움과 원망이라는 양가적 감정이 교차하던 화자에게 아버지를 이해하게 되는 시간이 온다. 자신이 아버지의 자리에 섬으로써 아버지를 용서하게 된다. 화자 역시 아버지로 살아가면서 가장의 책임이라는, 등에 진 짐의 무게를 이해하게 된 후였다. 좋은 아버지이고 싶은 마음과 현실과의 괴리는 아버지의 자리를 흔들어 더욱 힘들게 한다. 가족을 방기한 아버지, 때론 지우고 싶었던 아버지라는 이름이지만 아버지 또한 나약한 한 인간일 뿐임을 통감해야 한다. 거친 폭풍 이는 세상은 나약한 한 인간으로서의 아버지가 최소한의 품위를 지키며 살 수 있게 놔주지 않는다. 그것이 일상적 삶에서의 비루함이다.
　　우리는 흔히 아버지에 대한 신화를 가지고 있다. 아버지는 가족을 위해 어떤 위험이라도 감수하고 책임을 져야 한다는 아버지에 대한 무 조건적인 기대와 믿음이다. 그런 한편 아버지의 법(말, 명령)에 복종해 왔다. 그러한 기대나 믿음을 버리고 그 복속에서 놓여나는 순간, 아들은 아버지로부터 완전한 독립이 가능해진다. 그때부터 진정한 '나'가 된다. '천상천하 유아독존'의 내가 탄생한다. 인간은 누구나 크고 작은 동공을 가진 존재다. 그 동공으로 인해 어느 길목에서 서성이며 방황하기도 하는데 화자의 아버지도 그때 그러지 않았을까. 살다 보면 어찌할 수 없는 상황의 늪으로 빠지기도 하고, 사건에 휩쓸려 회오리 이는 바람 속으로 말려 들어가기도 한다. 그게 꺼내서 들여다보아도 알 수 없는 마음을 지닌 인간의 일이다. 그 마음을 보려고 화자 또한 〈선방의 죽비 소리〉를 따라가지 않던가.

장년이 된 사람도 부모를 잃고 난 후(천수를 다 누리고 떠난 후)에, 즉 고아가 되었을 때 심리적으로 방황하며 흔들리는 경우를 목격한다. 부모로부터 심리적 탯줄을 끊긴 허망함으로 비틀거린다. 그 동공을 채워가며 자기를 일으켜 세우는 사람은 비교적 성숙한 마음으로 살아갈 수 있다. 그래서 어머니와 아버지를 보낸 작가 변종호가 글을 쓰며 그 동공의 일부를 채워가겠다는 다짐은 큰 의미가 있다.

'가족을 두고 다리를 건너던 아버지의 심경이 어땠을까?' 하는 생각도 거둬들이기로 했다. … 잘못된 선택이었지만, 분명 그래야만 했을 사연이 있을 것이라고 믿고 싶다. 그동안 꼭꼭 걸어 잠갔던 마음의 빗장을 열어젖힌다. … 서로의 몸을 부둥켜안은 채 다리를 강물에 담근 섶다리는 얼음장 밑으로 강물을 떠나보내며 내게 선인(仙人)의 언어로 일러주는 듯하다. '마음 편히 살려면 가슴의 응어리부터 흐르는 저 강물에 내려놓으라고.' … 아버지! 아버지!

— 〈선방의 죽비소리〉에서

그는 비로소 마음에서 우러나오는 낮은 소리로 아버지를 불러본다. 아버지에게도 그래야만 했던 사연이 있을 것이라고 마음의 빗장을 풀어준다. 타인의 아픔을 이해한다고 할 때, 똑같은 경험을 해보지 않는 한 완전히 안다고 할 순 없으나 화자는 자기의 경험으로 아버지를 이해할 수 있게 된다. 아버지를 용서함으로써 상처를 극복하고 자기 시대의 역사와 만나 이 시대의 건강한 아버지의 자리로 오롯하게 서게 된다.

무의식에 깊숙이 자리 잡은 트라우마는 완벽하게 치유되긴 어렵다. 다만 자아가 건강해지면 이를 너끈히 이겨내게 된다. 생에 큰 상처는 치유되어도 깊은 흔적을 남기지만 우리는 그것을 어루만지며 함께 살아간다. 그래서인지 그는 "세월이 흘러도 이어지는 기다림이 있고, 아물지 않는 상처가 있"다고 말하지만, 이제 아버지 이야기로 고통스럽지 않을 것이다. 아버지를 한 사람(남성)으로 인정하고, 그를 객관화시켜 바라볼 수 있을 때 화자는 그 상처로부터 자유로워질 테니까. 티끌만 한 마음 열어제치면 우주를 품을 수 있다 했던가. 화자의 마음이 열린 것은, 나무와 청솔가지가 서로의 몸으로 부둥켜안은 섶다리가 전해주는 지혜의 전언에 힘입은 바 크다. 어린 시절부터 아버지 생각으로 분노하고, 아파하며 그리워한 화자를 침묵으로 넉넉하게 품어준 강 아니던가. 어찌 그뿐이랴. 작가 변종호가 오랜 시간 동안 아버지를 받아들이기 위해 자신 안에서 화해하고 싸우기를 반복하면서 길러낸 내공의 역할이 가장 크지 않겠는가.

3. 동경(銅鏡) 닦기로서의 수필 쓰기

《섶다리》의 서문을 보면서 이 작가가 글을 쓰게 된 이유를 짐작하였다. "꽤 오래전부터 마음속에 거울 하나를 들여놓았다. … 투박한 구리거울, 며칠만 닦지 않아도 녹이 슬어 보이지 않는 거울이기에 매일 닦아야겠다는 생각을 했다. … 아직도 구리거울을 통해 나를 보지 못하고 있다 … 마음속에 남아있던 불씨를 살릴 일념으로 수필 쓰기에 뛰어들었다." 작가 변종호는 마음속의 '구리거울'을 날마다 닦는 것과 수필 쓰기를 등가적으로 생각한다. 즉 수필 쓰기를 통해서 구리거울을 닦겠다는 것이다. 수필을 쓰면서 마음 깊숙이 숨어있던 자기를 끌어내 마주하고 싶다는 의미다. 그에게 글쓰기는 '구리거울'을 닦는 일이고, 글에 풀려나온 이야기는 자기를 보게 하는 거울이다. 글쓰기를 통해 잃어버린 자아를 찾겠다는 변종호의 포부는 타당하다. 그런데 작가는 왜 하필 자신을 비춰볼 거울을 구리거울로 선택했을까.

우리가 흔히 가지고 있는 거울은 대상의 형상을 적나라하게 비춰줄 뿐만 아니라, 어떤 대상이 직접 볼 수 없는 부분까지 보여준다. 이를테면 거울은 내가 알지 못하는, 미처 보지 못하는 옆모습과 뒷모습까지 비춰준다. 그래서 거울은 대상이 스스로 파악하지 못하는 미세한 부분까지 드러내 준다. 빛의 명암과 원근, 비추는 각도에 따라 대상의 형체를 다르게도 보여준다. 중요한 것은, 거울은 어떤 대상도, 심지어는 일그러지고 뒤틀려 추악해진 대상도 다만 그대로 보여줄 뿐이라는 점이다. 거울은 스스로 어떤 조작도 하지 않는다. 그래서 우리는 거울 앞에서 수없이 다양한 자기의 민낯을 만난다. 행복한 모습도, 불행한 모습도, 넘치거나 부족한 모습도, 악한 모습이나 천사의 모습 모두를 만나지만 그것 또한 내 모습이다. 신이 아니라면, 인간으로 살아가면서 날마다 거울 앞에 서는 우리는 그런 경험 한 번쯤 하지 않았을까. 자신의 들끓는 욕망을 드러낸 마음이 적나라하게 비추는 거울 속의 얼굴을 만나는 일…. 그런 자신을 들여다보며 진저리치던 시간이 왜 없었겠는가. 정작 자신의 본성과 만나고자 한다면 그런 시간을 정면으로 맞대면해야 하지 않을까.

〈물돌이 마을〉의 화자는 "따뜻하게 맞아주는 회룡포의 품에서 노년을 보내고 싶다"고 말한다. "마른 장작으로 군불을 지피고, 흐르는 강물과 백사장, 갈대를 벗삼아 멋진 수필 한 편 완성할 수 있다면 더 이상 무슨 욕심을 부리겠"느냐고 자신에게 묻는다. 그 물음은 질문이 아니라 자신에게 보내는 주문으로 보인다.

그가 자신을 찾으려는 노력은 작품 〈선방의 죽비 소리〉에서도 나타난다. 화자가 템플 스테이를 떠나는 날, 비가 내리자 출발 전부터 마음이 흔들린다. "비우고 얻는다는 것이 무엇인지, 내 안에 있는 나는 찾을 수 있는지 회의"도 일어난다. 당연한 생각이다. 윤회를 믿는다면, 현생 동안의 습관도 통제가 안 되는데, 셀 수도 없이 많은 시간 동안 윤회하면서 쌓아온 업장이 몇 시간에 모습을 드러낼 것인가. "입선을 알리는 죽비소리에 반가부좌를 하고도 좌불안석이다. … 도무지 집중이 되질 않는다". 아마 끊임없이 몰려드는 생각으로 한순간도 '생각 일지 않음'을 느끼지 못했을 것이다. 현실(차안)의 삶 자체가 끊임없이 무엇인가를 짓고 허무는 과정을 반복해가야 하니 어찌 번뇌의 연속이 아니겠는가. 결국 화자는 두 시간 동안 아픈 다리와 몸을 이겨내며 견뎌봤지만 "나를 찾는 첫 수행은 모두 공염불이" 되었다고 말한다. 그러나 공염불은 아니었을 것이다.

온몸은 땀으로 젖어들고, 부처님께 귀의하려는 '석가모니불' 소리는 점점 목 안으로 감겨든다. 절을 한 지 두 시간이 넘어서자 앉거나 서 있는 법우들이 늘어난다. 주저앉고 싶다는 생각이 들었지만, 이내 도리질을 해야만 했다. 선방의 죽비소리에 길들여진 지친 몸은 무념무상의 상태로 엎드렸다 일어남을 반복했다. 몇 십년간을 높이며 살아온 육신을 혼신의 힘으로 낮춰본다.

— 〈선방의 죽비소리〉에서

불가에서 엎드려 절을 하는 이유는 자신을 낮추기 위해서이다. 엎드리기를 반복하며 몸으로 수행하는 수행법이다. 화자에게도 무념의 시간이 찾아온다. 주저앉고 싶은 생각을 도리질하며 견뎌낸 후였다. 한순간도 쉬지 않고 일어나던 생각(번뇌)이 멎을 때는 어딘가에 집중할 때 가능한데, 화자 역시 엎드렸다 일어나기를 반복하던 몸이 힘들어지자 그 몸에 집중하느라 "무념무상"의 지경에 이르게 된다. 몸은 정신을 담는 그릇이며, 정신과 육체는 서로를 길항해 준다. 그래서 일어나고 엎드리는 몸에만 집중했을 때 정신이 쉴 수 있다. 옆에 주저앉은 사람들처럼 멈추고 싶은 것을 인내한 결과로 얻은 생각 쉬기의 순간이었다. 그 모습이 본래의 나일 것이다.

긴 고행의 시간이 지나 심신을 가다듬고 바르게 서 보려 하지만, 황정산을 기어오르던 운무같이 변해가는 내 모습을 느낀다. … 오욕칠정에 물든 마음이 건들거린다. '착' 어깨를 내리치는 죽비소리에 흔들리던 마음이 곧추선다.

— 〈선방의 죽비소리〉에서

　화자가 백팔번뇌로 오락가락하는 마음을 쉬게 할 수 없었듯이, 사람의 마음은 매 순간 찰나간으로 변화한다. 화자 역시 무념무상의 시간은 순간뿐이었고, 절을 마치자 다시 현실의 내 모습이 된다. 일상에서 부딪치던 "오욕칠정"에 익숙한 마음이 수시로 오간다. 그러나 죽비가 어깨를 내리치는 순간만은 흔들리던 마음이 바로 설 수 있었다. 죽비는 희로애락의 감정에서 유영하는 화자가 자신에게로 돌아오게 하는 불빛일 것이다. 잠시 잊고 있던 자신을 불러들여 구리거울처럼 자신을 보여주는 역할을 하고 있지 않은가. 화자가 구리거울 대신 수필 속으로 들어왔던 동경(銅鏡)의 이야기를 호명해 같은 자리에 놓아보아도 좋겠다.
　구리거울은 날마다 닦지 않으면 때가 끼거나 불투명해져서 대상의 형체를 명확하게 비춰주지 못한다. 앞서 언급한 대로 거울이 자신을 드러내는 매개체라면, 보다 투명한 자신을 만나려면 구리거울을 끊임없이 닦아주어야 한다. 구리거울은 작가 변종호이면서 동시에 그를 비추는 본질적 대상이기도 하다. 이쯤 되면 작가의 의도가 명백해진다. 구리거울로 은유화한 수필을 통해 자신을 보겠다는 것. 그에게 수필 쓰기는 이제 자기 찾기로서의 노정에 서게 된다.

4. 몇 개의 에피소드를 일별하며

《섶다리》에서 작가 변종호의 생각을 잘 끌어가는 몇 작품을 살펴보았다. 그의 작품세계를 지배하는 '아버지 극복하기'와 '동경 닦기로서의 수필 쓰기'를 통해 수필가 변종호의 면면을 살펴보았다. 그 외 작가의 이미지를 잘 보여주는 작품 〈만만한 사람〉도 있다. 화자는 인상이 좋다는 말을 자주 듣는데 마음까지 약해서 타인들로부터 부탁도 많고 이용당하기도 한다. "태생이 남에게 해를 끼치지는 못하지만 당한 횟수는 부지기수다. 이미 소소한 눈속임으로 수십 번은 속았고, 덩치 큰 부동산매매 사기도 당했다." 당시에는 같은 실수를 반복하지 않겠다고 다짐하나 번번이 되풀이된다. 오죽하면 호락호락한 인상을 바꾸고 싶어서 관상학을 공부하려 했겠는가. 타인을 경계하지 않고 품어주는 사람들 일반이 그렇듯이 화자 또한 "만만한 사람으로 세상을 산다는 건 힘들고도 슬프다"고 푸념하면서도 기꺼이 같은 모습으로 살아갈 것이다.

생명에 대한 존엄의 문제를 묻고 있는 〈문수암의 반달곰〉과 〈신음하는 나무들〉을 일별해본다. 반달곰의 야생성 때문에 사람이 위험하다는 이유를 빌미로 우리에 가둔 반달곰을 보면서 그는 "난폭하다는 것은 어쩌면 야성을 가졌다는 의미이고 방사를 해서 야생에 적응"시켜야 한다고 생각한다. 우리 안에 갇혀 야성을 잃어가는 반달곰에게 안타까움을 표현하던 그는 인간의 교만과 이기성에 탄식한다.

〈신음하는 나무들〉을 보면 영동의 포상봉을 오르다 "생경한 광경에 놀랐다. 마치 집중치료실의 환자처럼 나무마다 호스를 치렁치렁 매달고 있었다. 고로쇠나무였다. 그리 굵지도 않은 밑둥에는 서너 개의 호스가 꽂힌 채 수액을 강탈당하고 있었다." 그 이미지만으로도 인간의 잔혹성을 알 수 있지 않은가. 화자는 인간이라는 게 부끄럽다고 고백하며, "사람들이 불로장생을 꿈꾸는 것은 삶의 본질과는 상관없는 타당치 않은 열망"이라고 일갈한다. 그는 나무의 신음 소리가 들리는 것 같아 고로쇠액를 보내주겠다는 사람의 호의를 거절한다. 이렇듯, 생명에 대한 외경적 태도는 작가의 감성과 인생관에서 우러나와 읽는 독자에게 깊은 감동을 준다. 풀 한 포기도 각기 존재의 의미가 있듯이, 무릇 모든 생명은 고귀하다. 거창한 존재가 아니라고 홀대받거나 폭력성에 신음하도록 방관하는 것은 자연과 함께 살아가는 인간의 태도는 아니리라.

하물며 작가 변종호가 사람과의 관계 맺는 방식에서는 얼마나 많은 진정성이 들어 있겠는가. 그러한 삶의 모습이 그의 수필 세계에서도 자주 드러남은 물론이다. 수필 문학은 현실과 닮은꼴을 이루면서 다른 한편으로 현실에 대해 닮은 만큼 더욱 강력한 저항체가 되기도 한다. 그래서 수필 문학의 본질을 캐묻게 하고, 그 본질이 내장된 자리를 작가로부터 작품으로, 이동시키는 과정을 통해, 수필 문학은 발전해간다. 구리거울을 닦는 정성으로 그런 작품이 탄생하길 바라는 마음이다.

식물적 감성, 독자를 끄는 이완의 힘
– 심인자 《왼손을 위하여》

1. 화자를 통해 보는 작가

 일반적으로 수필은 작가의 경험을 바탕으로 쓴 글이라는 점에서, 작품 속의 화자와 작가가 동일시된다. 작가는 화자를 통해 자기 자신에 관한 경험이나 생각을 피력하기 때문이다. 그런 이유로 독자는 수필적 자아와 존재론적 자아를 구분할 틈을 갖지 않고 화자와 작가를 일치시켜 바라본다. 사실에 있어 두 자아의 괴리가 있을지라도 작가의 경험이나 사고에서 나온 산물이기 때문에 그러한 관점은 무방하게 통용된다. 글은 작가의 전체가 아닌, 부분의 표현이며, 어느 누가 존재론적 자아의 진면목을 확연하게 다 알 수 있으며 드러낼 수 있을 것인가.
 심인자의 《왼손을 위하여》를 읽으며 타인의 존재가 그녀에게 어떤 의미를 주는지를 따라가 보게 되었다. 그의 작품들은, 인간의 삶은 자신의 고유한 세계를 가지면서도 이 세계는 타인과의 관계를 통해 이끌어진다는 것을 여실하게 보여주고 있다.

2. 세상을 마주하는 방식, 대상을 보는 직관력

수필은 '나'를 문학화하는 문학이다. 그래서 수필은 어느 장르보다도 개성이 강하게 드러나 작가의 마음을 오롯하게 읽어낼 수 있다. 심인자의 수필집 《왼손을 위하여》에서 단연 수작이라 일컬을 만한 작품 〈작은따옴표〉에는 이 작품집을 관통하는 화자의 철학이 담겨있다. 즉 그가 어떤 마음가짐으로 세상과 마주하며 조화를 이뤄 살아가려 하는지를 가장 적절하게 보여주고 있는 셈이다. 그뿐 아니라 풍부한 상상력으로 문학적 창조성을 한껏 발휘한 작품이기도 하다. 이 작품의 화자에게 무한한 신뢰를 보내는 것은, 상처받는 타자를 배려하기 위해 혹독한 자기 담금질을 마다하지 않기 때문이다. 어쩌면 글쓰기는 그런 자신을 들여다보며 점검해가는 화두 같은 것이리라.

나는 작은따옴표를 좋아한다. 무작정 편애하여 시도 때도 없이 여기저기 갖다 붙인다. 편치 않은 자세로 어설프게 앉은 작은따옴표가 내 자리가 아니니 이제 그만 놓아달라 한다. 그럴수록 못 들은 척 외면한다. … 입만 열면 화살이 쏟아지니 대책이 필요했다. 어느 순간부터 벙어리가 되었다.

- 〈작은따옴표〉에서

화자는 글을 쓰면서 부호 정돈을 한다. 잠시 쉼의 의미를 가진 반점과 끝났음을 나타내는 온점, 감탄의 느낌표, 의문을 표현하는 물음표, 그리고 큰따옴표와 말 줄임표. 수많은 부호 중에서 화자가 사랑하는 것은 작은따옴표다. 그 부호는 "혼잣말이나 속마음을 나타낼 때" 쓰인다. 세상에 존재하는 것들은 모두 다 그 이유가 있다고 하지만 화자에게 작은따옴표는 현상적으로는 글을 쓸 때 필요한 부호이면서 자신을 드러내는 방식이고, 나아가 자기성찰로 나아가는 지렛대 역할을 한다. 그래서 화자는 이 부호들이 적재적소에 들어가야 하지만 작은따옴표만은 무작정 갖다 붙여 애지중지 대접해 준다고 고백한다.

그 이유는 처음과 끝이 다르다. 처음엔 하고픈 말이 너무 많아서였다. 그 언어들을 참고 침묵하다가 포화상태에 이르러 분출했을 때 상대방이 피 흘리게 하는 무차별 공격의 잔혹성을 보고 만다. 쏟아내고 난 후에 자신을 뒤돌아보지만 그 후유증은 돌이킬 수 없다.

상대방에게 준 상처는 배가 되어 돌아온다. 내가 쏜 화살보다 더 깊숙이 가슴에, 온몸에 사정없이 박힌다. 아프다. 짓이겨 살점이 떨어져나가는 고통에 신음한다. 웅크리고 앉아 나 자신을 살펴 볼 겨를이 없다. 그들을 살피고 치유해 주기 바쁘다. 겨우 한숨 돌리고서야 외따로 숨어들어 내 상처를 어루만져야 하니 이 얼마나 어리석은 짓인가.

— 〈작은따옴표〉에서

화자는 자신이 타인에게 준 상처를 훨씬 능가하는 아픔을 감당해야 한다. "살점이 떨어져나가는 고통에 신음"하면서도 상대를 살피고 어루만져 치유해 주고자 한다. 그 후에야 홀로 숨어 자기 상처를 쓰다듬는 인물이다. 자기 고통이 얼마나 컸으면 그런 자신이 싫어 수년 동안 귀를 막고 눈을 감아 살았겠는가. 그럼에도 화자는 여전히 하고 싶은 말을 하고, 누군가에게 당당히 맞선다.

사람의 말하고자 하는 욕망, 자신을 표현하고자 하는 욕망은 그리 쉽게 제어되지 않는다. 정제되지 않은 감정이 섞인 말은 실수가 잦다. 불교의 '천수경' 시작이 '정구업 진언'이다. 입을 깨끗하게 한다는 뜻이며, 말로 지은 죄를 참회한다는 뜻일 게다. 손오공 또한 '수리수리 마하수리'로 입을 깨끗하게 만든 다음에야 자신이 원하는 주문을 왼다. 그래야만 자기의 뜻을 이루게 될 테니. 왜 아니 그럴까. 말은 그 사람의 마음을 표현하는 것이다. 어쩌면 말은 그 사람의 모든 것을 아는 지름길이다. 그래서 절집 사람들은 '묵언'을 하며 스스로 내면을 다지지 않던가. 침묵하며 자기 내면에서 올라오는 참 자아를 보기 위해서. 화자의 침묵 또한 그와 같은 메커니즘을 닮고 있지 않을까. 그런 화자에게 해법이 찾아든다.

이만하면 화살촉이 되돌아올 법한데 아무도 나에게 일격을 가하지 않는다. 내가 하는 말에 언제나 작은따옴표가 붙기 때문이다. … 작음따옴표 안에서 하고픈 말을 다한다. 좋은 말이든 궂은 말이든 가슴 속에 가두어 드러내지 않는다. 그래도 마음에 안 들면 또 가둔다. 금시 세상에 내놓을 수 없다. 나갈 수 있을 때를 기다려야 한다. 숙성되어야 한다. 곰삭고 또 곰삭아서 깊이가 있을 때까지.

— 〈작은따옴표〉에서

인간에게 숙성시켜 내놓아야 할 것이 어찌 말뿐이겠는가. 생각도, 행위도, 삶도 그러할 것이다. 그 모든 경험을 한 편의 글로 쓸 때도 충분히 불을 지펴 비등점을 찾아 썼을 때 독자와 공감하고 소통하며 끝내는 미적 감동을 끌어낼 수 있을 것이다. 그러나 심인자는 인간적 고백을 함으로써 화자에게 숨 막히는 인내의 시간에 대한 해답을 던진다.

작은따옴표가 주는 묘미를 안다면 무작정 쏘아대는 화살로 생채기내는 일이 조금은 줄어들지 않을까 싶다. 너무 화나서 심장이 멎어버릴 정도로 힘들 때는 참지 말고 표현하는 거야. 나 힘들어. 죽을 것 같아. 도와 줘. 너무 슬퍼서 눈물이 멈추지 않을 때도 마찬가지. 내 눈물 좀 닦아줘… 당분간 내 앞에 안 보이면 좋겠어. 그동안 노력해서 그 마음 없애 볼게. … 작음따옴표 속에서 마음껏 쏟아내 보길 권한다. … 오늘도 문장부호를 쓰고 있다. 많은 것 중에 유독 작은따옴표를. 그런데 중요한 것은 그 부호가 점차 줄어들고 있다는 것이다.

— 〈작은따옴표〉에서

   사람의 생각과 감정이란 고정불변의 무엇이 아니라 시간의 흐름에 따라 변화한다. 화자에게 작은따옴표는 자신을 단련하여 성숙시키는 곳간 같은 곳이다. 그곳에 들어간 날 선 감정이나 생각은 날 것 상태에서 곰삭은 후에 큰따옴표 안으로 들어와 세상(독자) 밖에 공개된다. 그 과정에서 숨 막히는 상황에 이르면 힘들다고 말하고, 슬픔 앞에선 눈물을 닦아달라고 할 수 있는 것은 화자가 여유가 생겨서이다. 작은따옴표를 통해 작은 목소리로 자신의 마음을 조근조근 전하게 되면, 이미 문제의 해결 지점에 이른 것이다. 아프다고 말할 수 있는 사람은 치유의 과정에 들어온 사람이기 때문이다. 화자는 작은따옴표 속에서 자신을 담글질 하며 타자와의 화해를 요청할 수 있는 틈새를 만들어간다. 이제 자신을 단단하게 갈무리한 화자는 작음따옴표를 자주 사용하지 않아도 천변만화의 세상 속에서 조화를 이루게 된다.

　일상은 늘 낯익고 통속적이거나 타성적이어서 작가의 눈은 통속하지 않은 그 무엇을 잡아내는 시선이 필요한데 〈작은따옴표〉의 화자가 그 예를 적절하게 보여준다. 심인자의 다른 작품에서도 지나치게 숭고하거나 시침 뚝 떼며 삭제하고 싶을 만큼 비루한 사건들을 낚아 문학으로 승화시키는 부분이 등장한다. 낮익고 통속적이거나 타성적인 일상의 경험을 작가 자신만의 시선으로 보고 새롭게 직조하는 힘, 문학적 소재를 찾아내는 작가적 능력일 것이다. 수필 〈작은따옴표〉는 문장부호라는 무생물을 문학적 소재로 등장시켜 생명력을 불어넣은 작가의 섬세한 직관이 돋보여 깊은 울림이 있는 작품이다.

　말과 글은 자기표현의 수단이지만 말은 일상성에 가깝고, 글은 문학이 된다. '작은따옴표'는 문장을 형식적으로 보조하는 문장부호가 자기성찰이라는 수필 문학의 주제와 결합하여 그 의미가 훨씬 배가 되었다. 이렇듯 바탕에 풍부한 상상력이 깔린 작품은 문학의 외적 내적 요건을 서로 횡단하면서 통합하는 다양한 함의를 내포한다.

3. 식물적 감성의 아름다움

　인간 안에 내재한 성품은 이중적이다 못해 다중적이다. 가장 단순한 분류로 식물적 인간과 동물적 인간으로 범주화한다면, 인간은 동물적인 식물이기도 하고, 식물적인 동물이기도 하다. 우리는 때와 장소에 따라 동물성을 드러내기도 하고 식물성을 드러내기도 한다. 동물적 인간, 식물적 인간이라고 지칭될 때는 그가 어떤 면모를 좀더 많이 드러내는가에 따라 결정된다. 동물성을 강조하는 것은 타자나 집단, 외부의 세계로부터의 침략과 그 피해에 주목한다는 뜻이다. 반면 식물성에 의미를 더 둔다면 그런 상처에 대한 각성과 치유를 중시한다는 뜻이다. 즉 식물적 정서로 세상을 대한다는 것은 공격이 아닌 구원, 대립이 아닌 이해, 피해가 아닌 치유, 분노가 아닌 승화를 추구한다는 의미가 있다. 심인자의 《왼손을 위하여》에서도 그런 화자가 자주 등장한다.

> 눈에 들어오는 항아리를 집으려는데 다른 사람이 먼저 점찍는 게 아닌가. 양보할 기미가 보이지 않아 슬며시 내 항아리를 그에게 민다. 의아한 시선으로 날 쳐다본다. 고민 끝에 양보한 건데. 그는 애초 선택한 항아리 하나만 들고 구경하는 사람들을 비집고 유유히 빠져나간다. 개운하지가 않다. 꼭 갖고 싶었는데. … 하나 남은 항아리는 그 순간부터 나에겐 의미가 없기 때문이다. 차선으로 고른 접시를 들고 집으로 돌아오는 길은 신났다. 항아리가 조금 아쉬웠지만 이미 혼자가 아니니 외로울 것도 허전할 것도 없다.
>
> — 〈둘부터〉에서

난장에 와서 자신이 좋아하는 토우를 발견하고 기뻐하는 순간도 잠시, 화자가 점찍어 놓은 것을 다른 사람이 가져가 버린다. 그것도 짝이 아닌 하나만 가지고 사라진다. 애초 쌍이 된 것은 같이 있을 때 의미가 있을 텐데. 화자는 꼭 갖고 싶은 토우지만 자신이 선택한 물건을 얻기 위해 상대와 밀고 당김조차 하지 않고 순순히 내려놓는다. 그러나 그의 순연한 마음을 알지 못하는 상대는 오히려 의아하다는 눈빛으로 바라본다. 소통은 보이지 않는 생각과 마음까지 서로 읽어줄 수 있을 때 가능한 일이라서 상대와 화자는 소통하지 못했다. 물질이 정신보다 훨씬 우위에서 존재하는 현대의 우리는 상대의 마음은커녕 내 마음조차 해독하지 못한다. 그럼에도 화자는 자신의 토우를 포기하고 대신 다른 접시를 들고 신나게 돌아올 수 있다. 한 가지 이유는 자신이 갖고 싶은 것도 거리낌 없이 내줄 수 있는 화자의 욕심이 순수했던 것이고, 다른 하나는 두 개를 함께 가질 수 없다면 하나는 갖지 않겠다는 생각 때문이다. 소소한 일상에서 어떤 사건과 맞닥뜨렸을 때, 타자와의 관계 설정을 해야 할 때, 화자는 공격이나 대립이 아닌 이해와 배려의 행위를 하기에 스스로 행복할 수 있는 것이다.

토우도 마찬가지다. 둘 혹은 셋 이상이다. 할아버지 할머니 사이에 두 손주가 재롱을 피우고 쟁기 끄는 농부 옆에 아기 업은 아낙이 새참을 이고 있다. … 시끌벅적해서 좋다. 같이 있으니 외롭지 않다.… 둘 이상이면 된다. 둘부터 힘이 난다. 서로 기댈 수 있고 채워 줄 수 있어서 좋다.

난장에서 구해온 화자의 거실에 있는 토우는 모두 둘 이상의 '함께 하기'의 형상들이다. 화자는 함께 어우러져 상대를 채우고 보완해주는 삶을 원하기 때문이다. 그래서 화자에게는 아무리 좋아하는 것도 하나가 되는 순간에 의미를 잃고 만다. 그런 화자는 숫자도 하나는 좋아하지 않는다. 그래서 그녀의 집엔 하나인 물건은 없다. 심인자는 사람(人)은 함께 어우러져 살아가는 존재라는 철학적 주제를 삶에서, 그의 문학에서 직접 보여주고 있다. 그 외 〈화단을 일구며〉를 일별해 본다.

중간중간 심어놓은 머위가 영역을 제법 넓혔다. 열두 포기를 얻어와 절반가량 줄었지만 잘 자라고 있다. 생명력이 강한 식물인데도 워낙 팍팍한 흙이다 보니 처음엔 뿌리 내리기가 쉽지 않았다. 비비적대며 천천히 아주 천천히 뿌리를 내리고 있다. 흙도 싫지 않은 듯 양분을 조금씩 소리 안 나게 내어준다. 한 해가 가고 또 한 해를 보내며 머위는 안착을 했고 다른 식물처럼 한 식구가 되었다. … 이제 화단은 크고 작은 나무와 두 평에서 자라는 작물과 고사리손으로 가꾼 꽃과 이름 모를 야생풀이 어우러져 조화를 이루고 있다.

― 〈화단을 일구며〉

아파트 앞뒤의 조그만 화단에 잡초가 무성해지고 골칫거리가 되자 그곳에 텃밭을 일구자고 나섰으나 주민 중에는 반대하는 이들도 많았다. 그러자 화자는 혼자서 호미를 들고 나가 척박한 땅에서 나오는 돌멩이와 콘크리트 잔여물을 걸러내고 푸성귀와 꽃들이 자라는 밭으로 일구어낸다.

심인자 작품 속의 화자들은 자연인 나무와 닮았다. 나무들은 혼자서만 넓은 땅을 차지하려 하지 않는다. 자기들이 서 있는 곳 말고는 풀씨 하나에까지 터를 내주고 함께 산다. 〈땅 따먹기〉의 화자는 어떤가. 아이들 첫돌 때부터 부어온 적금과 상비금을 모아 그렇게도 벼르던 내 땅을 장만하였지만 결국 부모님의 집을 지어드린다. 섭섭하고 아쉬웠으나 부모님을 위해 집을 짓고 텃밭의 한 부분을 향해 소리친다. "여기부터 저기까지가 제 몫이에요." 겨우 그 한마디로 땅을 마련했을 때의 감격과 내놓았을 때의 쓸쓸한 마음을 위무한다. 〈작은따옴표〉의 화자처럼, 자신을 지나치게 억압하지 않는 한도에서의 작은 목소리를 낼 뿐이다. 작가 심인자는 나무처럼 서로 가지를 주고받으며 함께 살아가는 지혜를 체득한 사람이다. 키 큰 나무들은 가지를 높이 달아 아래 공간을 키 작은 나무들에게 내주듯이, 그녀는 자신이 아끼고 사랑하는 것도 타인들과 함께 공유하고 행복해지기 위해 기꺼이 내주는 이타적 삶을 지향하는 작가다.

4. 또 다른 세계를 향하여

그런 화자를 만나는 일, 그런 작가를 만나는 행운은 문학을 통해서 가능하다. 심인자의 다음 문학세계는 어떨지 궁금하다. 문학 안에서의 삶은 이렇듯 아름다움을 지향하지만 세상 밖으로 나가면 바람 거칠고 춥다. 오로지 자신의 이익만을 향해 치닫는 세상의 흐름 속에서 그는 어떻게 몸(생각) 바꾸기를 하며 내공을 다질지 주목된다.

《왼손을 위하여》의 화자들은 대부분 행복하다. 남편과 아들, 그리고 주변 사람들과 문제가 생겨도 쟁취하거나 빼앗으려 하지 않고, 양보하고 내주며 자신이 한 걸음 물러서기 때문이다. 자신이 서 있을 자리만 남기고 다른 생명에게 자리를 내주는 나무처럼, 그녀는 최소한의 자기 것이 보장되면 미련 없이 내주고 상대의 손을 잡아준다. 그것은 자신이 상처받지 않고 자리를 지키기 위한 가장 현명한 삶일 것이다. 쉽지만 실행하긴 어렵다. 인간은 자신의 영역을 넓히기 위해 끊임없이 욕망의 수위를 높여가는 존재기 때문이다. 심인자의 인품이 돋보인다는 표현을 아꼈지만 해야겠다. 《왼손을 위하여》의 화자들이 결 고운 마음으로 자리이타(自利利他) 할 수 있는 것은, 어떻게 사는 것이 나와 타자를 위한 것인지를, 삶에서 중요한 것이 무엇인지를 알기 때문일 것이다.

그럼에도 심인자의 수필이 문학적 도약을 위해 그 시야를 더 넓혀갈 것을 기대한다. 새로운 것에 대한 인간의 욕구와 창조적인 세계에 대한 동경, 미지에 대한 탐색의 꿈을 향해 나아가는 존재가 문학이기 때문이다.

고통의 숙명성, 문학적 승화
– 김나현 《화색이 돌다》

1. 문학과 고통의 함수 관계

프로이트는 문학을 콤플렉스의 고차원적인 해결이라 하였다. 그렇게 보면 문학은 잠재된 콤플렉스의 해소인 셈이다. 글을 쓰는 작가나 예술가들에게 상처가 있다는 것은 좋은 글을 쓸 수 있는 원동력이 예비 되어 있다고 볼 수 있다. 슬픔이나 고통은 일상을 유지하는데 버겁지만, 그것은 때로 주체의 성숙을 위해 어떤 에너지를 만들어준다. 오히려 현실에서 존재가 자기를 잘 지켜나갈 수 있는 내공을 쌓아준다. 단 그러한 고통을 견딜 수 있는 인내를 가진 주체에 한해서다. 작가는 작품을 형상화하는 과정에서 자기 고백을 통해 심리적인 위안을 받고 외상을 어느 정도 치유해간다. 문학이 인간의 삶에 영향을 미치는 치유의 힘이다.

인류 공통으로 변하지 않는 게 있다면 그것은 당연히 진리라고 할 수 있다. 그리고 누구나 한 번쯤은 되뇌어 봤음직한 말이 '인생은 고(苦)'라는 것이다. 인간은 살아가는 동안에 필연적으로 고통과 맞닥트리고 그 고통의 바다에서 표류하는 존재다. 그 고통은 생과 사의 과정에서 경험하는 우리가 미처 다 알지 못하는 근원적인 것도 있으나, 대체로 실존적 고통을 문제 삼는다. 고통의 문제를 해결하기 위해 석가모니 부처님은 생로병사에서 오는 근원적 문제를 관하고 그 이유와 과정을 밝혀냈지만, 보편적 삶을 사는 인간은 고통 소거의 방법을 안다 해도 실행에 옮기기가 어렵다. 역사를 거듭하는 동안 인류는 끝없는 욕망을 축적해 왔기 때문에 진리의 길에서 너무 멀어졌기 때문이다.

하여 인간은 고통을 싫어하면서도 고통을 벗어나지 못하고 고통 속에서 사는 존재다. 그러나 불안이나 고통을 제대로 못 느끼는 사람이 있다면 그는 자신을 온전하게 지켜낼 수 없을뿐더러, 생의 진정한 의미를 알지 못할 것이다. 인간은 적당히 불안과 고통을 친구 삼아 인생이라는 긴 여정을 지나야 한다. 그토록 필연적이라면, 생래적으로 가지고 있는 기질이라고 할 수 있겠다. 인간은 숙명적으로 불안하고 고통스러운 존재일 수밖에 없다.

다소 지루할 수 있는 생각들을 늘어놓은 이유는 김나현의 《화색이 돌다》가 심리적으로 얼마나 건강한 수필인가를 말하기 위함이다. 김나현은 그의 작품들에서 인간이 얼마나 불완전한 존재인가를 깊이 천착한다. 그리고 말한다. 인생은 슬퍼하고 아파하고, 불안하고 고통스럽지만 얼마나 사랑할만한 가치가 있는가를. 한때 가족이었던 사람과의 결별과 그 상처를 견디는 방법으로 이사를 하고, 여행을 떠나면서 자신 안의 '나'와 조우하는 과정을 슬픔인데 슬프지 않은 듯 시침 떼며 말한다. 그러나 눈 밝은 독자는 그 슬픔을 이미 알고 있지 않겠는가. 아픈 사연을 웃으며 말하는 사람의 마음을.

김나현이 혼자 여행을 다니면서 만나는 사람들 또한 그의 심리상태를 투사하는 경우가 많고, 그는 마치 자신의 마음 일부분을 고립시키는 능력은 가치 있는 특성의 하나라고 말하고 있는 듯하다. 타자로부터 자신을 고립시키는 것은 그야말로 인내가 필요한 일이다. 고독을 기꺼이 즐기는 사람이라 해도 인간은 혼자 살 수 없는 존재이기 때문이다. 그러나 그는 혼자의 시간을 통해 자기 담금질과 자기 통찰을 거친 후 성숙한 작품으로 독자 앞에 선다.

2. 바람의 실체, 고백문학의 힘

작가들은 영락없이 자기 이야기를 하고 싶어 한다. 어느 정도 자기 이야기를 풀어내고서야 문학적 관심이 '나'에서 '우리', 자신에서 사회로 확장된다. 수필가는 물론 소설가나 시인도 거개가 마찬가지다. 모름지기 작가란 자신을 향해, 혹은 자신이 살고 있는 이 사회,

세계에 대해 하고 싶은 이야기가 있는 사람들이기 때문이다. 더 정확하게는 어떤 현상도 '나 자신'으로부터 시작되기 때문에 내 마음에 쌓아둔 이야기의 곳간을 비워내야 다음 단계인 타자에게로 관심이 향하게 된다. 자기의 아픔이나 고통이 승화되고 난 후에야 비로소 객관적 세계에로의 진입과 관심이 옮겨가는 것이다. 문학은 자기 정화 과정을 거쳐 치유의 힘까지 가지고 있기 때문이다. 글을 쓰는 사람들은 자기 치유를 넘어서 타자들의 치유까지 감당하게 된다. 문학이 지닌 힘이다. 문학이 살아 있어야 세상이 건강해지는 이치이기도 하다.

카타르시스는 아리스토텔레스의 『시학』에서 언급되었는데, 그 이후 문학에서 빈번하게 차용되어왔다. 자신의 체험을 글쓰기의 본체로 삼고 있는 수필은 다른 장르의 문학보다 훨씬 더 자기 정화와 밀접해서 치유문학으로서 그 효과가 강하다고 할 수 있다. 시나 소설이 허구적 요소에 바탕 한다면 수필은 작가의 자기 고백과 통찰, 관조 등을 통해 승화에 이르기 때문이다.

《화색이 돌다》에서 김나현의 자기 고백과 치유의 과정은 어떻게 표현되고 있는가. 한 사람의 생에서 혹한의 바람을 맞아본 적 없는 사람이 있다면 그는 완전한 삶에 가깝거나 사는 동안 성숙의 과정 없이 일종 일관 같은 모습으로 산 사람이다. 인간은 누구도 그런 삶을 원치 않는다. 마찬가지로 김나현에게도 "종종 바람이 일었다. 세파의 파랑이 살 만하면 덮치고, 이만하면 되었다 싶으면 불쑥 불어 닥쳤다." 그럼에도 그는 자신에게 보내는 격려의 글인 〈9번 방의 선물〉에서 "불행은 그 내용보다 불행을 대하는 태도가 더 중요하지 싶다."고 말한다. 예고 없이 닥치는 불행을 막을 사람은 없지만 그런 역경을 이겨낼 힘은 인간에게 유전자처럼 내재해 있다고 믿는다. 자신에게 주술 걸기다. 이를테면 자기를 인정하고 신뢰하는 자의 확신이다. 한 생에서 자신을 잘 아는 이만큼 적절한 능력자는 없다. "하고 싶고, 이루고 싶고, 갖고 싶고, 가고 싶은 내면의 갖은 바람을 삭이며 살았다. 그때마다 다 지나가리라 다독이며 견뎠다. 잦은 풍파에 무기력해졌지만 완전한 절망에 빠지지는 않았다."는 그의 고백은 고통이 주는 불안으로부터 자신을 방어하는 일차적 방패가 되어 준다. 더구나 "장벽으로 길이 턱 막히거나 벼랑 끝에 서더라도 주저하지 않고 출구를 찾았"기 때문이다. 그러나 그에게도 마음대로 할 수 없는 '바람'이 있다. 현상적 문제는 잘 해결해내는 그였지만 내면의 소용돌이는 난제였음이다.

  속에서 이는 바람을 잠재워야 할 땐 하지 못하는 고통이 수반한다. 나를 생기 차게 하는 요구를 충족하지 못하면 어깨 처진다. 반생을 건너온 지금 삶에 그럭저럭 만족하는 건, 하고 싶은 일을 찾아 하며 살아서일 게다. 오늘도 나를 부추기는 바람이 끊이지 않고 분다. 제 자리에 머물지 말고 나아가라고.
  　　　　　　　　　　　　　　　　　　　　 － 〈바람〉에서

《화색이 돌다》를 통해 볼 수 있는 김나현은 다분히 보헤미안적이다. 바람 따라 떠돌며 자신을 혹독하게 담금질하거나 혹은 풀어 놓으며 재충전하는 모습들을 자주 볼 수 있다. 지리산 여행길에서는 "마음은 하늘에 둥둥 떠가는 뭉게구름이 된 기분이"라고 말한다. 그러나 그가 마냥 방랑객으로 살 수 없는 것은 현실에 뿌리를 둔 생활인이기 때문이다. 그는 여행을 다니면서도 자신에 대한 내면 성찰을 멈추지 않는다. 《화색이 돌다》의 5부는 작가가 떠나고 돌아오는 과정에서 자기 삶을 어떻게 단련시키고 풀어헤치며 어떻게 변화를 꿈꾸는지를 보여준다. 그가 떠났다 돌아오는 '길은' 문학적 은유로서 한 주체가 어떠한 행로를 거쳐 존재론적 삶을 살아가는지를 보여준다. 〈고도 아틀란티카〉에서는 혼자 울고 있는 '그'에게 자기 투사를 함으로써 뼈저린 고독의 시간을 보낸 후의 자유를 맛보고, 존재의 충만함을 만끽한다.

마지막 작품 〈꽃보러 가자〉에서는 "봄의 화사한 기운은 해묵고 맺힌 감정도 풀리게 한다. 봄빛은 무심한 사이를 휘젓는다."라고 함으로써 그의 내면에 숨어있는 자유로운 "끼"를 숨기지 않으면서도 품격을 잃지 않는다. 봄빛 앞에서는 무심한 사람끼리도 마음을 트고 정을 나누게 될 터이니. 김나현은 수필가에 값하기 위해서인지 〈카바레 기행〉에서도 적당히 표현하고 물러날 줄 안다. 그는 이러한 작품들을 통해 솔직함에 끌려 들어가는 독자를 잠깐 꼬드기고는 금세 시침 떼며 제 자리로 돌려놓는다. 그보다는 삶의 이러저러한 모습을 솔직하게 드러내는 것인지 모른다. 생이 좋은 것, 긍정적인 것만 있는 게 아니라 나쁜 것, 부정적인 것도 있다는 점을 말하는 것일 수도.

그런 그에게도 어떻게 할 수 없는 고통스러운 바람이 있다. 마음속에서 일렁이는 내면의 바람이다. 그 바람은 김나현이 생생하게 살아있음을 확인하는 바람이어서 섀도우처럼 영원히 같이 있게 될 존재다. 그가 자기 생을 끊임없이 앞으로 밀고 나아가기 위해서는 더욱.

> 사진 동호회의 전시회 주제가 '바람'이었다. 그것은 부는 바람(風)일 수도, 마음 속 바람(願)일 수도, 또 마음을 흔든 훈풍일 수도 있다. (중략) 과연 바람을 피사체로 담을 수 있을까. 막상 잡으려 하면 바람의 실체가 묘연했다. 이삭이 막 피기 시작한 보리밭을 휘감는 바람이거나, 5월 초순의 연둣빛 물오른 왕버들을 살랑살랑 흔드는 실바람도 좋겠고, 꽃잎이 동동 떠다니는 호수의 가장자리도 떠올랐다. 그러나 눈앞에서 노닐던 바람은 금세 방향을 바꾸어 흔들 거리를 찾아 사라져 버렸다. 마치 운명으로 엮일 사랑을 찾아 끝없이 배회하는 마음처럼.
>
> – 〈바람〉에서

그는 이미 바람의 실체를 알고 있다. 바람은 한곳에 머물지 않으니 보이지 않고, 보이지 않으나 움직이는 모습은 포착되는 묘한 존재다. 바람은 있으나 없는 것 같으니 실체에 있어서는 바람이 깃드는 현상을 통해서만 가늠할 수 있다. 인간의 마음 작용과 닮았다. 존재를 움직이게 하는 것은 마음이지만 그 마음은 실체가 없다. 기실 사람의 마음 또한 잡을 수 없는 바람과 같은 것이다. 그래서 그는 피사체로 담을 수 있는 바람의 모습을 '보리밭을 휘감는 모습'이나 '5월의 왕버들을 흔드는 모습', '호수의 가장자리에 머무는 바람'을 담으려 했으나 그조차 여의치 않다. 잡으려는 순간 바람은 어디론가 떠나버린다. 그것도 운명적 사랑을 찾아서.

> 언젠가 들른 벌교의 한 식당에서였어. 일행이 다양한 꼬막요리 맛에 감탄하며 게걸든 사람처럼 먹어댈 때, 포악한 삶에 휘둘려 차츰 어촌 아낙이 되어갔을 여자가, 여자의 턱에서 방울방울 떨어지던 눈물이 떠오르더군. 귀퉁이를 접어놓은 페이지 같은 네 삶의 한 부분도. 여자의 물빛 눈물에 어린, 네 젊은 날 밑그림 한 토막이.
> — 〈눈물〉에서

작품 〈눈물〉은 자신에게 쓰는 편지 형식의 글이면서 김나현이 생각하는 눈물에 대한 관조의 글이다. 여기서 그는 '나'의 눈물, '여자'의 눈물, '신부'의 눈물을 통해 '눈물'이 지닌 감성에 관한 이야기를 하고 있다. 작가는 부두에서 피조개를 까며 속울음을 삼키는 여자와 그 여자를 바라보는 자신을 동일시한다. 청년기의 자유를 만끽하지 못한 채 가정이라는 틀 안에 일찍 자신을 가둔 그는 신혼을 보낸 어촌의 시간을 '유배'라고 표현한다. 사랑하는 사람을 따라 들어간 유배의 공간이었다 해도 사람들과 소통하지 못하면서 견뎌야 하는 고립감의 막막함을 그 '여자'의 삶을 통해 비유적으로 서술한다. 그 고통의 농도는 이미 깊은 무의식에 각인되어 시간이 지나 그가 자유로워졌을 때조차도 잊히지 않아 꼬막요리를 먹으면서도 그 '여자'의 눈물을 떠올리게 된다.

 '눈물이 없는 자의 영혼에는 무지개가 뜨지 않는다.'라는 인디언 경구가 있다. 눈물을 흘릴 줄 모르는 비정함을 꼬집는 말일 터. 그러나 무사태평으로 보이는 사람들도 마음 속 깊은 곳을 두드려보면 어딘가 슬픈 소리가 난다고 했다. 심장이 살아 뛰는 한 눈물도 존재할 것이라 믿는다.
 그 근원이 무엇이건 눈물은 보는 이에게 전염시키는 성질을 가졌다. 본성이 가장 투명해진 순간에 흘리는 감정의 결정체여서일까. 감성이 메말라 눈이 뻑뻑할 때 두 사람의 눈물을 떠올린다. 피조개 까던 여자가 속으로 삼키던 쓴 눈물과 신부님 뺨에 흘러내리던 진주 같은 눈물. 농도 달랐을 두 눈물은 일기장 속 특별한 날의 기록처럼 각인되었다.

– 〈눈물〉에서

그가 말한 바 있듯, 눈물은 본성이 가장 투명해진 순간에 흘리는 감정의 결정체다. 현실적 고통에서 오는 눈물은 자기 고통을 투사해서 오는 삶에 대한 승화의 눈물이라면, 자기 삶을 정화하기 위한 신부의 눈물은 인간 본연의 감성에서 흘러내리는 감정의 총체적 결합물이다. 아무런 타산 없이 오랫동안 영적 지도자로 지내 온 신부의 눈물은 보이지 않는 내면의 움직임을 담고 있을 것이다. 그런 눈물은 설명이 필요치 않아 그대로 감정이 전달된다. 실로 귀한 눈물일 테다. 인간은 누구나 눈물을 흘린다. 눈물로 자신을 표현하는 데 있어 감성에 호소하는가 혹은 이성에 호소하는가가 다를 뿐이다.
  현대인들이 타인의 눈물을 대하며 간혹 냉정한 태도를 보이는 것은, 그 눈물로 자신을 무장하거나 위장하는 이기적인 상대를 경험하면서부터 불신감이 조장되어서일 것이다. 눈물은 마음의 움직임, 감동에서 출발하는데 언제부턴가 사람들은 감동에 인색해졌다. 감동은 주체가 타자와 깊이 공감하고 소통이 되었을 때 오는 감정인데 타자를 한낱 대상으로 보는 현대인들은 감성적 공감이 이루어지지 않는 것이다. 어떤 의미에서 눈물은 영혼의 교감이 이루어질 때 촉발되는 몸의 언어일 수 있다. 영혼이 삭막해지고 타자를 향해 이기적 유전자를 작동시켜야 생존경쟁에서 우위를 차지할 수 있는 현대적 삶의 조건이 눈물을 거세시키고 있는 셈이다.
  김나현은 〈눈물〉을 통해 그 '유배' 시절의 고통은 "다 흘러간 이야기라며 꺼내놓기엔 아직 물기어린 어린 젊은 날의 구비동화다"라고 말하지만 그는 이러한 문학적 고백을 통해 이미 자신을 승화시키고 있다. 프로이트를 소환하지 않아도 인간은 경험한 것을 없었던 것처럼 잊을 수 없다. 무의식에 각인된 트라우마의 흔적은 물리적 상처가 난 자국처럼 완전하게 사라지지 않는다. 그래서 어느 정도 아픔을 견뎌낸 후에는 그 고통을 견딘 힘으로 자기 삶을 재구성하여 살아가야 한다. 김나현 또한 망각의 시간과 자신의 고통을 견디는 자기 긍정적 주술과 문학적 고백을 통해 충분히 내적 에너지를 키웠을 것으로 본다. 작품 창작 메커니즘은 심리적으로 탁월한 치유원리가 들어있어서 〈눈물〉뿐만 아니라 그가 선택한 체험의 재료들은 승화를 통해 고통의 감정과 정신, 트라우마 또한 치유 효과를 누렸을 것이다. 문학이라는 미적 텍스트의 생산은, 작가 자신의 감정이나 무의식적 이상을 치유할 수 있는데 그것은 작품을 통한 승화와 성숙을 통해서이다.

3. 자아 버리기로서의 '길'

문학적 은유로 자주 사용되는 '길'의 이미지는 수필은 물론 시나 소설에서도 자주 차용된다. '길'은 한 주체가 자신의 인생을 어떻게 선택하고 걸어왔는지를 표식하며, 그가 선택지를 결정할 때의 태도로 그의 성격이나 당시의 환경적 요건을 유추할 수도 있다. 또한 주체가 선택한 길을 통해 존재의 미래를 예견하게 한다. 최근 로버트 프로스트의 시 '가지 않은 길'에 대한 해석의 다양성이 더 확장되는 것은 프로스트의 평전이 나온 까닭이기도 하지만 '길'에 대한 문학 텍스트의 연구가 그만큼 다양하게 이루어지고 있다는 방증이다. 김나현이 《화색이 돌다》를 말할 때 화색 도는 이유 중에 '길'의 역할은 중요한 위치를 차지한다.

타박타박 걷는 지리산 둘레길 산속 임도엔 한 뼘 그늘도 귀하다. 해가 중천을 지날 무렵엔 내 그림자도 지쳐 몸에 딱 달라붙는다. 땡볕을 빗겨갈 샛길도 없다. 오로지 눈앞의 길을 걸어가야만 길에서 벗어나는 이곳은 고립무원 산속이다. 외길을 가로막은 장애물처럼, 맞서야 할 불볕길이 막막하게 펼쳐졌다. 썩 신바람 나는 일은 없지만, 일상으로 귀환하면 기필코 냉장고에 든 보리차부터 벌컥벌컥 들이키리라. 여행은 삶에서 떠나는 게 목적이 아니라 더 애착을 갖기 위한 '잠시 떨어져 바라봄'인 것 같다.
하동호 구간으로 더 가지 못하는 아쉬움과 네 구간을 걸어온 후련함이 교차한다. 가보지 않은 길엔 어떤 낯설고 낯익은 삶과 풍광이 있을지. 한 가닥 미련이 남아 가지 않은 길을 자꾸 곁눈질한다. 훗날을 기약하며 다음 구간이 시작되는 위태 마을을 끝으로 걷기를 마무리한다. 시내로 나가는 버스를 기다리며 맨바닥에 퍼더앉아 발바닥 물집에 바람을 쐰다. 쭈글쭈글한 상처가

> 자랑스럽다. 걸어 온 길이 준 훈장이다.
>
> — 〈불볕 쏟아지는 둘레길〉에서

　김나현은 작열하는 태양 아래 달구어진 숯덩어리 같은 몸을 이끌고 지리산의 둘레 길을 혼자 걷고 있다. 그가 말한 대로 "단단한 각오"를 하고 나선 길이다. 그늘 한 점 없는 땡볕 속에서 그림자까지 지쳐있지만 이미 산속 깊숙이 들어와 그 길을 걸어가야만 그곳을 벗어날 수 있다. 나아갈 수도 물러설 수도 없는 사면초가다. 선택의 여지가 없는 길에 섰을 때 주체의 몸은 고되나 갈등은 사라진다. 오로지 한길뿐이기 때문이다. 막막하나 방법이 없으니 오로지 나아가는 일에만 집중해야 한다. 이런 상황에서 몸은 지치지만 잡념이 사라져 정신은 명쾌해진다. 그때 찾아오는 게 주체를 편안하게 해주던 소소한 일상의 환경들이다. 이를테면 일상이 얼마나 소중했던지 감사한 생각이 몰려오는 것이다. 그때 비로소 무감하게 맞고 흘려보내던 소소한 일상에 대한 통찰이 온다. "냉장고에 든 보리차부터 벌컥벌컥 들이키"고 "시들하고 대수롭지 않던 미미한 것들이 주는 행복을 만끽하"겠다는 다짐은 김나현이 여행을 떠나 얻으려는 것, '화색'이 돌게 하기 위해서일 것이다.

　여행을 떠나는 것은 자신이 사는 공간의 소중함을 일깨우기 위해서이다. 짐작하건대 김나현은 인생의 전환점에서 잃어버린 무엇인가를 찾기 위해 떠난 둘레길이다. 잃어버린 그 무엇은 물리적인 것이라기보다는 자신의 것이 되지 못한 지나가 버린 시간과, 잃어버린 정신적 세계의 복원을 꿈꾸기 위해서다. 그래서 "길을 벗어나려면 이미 던져진 주사위 패대로 퍼붓는 폭서에 맞서는 길밖에 없다." 길을 떠나는 이유에 대한 상징적 표현이다. 일상이 기껍지 못한 것은 주체가 자기 삶을 제대로 살지 못할 때 느끼는 아쉬움 때문이다. 사랑하고 사랑받으며 존재의 가치 있음을 인정받고 있는 주체는 진실로 살아있음을 느낀다. 그러나 그는 타자에겐 의존할 수 없는 "의지할 데라곤 자신뿐"이다. 고독할지라도 그는 강한 주체 의식, 혹은 인간은 결국 홀로임을 선언한다.

그는 "걸을 때 발산하는 열기가 생각 찌꺼기를 말끔히 씻어내"자 주변을 살피기 시작하고 걸어온 길도 뒤돌아볼 여유를 갖게 된다고 함으로써 여행의 목적을 달성한다. 길을 떠나는 것은 지금의 자신을 바꿔보려는 시도이기 때문이다. 그는 컵라면을 사고 건네받은 김치 몇 조각에 감사하고 자연 속으로 들어와 사는 사람들로부터 위로받고 힘을 얻어 귀가 길에 선다. 마침내 더 가지 못하는 하동호 구간을 향한 아쉬움과 후련함을 가지고 버스를 기다린다.

그 상황의 은유는 현재 김나현이 처해 있는 삶의 환경과 무관하지 않다. 자신이 걸어온 길의 험난함만큼이나 발바닥엔 물집이 잡혀있고, 쭈글쭈글한 상처가 생겼으나 그것은 걸어온 길이 준 훈장이어서 오히려 자랑스럽다. 그가 자신에게 보내는 위로는 이토록 당당하고 씩씩하다. 이제 그에게 "사는 일이 팍팍하거나 그곳 바람이 그리울 때" 펼쳐볼 생의 무기 하나가 생겼다. 세찬 바람에도 흔들리지 않을 생의 굄돌 하나 장착하게 되었으니 든든하겠다. 우린 모두 돌멩이 하나 없는 평탄한 길을 걷고자 하지만, 어디 그런 삶이 존재하는가. 아픔으로 불안해하며 잠 못 이루는 시간을 경험하지 못한 생이 있다면 그게 어디 참다운 인생이라 할 수 있으랴.

〈친정 가는 길〉의 '길'은 어떤가. "친정을 시오리 거리에 두고 인적 없는 휑한 삼거리에서 어머니를 기다린다." 버스가 있음에도 어머니가 굳이 원동기를 몰고 마중 나오겠다니 노모를 위해 그러겠다고 대답했지만 내심 걱정이 된다. 마냥 기다릴 수만은 없어 친정 가는 길을 걷는다. 그가 유년 시절 장에 가는 아버지나 어머니를 따라 걷던 길이다. 장터에 대한 호기심으로 기웃거리다가 길을 잃고 아찔한 순간을 맞았던 적도 있던 길이다.

그러나 지금 두 사람은 서로 길이 엇갈려 어머니는 딸을, 딸은 어머니를 기다리고 있다. "자식을 위해서라면 거리낄 것 없다며 신작로를 달려오는 모습이 퇴역 장교처럼 당당하다." 그러나 댓바람에 달려온 어머니의 옷차림은 "열린 앞섶으로 찬바람이 숭숭 들이치겠다. 그런 어머니의 모습이 안 되어서, 한데서 떨고 기다렸을 딸이 안쓰러워서, 마주 보는 서로의 얼굴에 저녁노을처럼 애틋함이 깔린다." 인생이라는 긴 여로에서 어머니와 딸이 서로를 위해 기다리고 기다려주고, 그런 중에 상대의 아픔과 슬픔을 눈치채고 안타까운 심정으로 바라보는 시선이 상징적으로 드러나 독자는 감정이

입과 함께 정서적 교감을 하게 되는 장면이다.

〈친정 가는 길〉은 유년에 다니던 익숙한 길이지만 어머니와의 뒤틀린 약속으로 '길' 위에서 찬바람을 견디며 쉰의 딸이 과거와 현재를 오가는 모녀 삶의 이야기를 풀어놓고 있다. 어머니는 이제 할머니가 되고, 딸은 어머니가 되어 여성 삶의 순환 과정을 길 위에서 애틋하면서도 아름답게 펼쳐 보인다. 친정은 여성에게 떠났다 다시 돌아갈 수 있는 안식처지만, 그것은 어머니라는 고향이 존재할 때의 한시적 고향이다.

4. 삶의 바지랑대

누구에게나 자신을 지탱하고 끌어가는 삶의 중심이 있다. 사람에 따라 물질이 될 수도 있고 정신적인 것이 될 수 있지만, 그 중심축이 튼튼하고 강할수록 존재의 삶은 더욱 빛나게 된다. 한 가정의 가장이 그 가족 구성원들에게는 지렛대가 될 수 있고, 또 개인에게는 그를 잘 아는 친구나 지인이 흔들리는 삶의 중심을 지탱해주기도 한다. 문학을 자기 생의 내비게이션으로 생각하는 사람도 있다. 무엇이든 자기중심을 어디에 두느냐에 따라 가치관이 달라진다. 김나현의 《화색이 돌다》에서 단연 돋보이는 수작이기도 한 〈바지랑대 평전〉은 그 균형에 대한 통찰력을 통하여 인간 삶에서 '중심'이 얼마나 중요한지를 말하고 있다.

어디 그뿐인가. 느닷없이 닥치는 생의 위기처럼, 빨래 무게를 견디지 못한 줄이 예기치 않게 툭 끊기는 일도 생겼다. 그럴 때마다 줄을 간당간당하게 지탱하던 바지랑대도 속절없이 한쪽으로 나가 떨어졌다. 그것은 꼭 무거운 빨래 때문만은 아니었다. 바지랑대를 줄 양쪽 균형을 맞춰 세우지 못했거나 비스듬히 받쳐 둔 게 탈이었다. 그럴 땐 흙이 죄다 묻은 빨래를 다시 헹궈 널어야 하는 번거로움이 따랐다. 그러나 기억을 더듬어보면 언제 자리를 툭툭 털고 일어났는지 다시 거뜬하게 줄을 받치고 선 바지랑대를 볼 수 있었다.

— 〈바지랑대 평전〉에서

빨래를 널기 위해 옥상으로 올라간 그는 아른거리는 꽃그늘 아래에서 상념에 잠긴다. 고향 집 마당에 길게 쳐 놓았던 줄을 지탱해준 바지랑대를 떠올린다. 바지랑대는 빨래의 무게를 감당하지 못하고 쓰러지거나 처진 줄을 중간쯤에서 지탱해주는데 "널 빨래가 없을 때에도 우리 가족을 지탱해준 아버지처럼 묵묵히 마당을 지켰다." 이 작품에서 바지랑대는 가족을 지켜주는 아버지이기도 하고, 개개의 삶에서 자신을 유지해가게 하는 중심축이기도 하다. 하여 무거운 빨래를 지탱해줘야 하는 바지랑대는 늘 우여곡절을 겪으며 살아야 하는 인생을 은유적으로 지칭한다. 바지랑대가 줄의 균형을 잡지 못하고 있거나 빨래가 너무 무거울 땐 쓰러지거나 끊겨버리는 것처럼, 인생의 짐이 버거울 땐 생도 휘청거린다. 그때 바지랑대가 튼실하지 못하면, 빨래는 흙을 뒤집어쓰게 되고 인생은 소용돌이 속으로 끌려 들어간다. 인생에는 늘 예기치 않게 닥쳐오는 불운이라는 복병이 잠복해 있기 때문이다. 그래서 생은 균형감각을 어떻게 작동시키느냐에 따라 그 사람의 역사와 그 깊이가 달라진다.

 김나현의 작품들 거개가 불쑥 찾아든 아픔과 고통의 이야기들이지만, 그는 생은 사랑과 희망이라는 메시지로 전환한다. 그의 바지랑대가 잠시 휘청이다가도 이내 자신의 자리로 돌아갈 만큼 견고하기 때문일 것이다. 그 역시 넘어졌다 일어서는 과정을 보진 못했어도 지나고 보면 "자리를 툭툭 털고 일어"나 "거뜬하게 줄을 받치고 선 바지랑대를 볼 수 있"다고 말한다. 그때의 바지랑대는 비로소 나비가 춤추며 노닐다 가고, 제비들이 노래 부르는 장소가 되고, 아무것도 걸린 게 없는 날이면 "결 고운 하늬바람과 한들한들 고무줄놀이를 즐"기는 여유를 누리게 된다. 지금의 김나현 또한 "살랑한 바람에 머리카락이 하늘로 솟구치는 걸 보니 내가 필경 청명한 고기압 중심에 선 듯싶다"고 함으로써 심적으로 매우 충족된 모습을 보여준다.

 그럼에도 그는 다시 나부끼는 치맛자락을 추스른다. "이 아름다운 일상이 바람에 훨훨 날아가지 않도록 빨래집게로 몇 군데 꼭 물려 놓는" 것이다. 하늘하늘 흔들리는 치맛자락이 좀 더 나붓대도록 놔줘도 좋으련만 빨래집게로 고정하여 자신을 곧추세운다. 불볕 속에서 담금질한 결과 얻은 지금 그 앞의 일상이 얼마나 소중한지를 아는 자의 정갈한 자기 단속이다. 그는 이미 생의 본질은 욕망을 놓아버렸을 때 비로소 눈에 보이는 것임을 체득한 것일까.

5. 가지 않은 길을 나서다

두 갈래 길 앞에 선 인간은 누구나 두 길을 다 걸을 수 없어 고민에 빠진다. 이것이 인생의 결정적인 선택의 순간을 은유한다. 많은 사람이 걸어간 안전한 길을 택할 것인가, 인적 드물어 가시덤불이 엉켜있는 길을 헤치며 나아갈 것인가. 모험심 있는 이들은 후자를 택해 남이 걷지 못한 길을 개척하며 기쁨을 누려볼 것이다. 그 길에는 낯섦에서 오는 두려움과 아름다움이 같이 내장되어 있다. 많은 사람이 지나는 길보다 훨씬 외롭고 고독한 길이다. 결국 한 가지 길만 선택하여 가야 하는 인간의 유한성이 가지 않은 길에 대한 미련과 아쉬움으로 상상을 부추길 것이다. 김나현은 두 개의 길 중에서 낯선 길을 선택 한다.

행동은 의식에 좌우되는 법이 아닌가. 외모를 좀 더 볼품 있게 한다면야 가르마를 바꾸는 것쯤이야 해볼 만하다며 고개를 끄덕였다. 이리해서, 태어난 이후 줄곧 타왔던 왼쪽 가르마를 오른쪽으로 바꾸게 되었다. 누구도 알아채지 못할 이 사소한 일에 한동안 적응되지 않을 거란 것도 미루어 짐작했다. 좌측 통행을 법처럼 지켜왔는데 우측으로 바꿔야 했을 때처럼.

　나이 들수록 몸에 배어 익숙해진 것을 따르게 된다. 그럼에도 오십 평생 부동의 위치였던 가르맛 자리까지 바꾼 터다. 새 가르마 타기가 염려했던 것보다 덜 헷갈린다. 좌우 방향에 좌우되었던 건 다만 고정관념일 뿐이었다. 이만한 각오면 뭘 시작해도 늦지 않겠다 싶다. 사소한 시도가 나를 격려한다.

- 〈좌우左右와 좌우座右〉에서

　지천명의 나이에 들어서 그는 지금까지의 삶의 방식을 버리고 새로운 길을 선택한다. 이사와 관련된 몇 개의 작품들을 통해서 알 수 있듯이, 그의 생은 지금 막 새로운 터에 뿌리를 내리기 위해 지심을 돋우고 물을 주며 싹을 틔우려 한다. 새로운 길에서 경험해야 하는 낯섦과 두려움, 몰라서 신비롭고 아름다운 길을 용기 있게 나아가고 있다. 그런 그에게 마음먹기에 따라 새 가르마의 방향도 불편하지 않다. 익숙한 것에 헷갈리는 것도 잠시뿐이다. 인간은 반복된 학습을 통해 습관을 고치는 것쯤은 문제가 아니다. 다만 법이나 관습, 문화적으로 이어져 온 고정된 생활 습관이 불편할 뿐이다. 때로 타인의 눈길을 감수해야 하지만 그의 말처럼 "좌우 방향에 좌우되었던 건 다만 고정관념일 뿐이었다." 그는 자신에게 격려를 보내며 인적 드문 길을 가고 있다. 따스한 볕이 몸에 감기는 평화로움도, 눈보라가 때리고 가는 혹독함도 어느 것 하나 버릴 수 없는 소중한 생이다.

　인간은 누구든 고통을 승화시키는 과정에서 아직 다 던져버리지 못하는 미련과 아쉬움, 혹은 던져지지 않는 것들이 존재한다. 잉여의 영역이 있는 것이다. 승화의 이면에는 아직 다 해소되지 못한 고통이 남게 된다. 그것은 자신을 유지해가는 데 적절할 만큼 에너지화 되어 삶을 견인해가는 힘이 되어준다. 그런 의미에서 보면, 그의 수필 창조의 힘은 약간은 혼돈스럽고 불안함의 상태에서 시작된다고 할 수 있다. 그러나 김나현이 작품을 통해 보여주는 승화는 관념으로서의 승화가 아닌, 삶에서 그가 직접 땀 흘리고 고통의 시간을 통해 길어 올린 생동감 있는 승화여서 더 믿음직하다. 김나현은 그것을 통해 작품을 쓰고 삶을 새롭게 재구성해간다.

　《화색이 돌다》를 통해 살펴본 김나현의 작품세계는 그야말로 '화색이 도는' 변화가 있을 것으로 기대한다. 이번 작품집에서 머뭇거리며 나아가지 못한 한 수의 전진을 기대해도 좋을 것 같다. 그는 고통은 견딜지언정 무의미의 시간은 견디지 못하는 작가이기 때문이다. 그의 삶에도, 작품에도 붉은 '화색이 돌'아 사는 동안 온전하게 자신을 맡길 수 있는 나른하고 감미로운 햇살을 만날 것 같다. 그것은 후일 그의 수필에서 발견될 터다.

잃어버린 풍경에서 '나'를 보다
− 박귀덕 《잃어버린 풍경이 말을 건네오다》

1. 소재가 주는 힘

글을 쓰는 이들에게 주제와 소재를 잡는 힘은 그의 문학적 관점에 따라 매우 극명하게 나뉜다. 아무리 좋은 글감이 있어도 작가의 생각이나 미적 감각에 영향을 미치지 않으면 선택되지 못해 소용없는 것이 되기 때문이다. 그런 이유로 어떤 소재를 선택하느냐는 작가의 문학적 사상이나 문학을 대하는 태도와 직결된다. 독자가 작품을 읽다 보면 어느 작가는 유독 철학적 사유의 내용을 많이 이야기하고, 어떤 수필집에서는 뛰어난 묘사로 독자를 매료시키고, 이야기를 꾸려가는 능력이 탁월한 작가를 만나기도 한다. 어떤 작가든 자신의 문학적 관점과 정서적 작용이 반응하는 대로 글감을 취하기 때문이다. 소재는 무엇이든 가능해서 신변잡기도 소재가 될 수 있지만 잡기의 탈을 벗고 문학이 되려면 반드시 소재의 승화 과정이 필요하다. 수필이 신변잡기라는 누명을 벗지 못하는 경우가 있는데, 일상의 잡사가 문학적 형상 과정을 지나 미적으로 승화하지 못했기 때문이다. 글의 출발은 소재에서 비롯되고 소재를 잡는 능력은 좋은 작품의 출발점이라 할 수 있으니 소재 잡는 힘은 곧 작가의 능력이다.

박귀덕의 작품 《잃어버린 풍경이 말을 건네오다》에서 대표적으로 눈에 띄는 것은 전통적인 문화를 함축하고 있는 소재들이다. 그가 다룬 전통적 소재는 역사적 시간을 통과하며 지나간 삶의 흔적을 새겨 우리의 문화가 된 것들이다. 전통이라는 단어만으로도 '낡음'으로 치부되어 외면당하는 세태에서 작가가 천착하는 전통문화에 대한 시선은 소중한 문학적 힘으로 인정해야 한다. 왜냐하면 인간은 시간의 흔적을 지우고 살아갈 수 없는 존재이기 때문이다.

한 사람의 행동에, 인간의 행동에 시간이라는 요소가 개입되었을 때 우리는 비로소 거기에서 그 인간의 삶을 발견한다. 개입된 시간이 하루 단위처럼 짧은 것일 때 우리는 한 인간의 일상을 보게 되며 좀 더 긴 시간, 흔히 세월이라고 하는 긴 시간이 개입되었을 때 우리는 그 누군가의 인생을, 총체적인 삶을 보게 된다. 나아가 특정인의 삶이 아니라 누구나의 인생을 보게 된다. 그래서 한 개인은 물론 동시대를 살아가는 누구도 지나간 삶의 모습을 인정하지 않고는 현재의 '나', '우리'를 말할 수 없다. 그런 의미에서 작가가 지난시간을 기억하며 지금의 삶을 소중하게 대하는 긍정적인 태도는 마땅히 의미 있게 여겨져야 한다.

소재에 관한 이야기뿐만 아니라 박귀덕의 수필 세계에 대한 이해의 범주를 넓히고, 작품이 어떻게 진화하고 어떤 대상으로 시선 이동을 했는지 평론가 유인실의 《잃어버린 풍경이 말을 건네오다》의 평설을 살피는 것도 의미가 있겠다.

> 박귀덕이 이전의 수필집에서 '나', '일상'에 대한 '말 걸기'를 통해 자신의 존재방식을 보여 주었다면, 이번 수필집에서도 그러한 존재론은 여전히 그의 삶의 존재 방식 속에서 포착된다. 그러나 이번 수필집의 괄목할만한 변화라면 전체적으로 '나'의 삶에 대한 질문이 '나와 일상을 넘어 '여성', '생태', '문화' 등에 대한 성찰로 확장되고 있다는 점이다. 일상의 구체적인 상황과 그에 관련된 기억들을 자잘하게 엮어내는데도 그의 수필은 일상의 신변잡기류에 매몰되지 않고 삶이라는 큰 틀 속에서 포착된다.

이를 통해 독자는 박귀덕 작품들이 꾸준히 진화하고 있음을 알 수 있다. 충분히 동의하면서 그의 작품이 담지하는 문학세계를 따라가 본다.

2. 신화 속에서 '나'를 보다

우리는 흔히 성공적인 작품에서 도드라진 객관적 상관물을 발견할 수 있는데 이는 소재를 선택하여 작품을 형상화하는 과정에서 찾아진다. 《잃어버린 풍경이 말을 건네오다》에서 문학적 성취를 탁월하게 보여준 작품이 〈벅수〉인데, 작가는 '벅수'라는 객관적 상관물을 도입하여 비유나 상징을 드러내는 데 성공한다. 객관적 상관물을 등장시킬 때의 장점은 감정이입이 수월하고 의미창조에서도 관념성에 빠지지 않을 수 있다. 〈벅수〉에서도 여자 '벅수'의 모습은 옛날 여인의 모습에서(연세 높은 할머니) '묵독보살'로 변화하고, 현재로 와서는 양로원 할머니와 작가의 모습으로 치환된다. 오랜 시간을 마을 입구나 동구 밖에서 그 마을 주민들을 보호하고 지켜주던 '벅수'를 21세기 한국 여성을 상징하는 환유적 기호로 보고 있는 작가의 시선은, 그 진폭이 크고 넓다. 이 작품이 성공한 이유이다. '벅수'의 묘사적 성취도 아름답지만 우선 서사적 맥락으로 옮겨가 본다.

　이 수필집에는 〈벅수〉를 비롯해서 박귀덕의 면면을 끌어온 신화적 모티프들이 발견되는데, 그의 삶과 깊은 관련이 있어 보인다. 그러나 이 지면에서는 '벅수'를 대표적으로 살펴보려 한다. 작품에서 많은 의미를 함축적으로 담고 있는 '벅수'는 원래 민간신앙의 한 형태로서 마을의 수호신 역할을 해왔다. 사찰이나 지역 간의 경계표· 이정표 구실도 하며, 마을 수호의 부수적인 신이지만 당산나무, 솟대, 돌무더기, 서낭당, 신목, 선돌 등과 함께 동제 복합문화를 이룬다. 대부분 남녀 1쌍을 세우는데 작가는 여성벅수를 통해 여성 삶의 역사를 성글게 대입시키고 있다. 이를테면 전통 속에서 현대적 삶의 모습과 연결해 보이는 것이다. 우리 삶의 근원적 모습을 간과하지 않는 작가정신의 한 축이라고 본다.

'벅수'의 모습은 다양하지만 대체로 뽐내거나 우쭐함이 없이 느긋하고 그윽한 맛을 품고 있다. 세월이 흐르는 동안 고뇌를 극복하는 지혜가 담긴 탈속한 아름다움을 가졌기 때문이다. 그래서 신화를 알지 못하는 사람이라 해도 이 마을 어귀나 당산나무 근처에 서 있는 '벅수'를 보는 순간, 예사롭지 않은 느낌을 받게 된다. '벅수'가 지나온 시간 동안 우리 민간 삶의 모습도 품고 있기 때문이다.

박귀덕의 '벅수'는 어떤 모습인가. "달덩이처럼 넙죽한 얼굴에 툭 불거진 눈을 아래로 내리깔고 제주도의 어느 오름처럼 펑퍼짐한 납작코에 입은 꼭 다물었다" "머리에 비해 손이 땅에 닿을 정도로 땅딸막한 몸집을 보니 발의 위치는 가늠조차 할 수 없"는 모습이다. 옛날 우리 선조 중의 할머니가 이런 모습일 것이다. 그러나 작가는 그것으로 그치지 않는다. "표정을 보니 아무에게나 쉽게 곁을 내주지 않을 도도함이 있다"고 한 걸음 더 나아간다. 생김새로는 예쁜 곳이라고는 없지만 쉽게 마음 내주지 않을 '도도함'으로 보이는 것을 뛰어넘어 당당한 우리네의 할머니가 된다. 형상에서는 가장 친근한 모습이기에 서민들의 애환과 심성을 엿볼 수 있고, 표정에 서린 당당함으로 품격 갖춘 한 여인이 되는 것이다. '벅수'가 평범한 아낙네의 표정이면서도 도도함을 갖춘 규방 마님까지 여성 모두를 아우를 수 있는 이유이다.

> 봄이 되면 시설스런 바람과 딸을 대동하고 내려온 영동할매가 그녀의 옷자락에 잠시 멈춰 놀다 가고, 여름 소나기가 무더위를 쫓아내고 무지개 다리를 놓아주면 성큼 타고 올라가 뭉게구름을 벗삼아 놀았나 보다. 고운 단풍잎과 작별이 아쉬운 밤을 지새우고 나면 무서리도 정이 되어 옷자락을 흥건히 적셔주던 가을도 지나가고, 머리 위엔 하얀 눈 수북이 쌓아 놓고 그 훈짐으로 추위를 견디며 낸 세월이 옷자락에 고스란히 남아 있다.
>
> — 〈벅수〉에서

위의 묘사는 영동할매를 통해 상징되는 신의 모습, '벅수'의 생애이기도 하지만 한 여인이 살아가는 과정이기도 하다. 계절마다 그에 맞는 대상을 만나고 헤어지는 것은 자연과 신, 사람 모두 같은 이치로 보인다. '벅수'의 묘사를 통해 여인의 삶을 끌어내는 박귀덕의 글솜씨가 돋보이는 지점이다. "이끼로 절여놓은 옷자락의 흔적에서 세월이 짐작되는 연세 높은 할머니"로 옮겨간 다음 그는 여지껏 진행해오던 화자 시점에서 '벅수'의 입장으로 변환한다. 말이 없는 '벅수'를 두고 "외려 자기를 버린 사람들을 감싸주려고 속마음도 드러내지 않"을 것이라고 한 후, 사설 양로원에 기거하는 할머니를 언급한다. 할머니는 가족들에게 버림받아 가족이 없다고 생각하는 분이다. 그 할머니 역시 자식에게 누가 될까 봐 '벅수'처럼 입을 꼭 다물고 있다.

이제 '벅수'는 그 '자신'이 된다. 여자는 몸이 아파도 자기의 가족을 돌보고 챙기는 일을 멈출 수가 없다. 자신보다는 늘상 자식과 남편, 가족이 먼저일 수밖에 없는 습관화된 일상을 살아야 했기 때문이다. 그래서 그녀는 밤새 앓고 나서도 아이들의 밥을 챙기고 직장에 나가야 했기에 아파도 쉬지 못했다. 그렇게 살았건만 직장에서 밀려나 자신의 자리를 잃어버려야 했다. '벅수'와 박귀덕이 동일화되는 지점에서 이 작품은 흠 없이 완성된다. 객관적 대상으로 바라보고 있던 '벅수'가 '나'가 됨으로써 역사 속의 여성과 신화 속의 여성이 하나로 완결된다. 수필 기법에서 그리 어렵지 않은 기교지만, 오랜 역사 속에서 신화가 된 '벅수'의 힘과 현재 보잘것없는 한 아낙의 모습을 자연스럽게 투사시키는 작가의 재치와 글솜씨가 놀랍다.

> 나이가 들어 늙어지니 아무 쓸모가 없어져 세상 밖으로 버려진 것 같은 우울함이 벅수의 옷자락에 낀 이끼처럼 내 마음에 자리를 잡았다. 자식들 성가도 시키지 못한 상태에서 직업을 내놓으면 우선 당장 생활을 바꿔야 한다는 생각, 그때의 참담함은 인생을 다 산 느낌이었다 … 그때는 이미 다 늙어 마을의 수호신에서 벗어난 할매 벅수처럼 아들의 뒷바라지조차 할 수 없는 벅수였다.
> ─〈벅수〉에서

'나'가 직장에서 퇴출당했을 때의 참담함과 양로원에 버려진 할머니의 참담함은 현대문명에 떠밀려 세상 사람들에게 잊혀진 '벅수'의 모습으로 일직선상에 놓인다. '벅수'는 박귀덕의 글쓰기에 의해 잃어버린 신화에서 살아있는 신화로 되살아난다. 그것도 관념이 아닌 구체적인 인생을 통해서 현실이 되었다. 부재에서 존재로 우뚝 서게 된다. 그래서 그는 이렇게 말한다. '벅수'는 민속박물관 학습장에서 청소년들의 학습 자료로 쓰이는 정도이지만 그에게는 "우리 민족의 문화를 후손들에게 알려주기 위해 그곳으로 옮겨졌다고 생각하니 당당한 기품마저 서려 보인다"고. 그러나 그보다 더 의미 있는 것은 한 작가에 의해 '벅수'라는 신화가 관념성을 벗고 현대 여성의 모습으로 생생하게 재탄생했다는 점이다. 시간의 흔적에 따라 문화라는 탈을 쓰고 관념으로 자리한 신화를 현실로 끌어와 작업해내는 문학의 힘이며 작가의 힘이라고 본다. 이러한 작업이 수필 문학에서 못 할 일도 아니며, 사물에 대한 상상력과 서사를 통해 과거와 현실을 잘 버무려낸 박귀덕의 예리한 시선이 이룬 쾌거라고 여겨진다.

3. 삶에 대한 태도, 소멸하는 것에 대한 그의 생각

박귀덕 작품집에서 그가 소중하게 여기는 가치 중의 하나가 인간에 대한 신뢰의 문제이다. 그중에서도 노인에 관한 생각과 공무원 생활에서의 이런저런 경험들은 그가 현실을 어떻게 살고 있는지를 알게 해준다. 작품 속에서 만나는 박귀덕이 자주 가는 곳은 주로 절을 비롯하여 자연 풍광이 좋은 곳들이다. 그 풍광들의 묘사가 뛰어난 작품들을 자주 만났다.

〈명사십리의 봄〉에서 그는 "봄과의 짧은 만남이 아쉬워 달아나는 봄을 찾아 나"선다. 탈 많은 세상의 근심을 잠시 내려놓는 "연습여행"으로 더없이 좋은 길을 떠난다. 그곳에서 머리가 희끗희끗해진 여인들이 젊게 살자며 실컷 떠는 수다를 그는 불편하지 않게 받아들인다. 영양제를 먹는 이야기, 몇 년씩은 젊어 보이는 수술을 하러 성형외과를 다녀온 이야기로 "돈만 있으면 생명의 역주행도 얼마든지 가능하다고 하니, 참 좋은 세상이라고도 했다." 아무리 편리하고 좋은 세상이라고 하나 '생명의 역주행'이라니 차를 몰고 역주행을 하는 것처럼 그의 등줄기가 오싹하다. 그럼에도 그는 사람들의 수다를 들어줄 뿐, 자신의 목소리를 키우지 않는다. 젊고 아름다움을 향한 인간의 집념은 어제오늘 일도 아니고, 여자들만의 이야기도 아니며, 누구의 특권도 아니라는 것, 연예인들의 이미지를 팔아 이익을 챙기는 상업주의의 꼬드김에 빠져 '나'를 잊고 사는 우리들의 문제라는 것을 아는 이의 태도를 보인다.

젊음을 유지하고자, 혹은 늙음을 거부하려는 개별적 인간의 태도에 대해 그것을 탓할 수 없다. 그러나 생명의 질서에서조차 자연적 흐름에 거스르며, 돈만 있으면 모든 것이 가능하다는 물질 만능의 사고는 폭력적이기까지 하다. 그 많은 이야기를 듣고 슬며시 거울을 보는 박귀덕의 생각은 오히려 건강해 보인다. 여자인 작가도 그들처럼 예뻐지고 싶다. "눈가의 잔주름 수술도 해보고, 젊어진다는 화장품도 써보고 싶다. 그러나 영양 크림을 듬뿍 찍어 손바닥에 발라 봐도 펴지지 않는 굵은 주름이 나를 향해 웃고 있다" 그러나 "어쩌랴. 이 또한 순리이거늘. 그렇다면 늙는다는 것은 두려움이 아니라 동반자일지도 모르겠다." 늙음을 동반자로 생각하는 작가의 인식 전환은 아름답게 빛난다. 고치고 치장한 어떤 아름다운 얼굴보다 아름다운 내면이다. "얼굴의 주름도, 처지는 눈꺼풀도, 희끗희끗해지는 머리카락도, 피부의 검버섯조차도 자연스럽게 받아들이며 살아야겠다. 열심히 살아온 훈장처럼 여기며 그들을 다독여 주고 위로해 주어야겠다."는 독백은 지천명을 지나 이순에 선 사람처럼 순해서 아름답다. 세월의 흔적이 지혜로 빛을 발하는 작가의 모습이다.

죽음은 인간에게 이미 정해진 운명이기 때문에 죽음을 벗어날 수 있는 이는 없다. 나이 든다는 것은 생생한 육신에서 한 발짝씩 퇴행하고 있다는 의미이며 그것을 받아들일 준비가 되어 있을 때 정신은 더 성숙해지고 지혜로워질 것이다.

〈정이 머무는 경로당〉에서 박귀덕은 경로당 민요 강사로 나가 10원짜리 고스톱판을 치우지 못하는 노인들을 상대로 민요를 가르친다. "힘든 일만 하다가 늙어버려서 아무리 들어도 외울 수 없고,

까막눈이라 글도 모르는데 어떻게 많은 노래를 배우느냐며 거절하던" 노인들을 어느새 노래 앞으로 다가오게 만들고 그들을 통해 느낀 노년의 삶에 대해 이렇게 말한다. "낙엽은 땅에 묻혀 썩을 때 비로소 새 생명의 토대가 되듯이 그 생명철학을 내 삶에 접목시키고 싶다"는 것이다. 산 사람이 죽음의 세계에 대해 본 것처럼 명료하게 말할 수 없다. 다만 우리는 관념적으로나마 삶과 죽음은 연속성을 가진다는 것을 안다. 그래서 잘 사는 것이 잘 죽는 것임을 안다. 그래서 박귀덕은 죽음은 영원한 소멸이 아니라 또 다른 생성의 밑바탕이라고 말하는 것이다. 이러한 생명관은 〈명사십리의 봄〉에서처럼 시대의 흐름에서 자신을 표류하게 하지 않으면서 강단 있게 현실을 살아가도록 하는 삶의 철학이다. 그래서 그의 삶이 한층 건강하게 보인다.

〈믿고 싶은 사람〉에서도 존경받는 삶에 대해 이렇게 말한다. "돈 몇 푼에 인격을 추락시키는 일 없이 평화로운 삶이면 좋겠다. 인간의 변화 중에 가장 아름답고 화려한 모습, 마음씨도 곱고 신망받는 노인으로 변화되기를 기원해 본다. 그래서 누구나 믿고 싶은 사람이 아닌, 누구나 믿을 수 있는 사람으로 살아갈 수 있다면 좋겠"단다. 교통사고를 내고 보험금 할증을 염려하는 할아버지의 부탁에 그는 사고처리를 곧바로 하지 않고 다음 날로 미루어 주었다. 그러나 노인은 아들과 경찰까지 대동하고 의기양양하게 나타나 피해액을 나눠서 내자고 한다. 이해타산 앞에서 마음을 바꾼 노인과

헤어진 뒤의 소회다. 어찌 노인의 문제만이겠는가. 물질 앞에서 양심을 파는 일이 허다한 세상인심의 한 축이기도 하다. 사람을 믿음으로써 오히려 피해를 보았으나 그는 자신에게 실망을 안겨준 노인을 통해 존경받는 자기 삶의 밑그림을 그린다. 타인의 행위를 통해 나 자신을 반추하며 자신의 미래를 새롭게 갱신하는 것이다. 이처럼 수필 문학은 윤리를 앞에 내세워야 하는 장르는 아니지만 작가의 사유를 통해 알게 모르게 윤리적 품격에 대한 인식이 드러날 수밖에 없다.

4. 부재의 풍경에서 존재의 풍경으로

예술에서 감각적인 아름다움이나 쾌감은 그 존재 조건이나 세계와 삶의 진리를 드러내는 조건이 되기도 한다. 바꾸어 말하면, 문학작품의 아름다움에서 발생하는 즐거움이 예술의 본질적인 속성이라 할 수 있고 수필 작품 또한 그러한 미적 요소를 포함하고 있다. 쾌감은 이야기의 감동에서 오는 즐거움에서 올 수도 있고, 문체에서 오는 미적 감각의 즐거움에서 올 수도 있다. 문체 미학에서 우선하는 것이 묘사다. 묘사가 중요한 것은 대상을 미적으로 표현해야 하기 때문이다. 박귀덕 작품의 특징 중에서 대상에 대한 묘사력이 뛰어난 글이 많다. 그의 문장에서 드러나는 묘사적 이미지는 상상력은 물론 경험적 묘사까지 안정되게 펼쳐진다.

모내기가 끝나고 논둑이 터지도록 벼포기가 불어나면 마을은 온통 초록세상이 되었다. 밤이면 개구리들이 신명나게 합창을 했고, 여인들의 구성진 다듬이 가락은 벼들의 성장을 촉진시켰다. 뜨거운 태양이 들판을 달구는 한여름 더위를 피해 지심을 맸다. 뜸부기는 모 포기 속에 숨어 둥지를 틀고, 논물에서 헤엄치는 송사리들은 후다닥 도망을 친다.

꼬마의 손에 느슨하게 매달린 기다란 줄을 따라 느린 걸음으로 걸어가는 소도 초전리 들판의 한 풍경이다. 혀를 길게 늘여 고개를 꼬며 풀 한 잎 가득 물고 우적우적 씹는 모습이 순하다. 등에 앉은 파리를 쫓느라 꼬리를 치며 힐끔힐끔 뒤를 쳐다보는 눈망울이 선하다. 가끔 나와 눈이라도 마주치면 부끄러운 듯 지그시 내려놓는 눈망울이 순하다. … 일렁이는 초록 물결, 하늘과 땅 사이의 흰 뭉게구름, 산호빛으로 서서히 물들어가는 새털구름, 풀을 뜯으며 느릿느릿 걷는 소의 풍경이 어우러지던, 그 조화로움이 산호처럼 빛나던 유년의 그 들판이 그립다.

― 〈들판〉에서

수필은 일상의 체험을 재구성하여 그 의미와 가치를 발견하는 글쓰기다. 모내기가 끝난 들판은 농촌의 삶에서는 일상이다. 그러나 일상으로 묻혀버릴 모내기가 끝난 후의 풍경을 작가는 맛깔스런 문장으로 그려 의미를 만들어낸다. 그 풍경은 독자에게 생생하게 재연되어 잃어버린 삶의 한 현장을 되살려준다. 묘사라는 예술적 창조과정을 거쳐 새로운 의미로 재생산된 것이다. 작가의 시선을 따라가며 농촌의 이미지를 상상하는 것은 어렵지 않다. 이 풍경을 통해 독자의 가슴에 미적 즐거움이 주는 감동이 전해진다면 이 글은 문학의 역할을 충실히 해주는 것이다. 더하여 "여인들의 구성진 다듬이 가락은 벼들의 성장을 촉진시켰다"는 작가의 사고는 박귀덕의 독특한 개성일 수 있다. 그 개성은 작가의 아버지로부터 시작될 터다. 벼는 농부의 발걸음 소리를 듣고 자란다고 말씀하신 이는 아버지였기 때문이다. 대상을 조화롭게 보고 해석하는 작가의 능력은 아버지의 말씀을 듣고 자라던 유년 시절에 시작된 것일 수 있다. 결국 들일 끝내고 밤이 되면 여인들이 두들기는 다듬이 소리가 벼에게 성장의 에너지가 된다는 발상은 사람과 식물, 자연이 서로 별개가 아닌 공동운명체임을 알고 있는 이의 생각에서 온 것이다.

눈을 감아도 아른거리는 긴 장삼자락, 힘차게 허공에 뿌려졌다가 어느 순간 젖히며, 앞가슴에 다소곳이 얹는 장삼의 춤사위가 눈앞에서 출렁거리며 파도가 되어 넘실거린다. 하늘을 향해 날개를 펼치면 천지를 연결 짓는 보살의 기원하는 몸짓이 되고, 드높게 뿌려진 장삼의 고운 선이 하얀 고깔에서 무희의 겨드랑이를 거쳐 허리선을 타고 다리를 지나 버선코에서 춤사위로 살아난다. 자유롭게 휘둘리는 장삼자락이 바람에 날려갈 듯 가냘픈 여인으로 연상되어 애처롭다. 코발트색 치마 밑으로 보일 듯 말 듯 한 버선코가 하늘을 향해 내딛는 발사위에서 전통예술의 혼으로 살아나 향기를 뿜는다.

- 〈승무〉에서

무희가 승무의 한 동작을 연출하는 장면이 떠오른다. 허공에 뿌려졌다 앞가슴에 이른 장삼자락에서 그는 파도를 연상해내고, 하늘을 향해 날개를 펼쳐 기원의 몸짓으로 천지를 연결 짓는 무희를 통해 자연스레 관객도 무희가 되는 순간이다. 무아지경의 상태에서 하늘과 땅은 수직적 공간에서 수평적 공간으로 열린다. 굳이 이분법적 가름이 필요치 않다. 행위자와 관객, 공간이 모두 하나가 되기 때문이다. 독자 또한 그의 묘사에 이끌려 성(聖)과 속(俗)의 경계를 뛰어넘어 승화된 세계의 자유로움을 체험한다.

승무는 어떤 춤보다도 기교가 빼어난 춤이며, 전통춤의 핵심을 모두 아우른 기교를 함축하고 있다. 민간연향(民間宴享)에서는 감았다 뿌리는 장삼 놀음의 동작을 인간의 자유의지를 승화시켰다고 보고, 스님들이 추는 승무는 법무(法舞)라 하여 구도를 향한 수행의 과정에 속한다. 어느 쪽이든 민속무용의 정수로서 격조 높은 예술형식이다. 박귀덕의 〈승무〉의 묘사 장면을 두고 유인실은 이렇게 평한다. "박귀덕의 「승무」에서 보여주는 숭고함의 경지는 일반적 의미에서의 수필의 주제 의식 구현을 위한 서정성이라기보다는 바로 눈앞에서 펼쳐지는 것처럼 생생하고 감각적인 묘사를 형성함으로써 비허구 산문의 '보여주기'의 또 다른 문학적 성취를 거두고 있다"는 것이다. 《잃어버린 풍경이 말을 건네오다》에서 〈승무〉와 〈교방무〉는 묘사적 수필의 전범을 보여 주는 작품이어서 다시 언급하지 않을 수 없었다.

5. 마무리

《잃어버린 풍경이 말을 건네오다》의 작품 해설을 마무리하며 더 깊이 있게 다뤄보지 못한 몇몇 작품이 있어 아쉬움이 남는다. 차후로 미루기로 한다.

인간은 자신의 기억 안에서 보고 듣고 사물을 해석하는 능력을 발휘한다. 마찬가지로 작품을 대하는 작가의 내면 의식 또한 "어린 날 아버지가 들려주시던 이야기들이 나를 수필로 이끌었는지 모른다"고 밝혔듯이, 유년에 만났던 경험이 그를 키워주고 작품을 쓰게 하는 원동력이 된다. 유년기는 갈등이 심화된 현실에 익숙해진 성인에 비해 원시적인 순수성이 더 남아 있어 그때의 영향력은 한 사람의 일생 전반에 펼쳐지게 된다. 박귀덕의 《잃어버린 풍경이 말을 건네오다》 중에서도 아버지가 등장하는 몇 편의 작품들이 등장하는데, 그 속에서 아버지의 영향을 받은 흔적들이 드러난다. 글쓰기를 하는 어떤 작가도 유년의 기억과 경험에서 멀리 있지 않지만 박귀덕의 글에서 그러한 요소들을 자주 만나게 된다는 것은 그의 수필 세계의 특징이라고 봐도 무방하다. 결국 그것은 글쓰기를 통해 보여주는 작가의 세계라고 할 수 있다. 그는 〈벽수〉나 〈승무〉, 〈들판〉 등을 통해 생생하고 구체적으로 역사를 만나게 하는 힘을 보여주었다. 서두에서, 그리고 신화성을 담지한 작품에서 밝힌 바대로 그의 수필 세계는 삶의 근원을 회복하기 위한 글쓰기였고 그의 삶 또한 그 연장선상에 있다.

박귀덕의 작품세계가 무한한 가능성을 가지고 있다면, 그가 잘 할 수 있는 소재를 활용하여 그만의 개성 있는 작품세계를 펼쳐가는 것이리라 본다. 역사적 소재를 깊이 있게 천착하는 것은 그의 장점이고 그만의 독특한 글쓰기 방식이 될 수 있을 것이다.

시간의 '숨결'을 알다
– 이옥순 《홍차가 우려지는 동안》

1. 작가적 책무에 대하여

　수필적 글쓰기는 촌철살인적인 내용과 흥미로운 방법을 동원할 무엇은 아니라 해도 최소한 그 시대 사람들과 함께 공유할 수 있는 공통분모를 가지고 있어야 성공적인 글이 될 수 있다. 문학은 거대한 철학이나 학문을 직접적으로 요구하는 것은 아니다. 그렇지만 삶에서 건져 올린 작은 편린일망정 그 경험이 독자에게 공감되고, 깊은 공명으로까지 나아가려면 문학적 글쓰기에 대한 성찰이 필요하다. 그렇게 쓰인 글이 인간의 영혼을 울리고 치유로까지 확장되는 것이다. 그저 말하고 싶어서 '나'의 이야기를 들려주는 것은 일상에서 주고받는 수다에 그치지 않는다. 말에서 글로 바뀌는 것뿐이다. 독자는 한 편의 글을 읽고 공명하는 한순간을 얻을 수 있어야 하고, 작가는 그럴 수 있는 작품을 써야 할 책무를 가지고 있다.

이옥순은《홍차가 우려지는 동안》에서 이렇게 말한다 "유쾌한 글을 모아 책을 내려고 했습니다. 분명 그런 시간이 많았던 것 같은데 흔적은 꼭 그렇지 않아 아쉽습니다. 마음먹은 대로 되는 일도 있고 마음먹은 대로 되지 않는 일도 있다는 것을 실감합니다." 세 번째 문장은 그야말로 태양이 지면 어둠이 찾아온다고 말하듯이 자연스러운 이치다. 《홍차가 우려지는 동안》을 보면서 이러한 작가의 인생관을 여러 번 만났다. 삶으로 보면 훌륭할 수 있으나 작가의 생각을 담아 완성해야 하는 글쓰기에서는 바람직하지 않을 수도 있다. 수필은 자기 체험을 고백하는 문학 양식이기 때문에 작가의 성격, 인생관, 인격 등이 작품에 드러난다. 그중에서도 작품의 성패는 말하고자 하는 바를 어떻게 서술하는지 그리고 문학적 형상화를 어떻게 해내는지에 따르기 때문이다.

그의 수필집에서 읽어지는 이옥순은 맑고 청정한 공기를 마시고, 현대의 문명적 이기들이 비교적 적은 곳에서 산다. 그의 삶은 절제되고 깔끔해서 군더더기가 많지 않아 보인다. 서문에서 그가 밝힌 바대로 그런 환경에서 살고 있는 그는 유쾌한 경험도 많았기 때문에 밝고 재치 있는 이야기를 하고 싶었는데 글로 쓰인 것은 다르다는 것이다.

왜일까. 문학은, 특히 수필은 어느 장르의 글보다도 삶과 깊숙이 밀착되어 있다. 인간의 모든 관계가 언어로 이루어지는 한에서 문학 바깥의 삶도 없고, 삶 바깥의 문학도 없으며, 자기 경험이 바탕으로 되어 쓰인 수필은 더더욱 그렇다. 대상을 관조적으로 바라보는 것은 존재의 인식이 훌륭하거나 영혼의 수준이 높아서일 수 있다. 정말 그렇다면 독자 누구에게나 영혼의 울림을 주는 글이 쓰여질 것이다. 그렇지 못하다면 세상을 보는 작가의 관점이 독자와는 별개의 방향에 있다는 뜻일 수 있다. 물론 개성의 차원이 아니라 공감하고 소통하는 차원에서의 문제이다. 어떤 이야기든 기억되게 써야 한다. 독자에게 남지 않고 흘러가 버리는 글은 작가의 카타르시스로 만족하게 된다. 그것은 글을 쓰는 누구에게도 화두다.

그럼에도 작가에게 글쓰기는 자신이 살고 있는 환경에서 가장 바람직한 삶으로 이끄는 역동적인 에너지를 제공한다는 점에서 그 나름의 자기 구원의 역할을 해준다. 자신이 말하고자 하는 바를 글로 쓰는 글쓰기는 작가의 삶에 대한 진실한 반추와 진정성 있는 통찰을 통해 바람직한 인간의 길을 찾아가는 일종의 자기 수행법이 되기 때문이다. 그러므로 수필 쓰기는 자신의 영혼을 돌보는 과정이며 구원의 길목에 이르는 길이기도 하다.

그런 의미에서 이옥순의 《홍차가 우려지는 동안》의 세계는 어떤가. 도시적 삶을 사는 수필가들의 소재가 인간들과의 관계에서 갈등을 겪으며 해결해가는 역동적인 이야기들이 많다면, 이옥순의 작품집에서는 여유롭고 한적한 일상적 이야기가 세세하게 펼쳐진다. 그의 글은 화려하게 치장하지 않는다. 섬세하지만 담백하다. 이옥순의 개성이다. 〈참다운 친구〉, 〈가자미 발라먹는 법〉, 〈산삼〉, 〈

봄 도다리〉, 〈곶감과 풋감〉 등은 일상에서 자주 접하는 음식이 소재가 된다. 그 외에는 가족과의 이야기, 어쩌다 소중한 인연을 만나 그 관계를 이어가는 내용들이다. 그는 많은 인연을 만들지는 않지만 찾아온 인연을 아주 소중하게 대하는 사람이다. 그 마음결이 보드랍게 만져질 것처럼 느껴지기도 한다. 〈그럼에도 불구하고〉는 드라마의 한 장면을 연출하는 각본을 상상하면서 마치 아이처럼 순진한 세계를 펼쳐가기도 한다. 어쩌면 이옥순의 동심 같은 마음 한 부분일 것이다. 공감하는 독자에겐 슬몃 웃음이 나올 장면이다.

2. 시간의 '숨결'을 알다

불가에서는 문제를 가지고 찾아온 손님에게 '차나 한잔하고 가라'는 말을 곧잘 인용한다. 가슴에 서슬 퍼런 분노를 품고 있다 할지라도 차 한 잔 마시며 세상 사는 이야기를 나누다 보면 스스로 마음이 진정되거나, 예기치 않은 말에서 화가 풀려 문제의 본질을 들여다볼 수 있는 여유를 갖게 된다. 열반하신 성철스님은 공부에 대해 한 수 배우겠다고 찾아오는 후학들에게 삼천 배를 하고 오면 만나주겠다고 약속하셨다. 자기 몸을 낮춰 삼천 배를 하는 동안 의문이 생겼던 것을 스스로 풀기도 하고, 풀지 못했다 해도 그 시간 동안 자기 점검이 가능해지기 때문이다. '차 한 잔'이나 '삼천 배'의 시간은 주체적 존재에게 스스로 무엇을 해결할 수 있는 빌미를 제공해 준다. 그 자장을 필자는 시간이 만들어주는 '숨결'이라고 명명한다. 그 숨결은 보이지 않아 없는 것 같으나 강력한 파워를 내장한 지혜의 보고로 작동할 것이다. 이옥순의 〈홍차가 우려지는 동안〉은 어떠한가.

> 전기주전자 속을 들여다보고 물을 받는다. 스위치를 누르자 열선 가열되는 소리가 파도소리처럼 들린다. 뜨거운 물로 차 우릴 주전자를 데운다. 차 통의 뚜껑을 열고 향을 맡는다. 차를 계량하여 담는 동안 조금 전보다 평화로워진다. 찻잎이 떠올라 춤을 출 정도의 높이에서 뜨거운 물을 붓는다. 삼 분짜리 모래시계를 뒤집어 놓는다.
>
> — 〈홍차가 우려지는 동안〉에서

수행자가 아니어도 현대인들은 차를 마시며 피로에 지쳐있는 심신을 여유롭게 한다. 바쁜 와중에 잠시 시간을 내어 차를 마시는 것은 다음 시간을 위해 재충전하는 계기도 되지만, 자신에게 보내는 위로와 격려이기도 하다. 오후 4시에 차를 준비하는 이옥순 또한 하루를 보내며 자신을 위한 시간을 갖기 위해서일 것이다. 그러나 그는 보편적으로 생각하는 차 마시기의 방법을 취하지 않는다. 우선 그가 차를 끓이는 방법이 다소 현대적이긴 하나 물을 받고 그 물에 열을 가하고, 차 우릴 다기를 데우는 과정은 거의 유사하다.

차의 향을 맡고 계량하여 담는 동안 평화로움을 느끼는 것은 여느 차 시간과 다를 바 없다.

"삼 분짜리 모래시계를 뒤집어 놓"은 후부터 그는 독자의 생각을 뒤흔들어 버린다. 일반적으로 차가 우러나는 동안 사람들은 담소를 나누거나 혼자일 때는 상념에 젖어든다. 혹은 무념의 상태에서 차가 우려지는 과정을 보며 생각 많은 자신을 쉰다. 문학작품에 등장하는 차 마시는 시간도 마찬가지다. 그래서 차를 마시는 시간을 구도의 시간이라 하지 않던가. 물속에서 차가 우려지는 동안의 변화에 집중하는 것이 차 마시는 사람의 태도였다. 그 향을 맡고, 그 맛에 집중하다 보면 저절로 자기 정화의 시간으로 들어가게 된다. 그러나 이옥순은 "차가 우려지는 동안 거실을 가로질러 컴퓨터 앞으로" 가서 컴퓨터를 켜고 "포털사이트 하나를 띄워 몇 가지 기사를 훑어본다." 그다음 책상 앞으로 가서 책을 고르거나 시집이나 수필집을 꺼낸다. "저녁에 읽을 책 한 권을 반쯤 빼내어 놓는다." "거실로 나와 돌아서는 순간 마당 끝에서 뭔가가 시선을 당긴다." 기는 듯 나는 아기새의 안녕을 빌고 난 후 "다시 창에 붙은 물체로 눈길이 간다." 상처 입어 힘없는 신종 메뚜기를 책 모서리로 건드려 바닥으로 떨어뜨린 후 숲속으로 던진다.

모래시계가 멈췄다. 꽃무늬 서빙주전자에 티스트레이너를 걸치고 우려진 차를 따른다. 차의 색이 붉으면서 노랗다. 비로소 의

자에 앉아 마른 입속으로 차를 한 모금 넘긴다. 달콤한 차향이 입안에 퍼진다. 시 한 줄 읽는다. 홍차가 우려지는 시간은 아주 짧은 것 같지만 아주 길기도 한다.

- 〈홍차가 우려지는 동안〉에서

이옥순은 '홍차가 우려지는 시간'을 "아주 짧은 것 같지만 아주 길기도 하다"로 방점을 찍는다. 앞에서 언급했듯이, 차를 마시는 시간은 '시간의 숨결'을 생성해내는 무시간성이다. 시간은 인간이 사회적 규약을 지키기 편리한 방식으로 세분하여 정한 기호이다. 그래서 모두가 함께 사용하는 객관적 시간은 똑같이 인식할 수 있으나 주체에 따라 활용되는 주관적 시간은 모두 다르게 감지된다. 그래서 하루가 지났어도 어떤 주체에게는 한 시간의 흐름으로 인식되기도 한다.

차를 마시는 시간은, 차의 향을 음미하며 주체의 내면을 쉬게 하거나 차가 우려지며 변화하는 것을 보며 존재의 변화무쌍함이나 무상함을 느끼게 된다. 그도 아니면 주체마다 다른 방식의 차 마시는 시간을 사유할 것이다. 그러나 이옥순은 홍차가 우려지는 동안 하는 일이 참 많다. 동선으로 치면 몸이 바빴을 것이고, 마음도 수선스럽게 오갔을 것 같다. 그가 유일하게 자신을 가다듬을 수 있는 시간은 "마른 입속으로 차를 한 모금 넘"길 때다. 그리고 또 "시 한 줄 읽는다". 3분의 시간을 아주 알차게 쓴 경우다. 이 수필을 읽는 독자는 어떤 생각을 할까. 바쁜 현대인들에게 어울리는 적절한 차 마시기 방식이라고 할까. 차 마시는 시간을 이옥순의 주관적 시간이라 이해할까.

그가 '차를 마시는 시간'이라는 소재를 선택할 때는 창작 의도와 비유적 관계, 그리고 상징 관계를 고려했을 것이다. 소재의 기본적 이미지는 유사성이나 동일성, 혹은 인접성 등으로 연결될 수 있어야 한다는 점을 고려하면 그가 도출해낸 주제는 전복적인 면에서 성공했다. 그러나 독자가 감동하는 수필의 미적 아름다움은 텍스트의 구조화 과정에서 생성된다. 작가가 독자에게 보여주고 싶은 이야기를 감동적인 문학적 이야기로 바꿔주는 변형과정에서 창조되는 것이다. 그렇다면 그 글의 주제를 어떻게 읽어야 적절할까.

수필은 현실을 바탕으로 이야기되는 것이지만 각박하고 메마른 현실에서는 얻을 수 없는 좀더 안정적이고 평온한 무엇을 추구하는 세계일 수 있다. 생을 관조하는 수필의 세계는 더욱 그러하다. 시간을 경제적으로 쓰는 일, 즉 생존의 문제가 일차적이어서, 활동하는 시간을 의미 있게 잘 쪼개 쓰기도 해야 한다. 하지만 그보다는 영혼을 위로하고 치유하게 하는 정신의 세계를 추구하는 게 문학이지 않겠는가. 차 한 잔 마시는 시간이 정신을 쉬게 하고 찌든 일상에서의 삶을 정화하는 위무의 '숨결'이 되어야 하지 않을까. 차를 마시는 시간은, 종일 동동거리며 살아야 하는 현대인들에게 느긋한 숨 한번 쉴 수 있는 편안한 시간이 되어야 하지 않을까. 어쩌면 이옥순은 자신이 경험하는 주관적 시간을 그대로 이야기하느라 문학이 가야 할 보편적 진실을 잠시 잊고 있었는지도 모른다. 그 잊고 있던 세계를 〈콩나물시루에서 물 떨어지는 소리〉가 대신해준다.

이옥순이 말하는 바대로라면 그가 클래식 음악을 좀 듣게 된 것은 콩나물시루에서 물 떨어지는 소리를 들으며 자란 유년의 기억 덕분이다.

> 그 음악은 3악장으로 연주되었다. 1악장은 짧았고 2악장은 웅장했다. 2악장은 덧붙는 물의 양에 따라 아주 리드미컬한 음악이 되었다. 3악장은 쫄쫄쫄 떨어지다가 결국 똑, 똑, 똑 방울로 떨어지면서 연주가 끝난다. 그 소리에서 많은 영향을 받았다.
> — 〈콩나물시루에서 물 떨어지는 소리〉에서

콩나물시루에 물을 많이 주면 콩나물이 썩어버리고 적게 주면 잔뿌리가 많아진다. 인용한 소리는 그 적절한 "정도를 잘 아는 엄마가 콩나물시루에 물을 줄 때마다 들었던 소리다." 어린 날, 같은 경험을 한 독자는 공감할 것이다. 그리고 이옥순의 '소리'에 대한 독특한 상상력에 만족할 것이다.

학교에서 돌아오면 빈집일 때가 많았다. 빈집에 들어서면 팽팽한 긴장감이 돌고 슬펐다. 그런데 가끔 콩나물시루에서 물 떨어지는 소리가 나고 있을 때가 있었다. 마무리가 되고 있는 3악장이어도 위로가 되었다. 엄마가 밭으로 나간지 얼마 안 되었다는 뜻이기 때문이다. 엄마의 체취를 느끼게 해 주었던 콩나물시루에서 물 떨어지는 소리. 세상의 어떤 음악이 이보다 아름답고 위안을 줄 수 있을까.

- 〈콩나물시루에서 물 떨어지는 소리〉에서

이옥순은 '콩나물시루에서 물 떨어지는 소리'에서 비로소 시간의 숨결을 느낀다. 그 시간은 어머니가 계셨던 흔적이다. 물방울 떨어지는 소리로 어머니의 흔적을 알아채는 아이라니! 유년의 그는 엄마가 없으면 불안해하는 아이이긴 하지만 어머니의 흔적을, 체취를 물 떨어지는 소리로 알아채는 섬세한 감각의 소유자였다. 어머니를 원하는 간절한 마음은 그렇게 마음에 집중하게 되고, 순수한 세계를 지향하게 한다. 서정주 시인의 시에서, 시인은 해질녘 홀로 마루에 앉아 들에 나간 어머니를 기다리며 고독이 무엇인지 알았다고 한다. 그때가 다섯 살이다. 어린 영혼은 대상의 본질을 알아채는 순수한 심혼을 가진 존재이기 때문에 가능한 일이다. 문학에서 이처럼 아름다운 이야기를 접할 때 독자는 감동하고 기꺼이 감정이입을 마다하지 않는다. 이 작품에서 '콩나물시루에서 물 떨어지는 소리' 부분은 이옥순만이 표현할 수 있는 탁월한 장면이라 본다.

3. 이타利他가 자리自利

　근대문학(소설)의 인물들은 생의 좌표가 없다. 서사의 전체적 구조에서 결말은 언제나 신의 세계인 시원으로 귀착되었던 고전적 서사의 회귀적인 패턴이 깨졌기 때문이다. 삶에서도 마찬가지다. 근대적 인간은 자신이 스스로 자기 삶의 좌표를 만들어야 했다. 자기를 둘러싸고 있는 세계와 거리를 두고, 대상으로서의 세계를 인식하고 자기의 삶을 꾸려나가야 한다. 현실 속에서 인간은 삶과 그 운명이라는 것이 자신의 몫이 된다. 이렇게 주체가 자신을 강력하게 인식하면서부터 세계와 타자는 명확히 분리되기 시작하고 상대를 대상화되기 시작했을 것이다. 급기야 인간은 자연까지도 정복해야 할 대상으로 여기게 되었다. 그럼에도 인간은 한시도 대상인 타자를 떠나 혼자 살 수 없는 존재다.

　〈모과 두 개〉에서 이옥순은 지인의 병에 좋다는 민들레를 캐기 위해 "산자락으로 묵정밭으로 연일" 돌아다닌다. 그는 "누군가를 위해 무엇을 할 수 있다는 것이 참으로 감사한 일이"라 생각하기 때문이다. 그뿐 아니라 아픈 지인에게 보낼 약초를 캐면서 자기의 가슴에 따뜻한 무엇이 차오를 만큼 기도를 한다. 인간은 대체로 이기적 존재이며 그런 상태로 살아간다. 그러나 가끔 주체 안에 있는 이타성을 끌어내 타인을 위한 행위를 할 때 예기치 않는 기쁨을 맛보게 된다. 그래서 어떤 사람은 자신보다는 이타적 삶에 더 의미를 두기도 한다. 타인을 위한 일이 자기를 위해 돌아온다는 것을 알기 때문이다. 결국 타자를 향해 마음을 연 사람은 더 크고 넓은 세계를 경험하게 된다. 그러는 사이 김장철이 다가왔고 그는 두 번씩이나 우체국으로 달려가 김치와 모과와 편지를 써서 함께 보낸다. 그리고 말한다.

> 그냥 마음이 그렇다. 누가 바라서도 강요해서도 아니다. 상대에게 얼마나 위로가 되었는지 도움이 되었는지 알 수는 없다. 못생긴 모과가 마음을 따뜻하게 하듯 별것 아닌 것들로 의외의 위로가 될 수도 있다.
> 모과차를 담은 찻잔의 온기가 거칠어진 손을 타고 가슴으로 전해진다. 허전하지 않은 늦가을이다. 타인으로 인해 결국 내가 치유 받는다.
>
> — 〈모과 두 개〉에서

"그냥 마음이 그렇다"는 표현에는 이옥순의 마음이 고스란히 담겨 있다. 더 이상 설명해버리면 소중한 마음이 희석될 만큼 상대를 향한 마음이 어떤지 충분히 전달된다. 그냥 주고 싶어서 주는 행위가 얼마나 아름다운 일인지…. 받은 사람의 마음 또한 어떠할지 알 수 없으나 주는 행위로 인해 그는 자기의 가슴이 따뜻해져 치유 받게 된다. 타자를 향해 보낸 물질과 마음을 통해 더 기껍고 행복한 사람은 그 자신이다. 주체는 초월적 신에게서 문제의 답을 구하지 못하게 되었을 때 스스로 해답을 찾게 된다. 타자를 사랑하고 위해주는 과정에서 인간적 윤리 또한 발생한다. 타자에게 자신의 노동과 마음의 기도를 보낸 주체는 행복으로 그 대가를 보상받는다. 누군가에겐 아무것도 아닌 일이 누군가에겐 다시 살 수 있는 용기를 줄 수 있다는 점에서, 그냥 주고 싶다는 그의 마음은 참으로 숭고하게 느껴진다. 인간의 위로만큼 큰 힘을 가진 게 있을까. 그 순간 인간은 신보다 더 위대할 수 있다.

혼자서는 완성할 수 없었던 고비마다 내가 만났던 조력자에 의해 가장 중요한 부분을 채워왔다. 어떤 조력자를 만나느냐에 따라 삶의 방향이 달라질 수도 있다. 그러고 보면 사람을 비롯한 모든 생명은 자기 자신만으로 완성될 수 없다. 모자람을 다른 존재로부터 채워 받게 되어 있는 것이다. 자작나무 숲길을 걸으며 생각해본다. 나도 어느 때 누군가를 위한 비였는지 햇빛이었는지를.

— 〈생명은〉에서

그는 자연을 통해 우주 만물이 서로 공생관계에 있음을 아는 이다. 비와 햇빛은 나무나 풀에 생기를 주는 조력자이고, 생기로 팽팽해진 숲은 그에게 힘을 주는 조력자다. 인생의 숲에서 조력자를 만난 이야기 몇 개를 모은 것이 〈생명은〉이다. 그는 고비가 있을 때마다 조력자를 만나 문제를 해결하고 다음 단계로의 삶을 이어갈 수 있었다. 청소년 시절엔 선생님의 도움을, 성인이 되어서는 부모님이 조력자였다고 말한다. 이옥순이 그렇듯 사람은 혼자서의 힘으로는 살아갈 수 없다. 인간의 관계는 보이지 않는 촘촘한 그물망으로 얽혀 있고, 그 그물망에서 어느 한 부분만 비워져도 안전한 상태로 존재할 수 없다. 그는 결국 '너'를 위한 '나'의 배려와 보살핌이 자리이타임을 아는 수필가다.

4. 무시간성과 공간, 자기에로의 회귀

이옥순이 온전하게 자기를 집중하는 시간은 '바느질하는 시간'이다. 바느질은 웬만하면 "눈 감고도 할 법도" 하다고 스스로 말할 만큼 오래되었다. "열 살쯤 처음 반짇고리를 뒤져 오자미를 만들었다". "중학생이 되어 하복 블라우스를 입을 무렵"에 도안도 없고 견본도 없이 "한두 번 보았던 기억을 되살려 가위질을 해나갔다". 어머니의 천 보자기를 풀어 야무지게 시도하였으나 눈짐작만으로는 브래지어를 완성하기 쉽지 않았다. 무엇보다 양쪽의 균형을 맞춰야 하는 일은 어린 소녀의 치기도 별무소용이었다. 그러나 그는 기필코 완성하여 자신이 만든 속옷을 입는 자기만족을 누릴 수 있었다. 바느질에 자신감이 생긴 계기였다.

바느질은 생명을 불어넣는 일이다. 헝겊에 불과했던 무명천이 방석이 되고 냅킨이 되고 식탁보가 된다. 큰 것과 작은 것, 고운 색과 미운 색을 이어 아름다운 보자기를 만든다. 이것과 저것을 꿰매어 일상을 축제로 만드는 것과 같다.

– 〈바느질하는 이유〉에서

예술 행위처럼, 거창한 무엇이 아니어도, 대상과 대상을 연결해 새로운 대상을 탄생시키는 일은 분명 창조행위다. 바느질 과정을 거치지 않았을 때는 소용없던 무명천이 그의 손길을 거친 후에는 단일한 이름을 부여받는 소용 있는 물건이 된다. 대상은 주체를 만나 그 이름을 명명 받았을 때 가치와 의미가 생성된다. 아무리 훌륭한 보물도 그것을 사용할 사람에게 발견되지 않아 묻혀있다면 소용없는 것처럼. 그는 "이것"과 "저것"을 꿰매어 생기 없던 일상에 활력을 넣어 "축제"로 이끄는 재능을 가지고 있다. 그만하면 그가 바느질하는 이유는 충분하다.

가장 작은 도구로 가장 좁은 공간에서 무아의 경지에 이를 수 있는 바느질. 그래서 오늘도 바늘을 잡는다. 길 위에서 허전할 때 재봉틀을 차린다. 일상을 쉬고 싶을 때 바느질거리를 찾는다. 바늘을 잡으면 복작대는 일상이 긍정의 시간으로 바뀐다. 바느질을 하다 보면 어디론가 확실하게 옮겨져 있다. 자기 정화에 이르는 빠른 길, 그게 바느질이다.

— 〈바느질 하는 이유〉에서

이옥순은 〈홍차가 우려지는 동안〉에서 보여주지 못했던 자기 정화의 내면적 모습을 바느질 하는 시간에서 언급한다. 그는 "길 위에서 허전할 때 재봉틀을 차"려 허전한 마음을 채운다. 지친 자신을 쉬며 위로하고 싶을 때도 "바느질거리를 찾는다" 그에게는 "바늘을 잡으면 복작대는 일상이 긍정의 시간으로 바꿔"는 것이다. 바느질에 몰두하다 보면 복잡하게 얽힌 생각은 물론 사건도 긍정적으로 풀 수 있는 여유를 갖게 된다. 마음이 이완되었을 때 작은 지혜가 떠오르듯이. 그뿐만 아니라 "바느질을 하다보면 어디론가 확실하게 옮겨져 있다." 그것은 주체가 대상에 몰입되어 자기를 잊고 있는 상태다. 흔히 말하는 몰아지경 상태. 인간이 시간과 공간을 의식하지 못할 만큼 대상에 집중할 때 벌어지는 일이다. 그때 일상의 복잡한 갈등들로 엉클어진 자아는 쉼의 상태에 들어가게 된다. 즉 자기 정화의 시간이다. 이옥순은 바느질을 통해 자신을 정화하고 일상을 긍정적으로 살 수 있는 에너지를 만들어낸다. 그는 왜 좁은 공간에서 마음이 가벼워질까.

누구나 고향을 품고 산다. 실재하는 고향일 수도 있고 마음에만 있는 고향일 수도 있다. 언젠가는 돌아가기를 갈구하는 그곳,

> 고향은 어쩌면 우리가 온 엄마의 자궁속인지도 모른다. 생명 있
> 는 모든 것들은 회귀 본능을 가지고 있다.
> ―〈발자국 속의 별〉에서

인간에게 가장 너른 공간이면서 가장 좁은 공간이 어머니의 자궁이다. 그 고향은 누구에게나 다 있다. 또한 자궁으로 상징되는 고향뿐만 아니라 실재하는 물리적 공간의 고향도 있다. 어머니가 있던 고향일 경우가 많다. 어쨌건 어머니로 연결되는 고향은 근원적 세계로의 회귀를 꿈꾸는 신화적 공간이다. 한 인간의 존재의 집인 자궁은 물리적 공간이면서 신화적 공간이기도 하기 때문이다.

모태에서 태어난 인간은 요나 콤플렉스를 가지고 있다. 프랑스의 철학자 가스통 바슐라르는 '요나콤플렉스는 모성 속에서의 죽음과 재탄생을 거쳐 완성된다'고 말한다(《공간의 시》). 그것은 인간이 어머니 태반 속에 있을 때 무의식 속에 형성된 이미지로서, 인간이 어떤 공간에 감싸이듯이 들어 있을 때 안온함과 평화로움을 느낀다는 것이다. 이옥순 또한 "좁은 공간에서 마음이 가"볍고, "좁은 공간에서 무아의 경지에 이를 수 있"다고 말한다. 그의 아이들 또한 "자랄 때 식탁 밑이나 커튼 뒤, 베란다 같은 좁은 곳에서 놀기를 좋아했다" 그들이 의식하진 않으나 저 행위들은 무의식적이며, 신화성을 담보하고 있다. 그들은 어머니의 자궁에서 태어나 다 자란 후 재탄생의 의미인 "창공으로 날아간 박새처럼 어딘가를 열심히 날고 있다". 그

러나 그들도 먼 훗날, 이옥순이 나이가 들어 "좁은 공간"으로 돌아온 것처럼 "어릴 때 놀던 그런 공간을 찾아 나설 것이다".

요나 콤플렉스에서 보여주는 물고기 뱃속의 어둠은 고독을 의미하기도 하지만 고독을 감싸주는 어머니의 모태와도 같은 곳이다. 인간이 모태로의 회귀를 꿈꾸는 것은 그곳에 영원히 머무르기 위함이 아니라 어둠 속의 고독을 견디고 곧 다가올 눈부신 아침을 예비하기 위한 것이다. 요나 콤플렉스에서 중요한 것은 재탄생의 순간이다. 물고기 뱃속에 삼켜진 요나의 상태는 "애벌레와 나비의 중간 존재"인 "번데기"와 같다. 번데기 안에 "갇힌 존재, 보호된 존재, 숨겨진 존재"는 곧 나비가 되어 날아오를 것이다. 그 비상飛翔에는 삶과 죽음이 공존한다.

이옥순에게 좁은 공간, 작은 공간은 "우리를 안으로 들게 하는 힘을 가졌다. 안으로 들면 이야기가 깊어진다. 이야기가 깊어지면 삶의 어려움을 나눌 수 있다 … 작은 창으로 얼마든지 넓은 세상을 바라볼 수 있다. 우리를 행복에 닿게 하는 것들은 작고 적은 것들이라는 것을 흙방에서 깨닫"게 해준다. 신의 명령에 불복하고 달아났다가 물고기 뱃속에서 사흘 밤낮을 견딘 후 신에게 돌아온 구약성서의 요나 이야기는 다양한 상상력의 원천이 되어왔다. 바슐라르는 고래의 뱃속에 있는 요나의 이미지를 두고 "이야기하기를 좋아하는 이미지"이자 "이야기를 자동 생산하는 이미지"라고 했다. 이옥순이 요나 이미지를 닮은 작은 흙방에서 이야기를 통해 세상과 소통하는 것은 그만의 공간 선택법이다. 그는 자신도 모르게 그의 내면에 있는 신화성을 작품에 투사하게 될 것이다. 신화적 소재의 문학은 인간을 좀더 가치 있는 세계로 나아가도록 하는 이정표가 되어준다. 그 안에는 인류가 지향하는 생생한 삶이 무엇인지 밝혀줄 원동력이 들어 있기 때문이다. 인간이 잊고 살아온 우리의 오래된 모습을 그 안에서 볼 수 있다는 것은 내일을 어떻게 맞아야 할지를 알게 해준다. 이옥순이라는 작가만이 표현하고 보여줄 수 있는 값진 소재라고 본다.

5. 맺는말

현대인의 욕망과 충족의 문제를 다룬 〈인도의 꼬마〉에서 이옥순은 풍요에 대해 "부족함의 부재"라고 말한다. 욕망과 충족의 문제를 들여다보는 그의 태도는 여전히 자기 관조적이다. 아이는 원하는 게 적어서 만족하고, 자신은 바라는 게 많아 불만이라고 둘 사이를 대조시키다 결국엔 나누는 게 풍요로운 방법이라는 결말로 귀결된다. 〈그 약간의 탐욕〉은 결코 탐욕이 아니다. 그는 가족과 함께 여행 중 빈(wien)의 면세점에 들렀다가 돌 압력솥을 사게 된다. 그 무게가 얼마나 될지 상상이 갈 일이다. 그것을 끌고 다니는 동안 힘이 들어 갈등이 생겼다. 심지어는 버릴까 망설이기까지 했으니 여행길이 얼마나 고역이었겠는가. 비우고 채우기를 반복하는 일상에서 심리적 전환을 위해 떠난 길이 "그 약간의 탐욕으로" 일상에서 보다 더한 고통을 겪게 했다. 지금도 잘 사용하지 않는 그 솥으로 하여 그는 언제나 작은 욕심으로 가장 "좋아야 할 시점을 망쳐버"린다고 술회한다. 그 아쉬움을 더 밀고 나아가 재치 있는 생각 하나를 툭 던졌다면 금상첨화겠다. 문학은 종종 경험을 통해 삶의 지혜를 구하는 방식을 제시할 수도 있기 때문이다.

몇 개의 모티프를 통하여 이옥순의 수필 세계를 살펴보았다. 수필문학이 진정한 자아의 모습을 그려낼 수 있는 글쓰기 양식이라면, 독자는 이옥순의 삶을, 생각을 성글게나마 기웃거려 본 셈이다. 그는 서문에서 "꽃을 가꿀 때는 부담이 없"고, "한 송이가 피어도 고맙고 행복"하며, "바느질도 마음대로 편"하게 해서 "이음자국이 삐뚤삐뚤한 가방도 그냥 들고 다니고, 크게 만들어 풍성한 옷도 즐겨 입고 다"닌다고 고백한다. 그러나 글만은 생각한 대로 써지지 않을뿐더러 큰 옷처럼 편하게 내놓을 수 없었다고 한다. 솔직한 고백이다.

이옥순은 출근 버스를 잡기 위해 뛰며 살아야 하는 도회적 삶보다는 한결 여유로운 환경에서 사는 것 같고, 그렇다면 그의 일상은 비교적 평온할 것이다. 그런 그가 쓴, 풀꽃처럼 여린 눈으로 아침 이슬을 바라보는 서정의 글도 그대로의 의미가 있다. 그러나 대부분의 독자는 달달한 인생사보다는 자신의 일상만큼이나 치열한 삶의 이야기를 통해 카타르시스를 느끼고 인식의 폭을 확장하고자 한다. 그런 글은 대상에 대한 깊은 통찰과 인간의 심층 의식을 들여다볼 수 있을 때 가능하다.

  인간은 본래 순수한 존재였다. 그러나 역사를 되풀이하면서 존재는 자신을 보호하기 위해 착하고 선하게만 살 수 없었다. 글쓰기 방식도 그렇게 몸바꿈 했을 터다. 작가마다 쓰는 스타일이 다르다. 이옥순이 잘 활용하는 관조의 세계를 확장해가는 것도 좋으나 그 바탕에 세계를 깊고 넓게 포착하는 철학적 사유를 가미한다면 그의 글은 한껏 비상할 것이다.

제3부

《밤달애》의 가족 서사, 그리고 형식 미학
— 최미아 《밤달애》

어느 수필가의 인생 고백서
— 신노우 《살며 생각하며》

생은 '무단히'와 '부단히' 사이에 놓인다
— 안경덕 《달도 밝다 보름달이거든》

인간적인 너무나 인간적인
— 박숙자 《지느러미의 여유》

시간의 퇴적층을 마주하고
— 지홍석 《도자벽화》

《밤달애》의 가족 서사, 그리고 형식 미학
– 최미아 《밤달애》

1. '밤달애'의 삶과 죽음의 윤리

조르쥬 바타유(G.Bataille)식으로 말하면 인류문명의 최대 금기는 죽음과 성sex이다. 이때의 성은 당연히 번식과 무관한 에로티시즘을 일컫는다. 두 개의 금기는 인간과 동물을 구별하는 유일한 지표로 문명의 기원으로 삼을 수 있다. 이 양자의 속성은 에너지의 비노동적 사용, 즉 생산과 무관한 '소모'라는 공통지점을 내포한다. '소모'가 금기의 이유가 되는 것은 생산하지 않는 것은 악이고 뻔뻔함이어서 수치의 대상이 된다는 생산중심 사회의 이데올로기 때문이다. 그중 죽음은 노동이나 생산이 불가능한, 오히려 소멸의 과정을 관장하는 의례이면서 인간만의 습속으로 남았다. 수많은 시간이 지난 오늘날, 죽은 자들은 견고한 근대 시스템으로 인해 병원으로 장례식장으로 공동묘지로 추방당한다. 그리고 그곳에서 죽은 자는 충분한 애도도 받지 못하고 떠나야 하고, 가족들은 생전의 부모나 사랑하던 가족을 애도할 틈도 없이 시침 뗀 모습으로 일상을 맞는다.

최미아의 《밤달애》를 통해 가장 인상 깊었던 것은 그가 살았던 섬에서의 장례문화인 '밤달애'의 이야기였다. "어릴 때 동네 초상이 나면 어머니는 팥죽을 끓였다. 목이 메어 밥이 넘어가지 않은 상주들을 위해 죽 부조를 한 것이다. 밤이 되면 초상집 마당에서 북치고 장구치고 한바탕 신명 나는 놀이판이 벌어졌다. '밤달애'였다. 밤달애는 밤夜과 '달래다'의 고어인 '달애'의 복합어였다. 슬픔에 잠겨 있는 상주들을 달래준다는 의미로 신안 섬 지방 상가에서 밤세워 노는 축제식 장례문화다. 밤달애는 이렇게 오래전부터 내 가슴 속에 들어와 있었다"(〈머리말〉에서). 사람은 누구나 태어나고 자란 환경의 영향을 받는 존재라면, 최미아의 생을 견인해가는 정신적 모태 중의 하나는 '밤달애'라 해도 좋겠다. 초상난 집에 조의를 표하고 슬픔에 잠겼을 가족들을 배려하는 팥죽 끓이기는 사족을 거부하는 아름다운 부조로 여겨진다. 초상집에서 벌어지는 신명 나는 놀이 또한 죽음을 영원한 소멸로 보지 않고, 다른 세계로의 회귀라 보는 문화에서 나온 낙천성 때문일 것이다.

작품 〈월남쌈〉과 〈밤달애〉에는 작가가 가지고 있는 '밤달애'의 정신이 그대로 전해진다. 〈월남쌈〉의 화자에게는 그 이름이 생소했던 것으로 보아 베트남 음식이 한국에 들어오기 시작했을 때의 경험인 모양이다. 시댁 형님이 월남쌈을 해주겠다고 주말에 초대했으나 갑자기 시아버지가 위독하다는 연락을 받았다. 그날 가족들은 마지막 인사라도 하듯 한 사람 한 사람 숙연한 모습으로 환자를 만나고, 거취에 대해 의논이 끝나자 배고픔을 채우기 위해 분주해졌다.

야채들은 마당 수돗가에서 씻어오고 고기와 해물은 부엌에서 손질했다. 덩덩하니 굿이라고 모두가 얼싸절싸했다. 씻은 야채들은 가지런히 채 썰었다. 달걀은 황백지단을 부쳤다. 새우는 뜨거운 물에 데쳐내고, 고기는 양념하여 볶았다. 형님은 간장과 겨자로 소스를 만들었다. 냄새가 진동하고 도마 소리는 요란하게 울려 퍼졌다. 화려한 꽃그림이 그려진 쟁반만한 접시에 갖가지 야채와 고기, 해물들이 다붓다붓 담겨졌다. (…) 담백하니 맛있다고, 야채를 많이 먹을 수 있어서 좋다고들 했다. 아침 한 끼 부실하게 먹은 배들이 중해서 방에서 숨을 몰아쉬고 계시는 아버님을 잊고 아귀아귀 먹어댔다. 아니다. 간간이 양념처럼 아버님의 장지문제와 장례절차 이야기도 나왔으니 아버님을 잊은 것이 아니라 잠시 잊은 척 했을 뿐이다. 다음날, 아버님은 돌아가셨다.

― 〈월남쌈〉에서

죽음을 앞에 둔 시아버지를 두고 가족들은 음식을 만들고 차례차례 만찬을 즐긴다. 그 장면 묘사를 보면 슬픔이라기보다는 잔칫

집의 풍경이다. 얼핏 보면 죽음의 세계는 삶과 관계없는 단절된 세계처럼 보이지만, 그들은 삶 속에 죽음이 있고 죽음 속에 삶이 있음을 안다는 듯 초연해 보인다. 가족들은 아귀처럼 먹어대면서도 장례 절차와 장지 문제를 간간이 의논하기 때문이다. 겉으로는 먹고 떠들지만 내심 죽음의 길목에 서 있는 아버지를 생각하며, 편안히 보내 드릴 준비를 하고 있었다.

엄마는 우리들의 계획과는 상관없이 이제 알 것 다 알았으니 걱정 없다는 듯 하루하루 차도 없이 누워계셨다. 넓어진 병실에서 엄마에게는 주사기로 알량한 식사를 넣어드리면서 우리들은 호박죽도 쑤어오고, 피자도 시키고, 팥칼국수도 사와서 날마다 먹자판을 벌였다. 이렇게 재미있게 우리들이 놀고 있는데 엄마가 더 살고 싶으시지 아버지 곁으로 가고 싶겠냐고 했다. 또 어렸을 적 이후로 형제들이 이렇게 함께 지내보기는 처음이고 엄마 덕분에 끈끈한 우애를 다지고 있다고도 했다. 누워계신 분들은 주변이 조용한 것보다 가족들의 즐거운 소리가 들려야 더 안도감이 든다는 간호사의 말도 한몫 거들어 우리는 미리 밤달애를 하고 있었다.

― 〈밤달애〉에서

작가의 어머니는 고관절 수술을 한 후 기력이 쇠해지더니 50일간

병원에 계시다 돌아가셨다. 인용 부분은 간병하기 위해 모여든 형제들과 우애를 다지며 유쾌하게 지내는 장면이다. 태어난 자가 언젠가 죽음으로 돌아가야 하는 것은 슬프지만 당연한 이치다. 자식들이 할 수 있는 만큼 죽음을 준비하고 애도하는 것 또한 삶과 죽음의 경계에 있는 이들의 최소한의 예의일 것이다. 형제들은 어머니의 호전 상태를 기다리면서 웃고 떠들며 그 시간을 견딜 수 있었다. 죽음을 조절하는 힘은 누구에게도 없으니, 산 자와 죽어가는 자는 각기 다른 방식으로 애도하고 있을 뿐이다.

그럼에도 어머니가 돌아가신 후 작가는 "지금 생각하니까 엄마는 마지막 길을 힘겹게 넘고 계셨는데 우리는 잠 설쳤다고 찜질방 가서 쉬기도 하고, 뒷산으로 산책을 갔다 오기도 하고, 자기 볼일을 보러 다니기도 하면서, 그따위 불경한 말들을 하고 있었"다고 술회한다. 자식으로서의 회한이었을 테다. 그러나 삶은 기뻐해야 하고 죽음은 슬픔뿐이라는, 죽음에 대해 극단적인 경계를 취하지 않았던 '밤달애'의 문화를 되돌아보면 작가의 흔연한 태도는 그에게 익숙한 습성으로 보인다. 작가는 이미 어머니와 함께 병실에 있으면서 어머니에 대한 그리움과 쌓아둔 이야기를 하며 애도의 과정을 거치고 있었던 셈이다.

작가는 어머니 돌아가신 지 50일 만에 묘소에서 형제들을 만난다. 절을 하고 일어서는 올케들 목에는 빛나는 목걸이가 걸려 있다. 둘째 올케가 어머니 장례 치르면서 고생한 동서들에게 목걸이를 선물한 것이다. 그것은 어머니와 함께 한 모든 시간에 대한 답례였을 테니 선물을 준비해 나눈 둘째 동서의 마음 씀이 아름답다. 돌아가신 어머니를 기리고, 수고한 이들과 나누는 모습은 죽은 어머니를 평안하게 보내면서 산 사람들에게도 아쉬움 없이 풀어주는 '밤달애'의 정신으로 읽혔다.

남다른 문화 속에서 유년을 보낸 작가와 인물들이 죽음을 대하는 태도가 보편적 모습과는 다르게 느껴진다. 그것은 산 자들의 기억에서 죽음을 억압하는 요인으로 삼지 않아 이 작품은 윤리적 측면에서도 의의가 있다. 그것을 그려내는 작가의 생각과 문체 또한 명쾌하다. 죽음을 대하는 태도는 지방마다 조금씩 다른 전통을 가지고 있지만, '밤달애'를 통해 볼 수 있는 죽음에 대한 인식은 낯설면서도 흡인력을 가지고 있다. 인류 최대 금기로 추방당하던 죽음이 '밤달애'를 통해 잠시나마 산 자와 자연스럽게 교감하는 방식으로 돌아온 것이다.

2. 가족 서사, 개인의 시작이며 완성

우리가 말하는 가족은 척박한 현실 속에서 투쟁하듯 하루를 보내고 쉴 곳을 찾아 돌아가는 평안한 안식처다. 그런 의미에서 가족은 존재자들을 존재하게 하는 그 무엇이라는 점에서 존재 진리라고도 할 만하며, 가족이라는 존재 진리에 근거를 갖지 않는 존재자들은 상상할 수 없다. 이러한 범주화를 통해 인간이 인간이기 위해서는 가족적이어야 한다는 말은 타당하다. 또한 가족은 인간의 상상력의 범주 안에서, 또는 인간의 역사적 산물 가운데 가장 오래된 것(기원)이자 가장 최후의 것이기도 하다. 따라서 무시간적인 완전성과 불변성을 지니는 가치로 볼 수 있다.

흔히 우리는 세상이 어떻게 변해도 가족만은 따뜻하고 화목하길 기원하는 '신성불가침'의 영역으로 보존하고자 한다. 가족은 혈연의 끈끈한 정에 의해 가치를 지니고 삭막한 세상으로부터의 안식처 역할을 수행하는 곳이기 때문이다. 그래서 가족적이라는 말속에는 따뜻함, 화목함, 우애, 포근함, 위안 등의 감정이 녹아 있다. 어떤 일이 있어도 가족만은 지켜서 그 존재를 지속시켜나가야 한다고 생각한다. 그럴 때 가족은 최후의 보루가 된다.

최미아의 수필집 《밤달애》에서 무게감 있게 다뤄지는 소재가 '가족' 이야기다. 작품 〈뺄떡기 춤〉에서 엄마는 마흔 둘에 막내를 낳아 "막둥이 시집이나 보내고 죽어야 할 텐디"로 늘 딸 걱정을 하셨으나 그 딸이 결혼해서 둘째 아들을 낳은 후 구순이 넘도록 사시는 과정이 그려진다. 가족을 생각하는 어머니와 자식들의 화목한 이야기가 흐뭇하게 전개된다. 〈당신의 나무〉는 어머니에게 최고의 버팀목이었던 큰오빠가 먼저 죽자 그 사실을 숨기고 살았던 가족들의 아픔과 조바심이 담겨 있다. 죽음을 쿨하게 대했던 '밤달애'에 비해 산 사람인 어머니에 대한 배려와 윤리는 매우 섬세하다. 그것은 가슴에 묻는다는 자식의 죽음이었기 때문이다. 〈지금이라면〉에서 작가는 아버지 살아계실 때 잘해드리지 못한 아쉬움과 그리움이 회한으로 남아 있음을 통해 유추해 볼 수 있다.

> 도시로 나와 고등학교를 다닐 때다. 토요일마다 수업이 끝나면 배를 타고 집으로 갔다. 아버지는 선창가에서 기다리고 있다 배가 보이면 집으로 들어가 먹을 것을 준비하셨다. 석유곤로에다가 물을 끓여 라면이나 국수를 삶아주기도 하고, 여름에는 텃밭에서 따온 토마토를 설탕에 재어주기도 하셨다. 일요일 오후 다시 도시로 나올 때는 집에서 아버지께 분명히 인사를 드렸는데 배 위에서 보면 허허바다에 서 있는 듯 선창가에 홀로 나와 계셨다.
> 아버지 뵈러 오라고 할 때 왜 가지 않았을까. 아이들이 어려서? 멀어서? 이유를 대보려 해도 스스로 용서할 수가 없었다. 아버지가 세상을 떠나고 계시는데도 모르고 있었다는 생각이 줄곧 가슴을 쳤다.
> 　　　　　　　　　　　　　　　　　　－ 〈지금이라면〉에서

어느 자식이 부모의 마음을 다 알고 있을까. "지금이라면 한달음에 달려갔을 텐데"처럼 작가 또한 부모 되어 같은 경험을 해보고 난 뒤에야 부모의 마음을 알게 된다. 그것은 가장 단순한 이치이면서도 인류의 반복된 패턴이기도 하다. 부모 자식이라고 해도 상처

를 공유하고 신뢰를 쌓아가는 과정을 지나야만 비로소 가족임을 깨닫게 된다. 가족과 함께 껴안고 부대낀 시간과 공간이 없는 사람은 그만큼 외로운 존재다. 그래서 '가족'은 개인의 시작이자 완성의 자리에 있으며, 태어나는 순간 존재하는 숙명으로서 평생 안고 가야 할 사랑과 투쟁의 장이 되는지도 모른다. 가족 안에서 모든 것의 근원이 시작되기 때문이다.

〈우리들의 꽃밭〉에서 작가의 고향은, 섬을 잇는 다리가 놓이면서 친정과의 모든 기억이 담긴 탯자리를 떠나야 하는 장소로 등장한다. 부모님이 돌아가시자 형제들은 각자 떠나고 그 빈 집은 헐렸다. 어머니를 모시고 있던 오빠가 집을 팔았지만 아무도 그를 탓할 수 없었다. "집 앞에만 나가면 바닷물이 넘실거리는" 고향 집은 이제 작가의 기억 속에서나 존재하게 된다. 함께 한 시간이 있어야 혈연도 점액질의 끈끈한 유대감을 보장받는다면, 최미아가 누렸던 부모님의 사랑과 형제들과의 우애는 이제 과거 속으로 묻히게 된다. 그렇다면 작가의 가족 서사는 친정의 이야기에서 자신의 가정으로 옮겨 양상이 달라질 것이다. 그래서 부모가 떠난 대신 그는 자신이 부모가 되어 가족을 꾸려가는 이야기들로 옮겨진다. 이를테면 〈설마 당신도〉나 〈무승이 아들〉처럼 부부와 자식 이야기로 변화되어 가는 것이다.

최미아의 가족 서사가 의미 있는 것은, 대가족 형태가 사라진 지금, 우리에게 그 향수를 누리게 해주고, 그러한 삶이 얼마나 건강하고 아름답고 생동감 넘치는 가족을 형성하게 하는가를 보여주고 있기 때문이다. 그러나 이제 시대가 변화한 만큼 가족을 바라보는 작가의 시선도 달라질 것이다. 가족은 다양한 사회의 모순과 이데올로기에 온통 맞닿아 있다는 것을 염두에 둔다면, 풍부한 경험에 힘입어 작품의 진폭을 키울 수 있는 계기가 되리라 여긴다.

3. 형식 바꾸기와 작가 정신

《밤달애》에서 최미아가 작가적 개성을 가장 잘 드러낸 부분은, 그의 실험정신이 스며있는 몇 개의 작품들을 통해서였다. 문학에서의 실험은 무엇인가 새롭게 하기 위한 시도일 터이며, 그것은 낯설게 하기다. '낯설게 하기' 기법은 형식의 본질을 절대화하는 형식주의에서 출발한다. 그 후 문학에서 언어의 사용방식은 물론 기법과 장치, 구조 등에서도 나타나 텍스트의 창조에 활용된 일체의 창작 방법을 총칭하게 되었다. 반복되는 일상생활에서 습관으로 길들여지는 인간은 감각조차 낡아가게 되어 사물을 제대로 알아보지 못하며 그 맥락도 제대로 파악 하지 못하게 된다. 따라서 무엇인가에 자동적으로 반응하고 익숙한 것을 말하게 되는 것은 문학의 창의성을 상실하게 한다. 문학이란 자동적이고도 관습화된 감각이나 인지 방식을 교란하면서, 전혀 새롭게 감지되는 사물에 대한 이채로운 감각을 제공할 때 그 의미를 갖기 때문이다.

〈수주아내의 항변〉, 〈자음 여행〉, 〈제목들의 향연〉 등은 수필에서 형식적 틀을 바꿔본 작품들이며, 〈가깝고 아름다운 동네〉, 〈내 안에 있는 그대〉, 〈시간을 팝니다〉 등은 내용을 풀어내는데 그 방법을 달리해본 작품이다. 물론 기존에도 실험적 수필들은 꾸준히 존재해 왔지만 기존의 틀을 벗어나 다르게 표현하는 실험정신은 작가의 글쓰기에 대한 지평을 새롭게 변화시켜간다는 의미에서 중요하다. 작가와 독자는 작품이라는 매개체를 통해서 만나는데, 이때 독자는 작품의 내용에서 지적 호기심을 채우거나 감동을 얻으며, 익숙한 형식을 벗어나 새로운 방식의 글을 만날 때 매료된다.

〈수주아내의 항변〉은 수주의 아내 양창희의 입을 빌어 그의 인간적 면모를 발설하는 내용이다. 질펀한 입담은 해학과 풍자가 깃든 판소리 한마당 같은 느낌을 주며, 독자에 따라 호기심과 카타르시스까지 경험하게 한다. 그러나 죽은 변영로의 아내를 끌어온 당위성이 미약하다. 남편의 삶을 폭로하며 자신의 한풀이를 하는 것, 또는 남편을 기리는 부천시민에게 고맙다는 이야기만으로는 충분치 않다. 변영로의 시와 인간 정신으로 그를 기억하는 후대인들에게 그의 이면을 통해 전하는 메시지가 있어야 하고, 최소한 수주아내와 작가와의 연결 작용을 통해 알레고리화 된 것이 있다면 이 작품은 낯설게 하기의 형식미와 함께 내용의 완성도가 훨씬 높아질 것이다.

마찬가지로 〈가깝고 아름다운 동네〉는 소설 《원미동 사람들》의

무대인 부천시 원미구 원미동 23통이라는 장소를 직접 찾아가 현실과 소설적 공간을 작가가 비교해가며 쓴 글이다. 글감의 범주를 넓히기 위해 시선을 다양하게 두고 있어 매우 환영할 만하다. 그러나 원미동은 삶의 현장이라는 점에서 살아있는 공간이기 때문에 문학적 공간과 삶의 공간의 접점을 좀더 명확하게 보여주었다면 좋았을 것이다. 소설적 공간과 수필 공간은 엄연한 차이점을 갖는데, 각각의 장르가 갖는 형식의 힘을 고려하지 못하고 이를 단순하게 연결한 것은 아쉬움으로 남는다. 새로운 텍스트를 형성할 만큼 좋은 소제로 보였기 때문에 얹는 말들이다.

〈제목들의 향연〉은 수필가 최미아의 모습을 연상시킨다. 수필은 소설가 박완서의 소설 제목 30여 개를 연결하여 한 편의 글을 완성한 것인데 발상의 기발함과 실제 이어가는 사건 서사의 흐름이 잘 어우러진다. 〈수필, 불러들이다〉와 함께 작가의 문학에 대한 열정과 자긍심이 돋보인다. 그는 남편에게 물황태수라는 말을 듣곤 하는데 그날따라 '꽃잎 속의 가시'처럼 가슴속에 박혀 문제가 되었던 청소기 부품을 사러 나서면서 글은 시작된다.

욕망의 응달 때문에 휘청거리는 오후를 달래고 있는지, 길고 재미없는 영화가 끝나갈 때처럼 지루한 표정들로 담배연기를 후후 날리고 있었다. 공항에서 만난 사람들처럼 서로에게 아무도 관심을 보이지 않았다. 놀라 바라보는 내게 지금이 어느 시대인데 그대 아직도 꿈꾸고 있는가 묻는 듯 하였다. 참을 수 없는 비밀을 간직한 듯 눈치 보면서 담배를 피우던 때는 지났나 보다. 부끄러움을 가르칩니다, 이런 교양강좌는 어디 없나 부질없는 생각이 들었다.

위의 인용문에서도 7개 정도의 소설 제목이 등장하여 작품을 끌어가는 동력이 되는데, 글 전체의 맥락을 생동감 있는 언어들로 채워준다. 제목들의 향연처럼 작가는 서비스센터를 찾아가는 길에 여기저기를 기웃거리며 온갖 풍경들을 만난다. 그러나 작가는 청소기 부품을 끝내 구하지 못하고 돌아오는 길에 여유를 부려 서점에 들어간다. 서점은 그에게 "초대받은 공간처럼 대범한 밥상을 차릴 수 있는 만만한 곳"이어서 모든 것이 다 수용되는 물황태수의 공간이다. 그래서 읽고 또 읽으면 "저문날의 삽화나 조그만 체험기라도 한 편 근사하게 써지지 않을까 싶"은 곳이다. "이런 내가 어찌 청소기 따위를 생각할 수 있으랴."라는 일갈은, 아내를 물황태수로 여기고 일상적 일에 게으르다고 얕보는 남편에 대한 통쾌한 한 수를 날리는 것이며, 작가 자신에게 보내는 위로이기도 하다. 〈저문날의 삽화〉나 〈조그만 체험기〉 또한 잘 알려진 박완서의 소설이니 그만한 야망을 드러내는 작가의 문학적 열정이 충분히 가늠된다.

낯설게 하기는 무엇을 말하느냐보다는 어떻게 말하느냐의 문제다. 글은 같은 내용이라도 말하는 형식에 따라 다르기 때문에 그

형식에 맞는 내용을 잘 구성할 수 있다면 좋은 글이 될 것이다. 낯설게 말함으로써 일상에 찌든 우리들의 감수성을 일깨워서 새롭게 자극받고 감각을 일깨우는 독자가 있다면 문학의 존재 이유를 다한 셈이다. 〈제목들의 향연〉은 스토리를 예술적으로 낯설게 만든 대표적인 글이며, 그 미적 변형 방법은 최미아의 문학에 대한 열정과 작가정신을 그대로 드러내고 있다고 하겠다.

4. 전망을 위하여

최미아의 《밤달애》를 살펴보면서, 주관적 세계를 표현하는 작품과는 달리 평론은 객관성을 확보하고 있어야 한다는 점을 새삼스럽게 떠올려보았다. 문학비평은 작품의 의미를 해석하고, 미적인 성과를 감상하고 그 가치를 평가하는 데에 의의가 있다. 나아가 작품에 대한 이해와 통찰을 보여주며 작품의 가치를 판별하고 문학의 새로운 방향을 제시할 수 있을 때 평론은 제 역할을 다하는 것이다.

그런 의미로 《밤달애》의 작품을 해석하면서 덧붙인 첨언들은 향후 작품세계가 다양하게 열리길 응원하는 의미에서였다. 픽션과 달리 경험적 세계를 담는 수필은 작품의 완성도를 높이기 위해 작가의 주관이 개입되어야 한다. 다소 고전적 방식으로 표현하면, 보여주기만이 아니라 삶에 대한 주관적 관조의 세계를 언어로 말해야 하는 것이다. 작품에 따라 독자에게 해석을 넘기는 열린 방식의 글도 있고, 작가가 자기 사유의 결과를 언급해줘야 하는 작품도 있다.

어느 수필가의 인생 고백서
― 신노우《살며 생각하며》

1. 말하고 들어야 하는 존재

언제부턴가 우리는 사랑한다고 말해야 사랑을 알고, 행복이라고 말해야 행복을 느끼게 되었다.

인간에게는 말하고자 하는 욕구와 듣고자 하는 욕구가 있다. 하고 싶은 이야기를 해야 삶이 가뿐하게 앞으로 나아갈 수 있고, 듣고 싶은 이야기를 들어야 다음 대상에게로 관심이 옮겨간다. 극단적 예이긴 하지만, 하고 싶은 이야기를 하지 못해 죽을병이 걸린 예가 '임금님 귀는 당나귀 귀'이고, 듣고자 하는 욕구의 전형이 극대화된 것이 '천일야화'다. 임금님의 귀가 당나귀 귀임을 알게 된 이발사는 그 비밀을 털어놓을 수 없어 병에 걸리고 급기야 대숲에 가서 '임금님 귀는 당나귀 귀'라고 외침으로서 살아난다. 말하고 싶은 욕구가 얼마나 강렬했으면 생명을 초월하겠는가.

'천일야화'의 왕 또한 셰헤라자데(Chahrazade)의 이야기를 듣느라 밤마다 처녀 한 명씩을 죽이던 일을 미루게 된다. 궁지기와 사랑에 빠진 왕비에 대한 복수를 지혜로운 한 처녀의 이야기 듣기에 빠져 잊고 있었다. 결국 이발사와 왕은 이야기하기와 듣기를 통해 복수심으로 인한 생사의 방향을 바꾸게 된다. 이때의 이야기들이 그만한 힘을 가지려면 어떤 것도 잊고 빠져들게 하는 호기심이 일게 하는 내용이어야 하고, 흥미를 유발하는 방식으로 전달해야 한다. 즉 말하는 이와 듣는 이가 혼연일체가 되어 하나의 마음, 이야기 속으로 빠져들어갈 수 있어야 한다. 그런 이야기는 공감과 소통을 넘어서 한 사람의 영혼을 바꿔놓을 수 있다. 이야기의 힘이고 문학의 힘이다.

인간은 누구나 말하고 듣기를 통해 지식을 쌓고 관계를 유지하며, 세상과 소통한다. 그중에서도 글쓰기, 특히 자전적 글쓰기는 작가가 자신의 생애 전반에 대해 독자에게 '나는 이렇게 살았다'라고 말하는 방식이다. 그들은 자신의 일대기를 보여줌으로써 독자에게 힘든 과정을 이겨낸 인간승리의 현장을 보여주며, 힘내라는 용기를 주기도 한다. 한편으로는 자기의 삶에 대한 성공담을 기록으로써 고통을 이겨낸 자신에게 위로를 보내고 억압된 마음을 치유하는 효과를 보기도 한다. 모든 글쓰기는 일차적으로 자기만족을 위해서이지만 자신에 집중해 있는 주관적 글은 보편타당성을 바탕으로 하는 문학적 글쓰기와는 대척점에 있다.

　작가의 작품집 한 권을 읽고 나면 그가 자라온 환경과 가족관계는 물론 그가 어떤 성장 과정을 거쳐 오늘에 이르렀는지 훤히 들여다보인다. 그뿐이겠는가. 어떤 취미를 가졌는지, 그가 성공적 삶을 살기까지 그 바탕이 되어준 관계성까지도 드러난다. 한 사람의 생이 총체적으로 드러나면서 그가 산 시대적 상황까지 상상할 수 있다. 그 시대적 이념이나 문화 속에서 그는 어떤 태도로 어떻게 대응하면서 살았는지 작가의 인생관을 세세하게 살필 수 있다. 그런 의미에서 모든 수필은 자전적 성향에 가깝고, 수필집《살며 생각하며》에도 작가의 생애가 전반적으로 드러난다. 허구적 세계를 통해 불완전한 인간의 허점을 형상화하는 소설과는 달리 수필은 작가가 직접 체험한 이야기를 형상화한다는 의미에서 한 인간의 삶의 기록을 적나라하게 보여준다 할 수 있다.

　수필가 홍억선은《살며 생각하며》의 발문에서 그를 "철저한 정명론자", "원칙론자"로 지칭한다. 그뿐 아니라 "모럴리스트"라는 별칭을 가질 만큼 자기관리와 절제에 충실한 작가라는 것이다. "그러기에 천직이라고 할 수 있는 농업 공무원으로서 책무를 다하면서도 자신의 전공 영역의 연찬 활동에도 게으름이 없"는 사람이다. 그의 작품 중에 식물에 대한 소재가 유독 많이 등장하는 것은 그가 원예육종학 박사이며, 원예치료복지협회의 일을 하고 있기 때문일 것이다.

신노우의 수필집 《살며 생각하며》의 내용을 대략 살펴보면, 그가 얼마나 어려운 환경에서 난관을 극복하고 자신의 생을 성공시켰는지 그 과정이 모두 드러나 있다. 〈허기진 배움의 길〉, 〈절름발이 영감님〉 등에서는 그가 가난을 물리치고 공부하기 위해 겪어야 하는 고통이 어느 정도였는지 이야기된다. 〈아버지와 아들〉, 〈꽃 선물〉 등을 통해서는 그 시대를 산 남성들의 이야기, 아버지와 아들을 통해 가족의 아름다움을 보여준다. 〈거지 밥상〉, 〈어머니의 선택〉, 〈어머니 마음〉 등에서는 어머니가 어떤 분이었는지, 그리고 그가 어머니에 대해 어떤 마음인지 잘 말해주고 있다. 신노우의 작품 중에서 가장 많은 소재는 나무와 꽃, 원예치료에 대한 것들이다.

2. 원예치료의 경험, 사회 참여 글쓰기의 전범

자연은 인류의 시원지였지만, 인간의 이기심으로 훼손되어 내버려지는 경우를 종종 보아왔다. 그러나 자본주의적 탐욕과 과학기술이 자연을 외면해도 인간은 자연을 떠나서 살 수 없다. 우주적 상상력의 지극이자 시원인 자연은 시시때때로 엄습하는 불안과 공포를 위무할 치유의 세계이기 때문이다. 그중에서도 나무와 숲은 첨단의 문명 속에서 지친 현대인을 위무하는 대표적 존재다. 신노우는 《살며 생각하며》에서 나무와 자연의 소중함과 그 가치를 경험적 통찰을 통해 구현한다.

〈대구수목원〉에서 그는 "녹색 식물이야말로 인간 환경뿐만 아니라 인격의 조건을 충족시켜 줄 수 있는 필수 조건"이라고 말한다. 그뿐만 아니라 도심 속의 수목원에 대해 "자연을 마음껏 누릴 수 있을 때 인간의 심신 건강과 사회 복지 그리고 문명을 풍요롭게 하여 삶의 질을 높일 수 있게 된다"는 확신을 보여준다. 〈수목원 산책〉에서는 누구의 방해도 받지 않고 이른 새벽 수목원 산책을 한 후 그는 "시간을 거슬러 지난날의 시간과 만나고, 내 안에 나를 많이 다독이고 비울 수 있어서 좋다"고 말한다. 그가 작품에서 강조하는 것처럼 나무와 꽃과 식물에 보내는 무한한 찬사는 아무리 강조해도 지나치지 않다.

꽃 한 포기를 화분에 담아서 사랑으로 관심을 갖고 키워보면 함께하는 사람들과 자연스레 대화가 늘어난다. 그리고 꽃바구니에 마음의 꽃을 꽂아서 가까운 사람에게 선물로 주었을 때, 아름답고 고맙다는 답례에 자신도 무엇인가 할 수 있고, 필요한 존재라는 느낌을 갖게 된다. 또한 같이 생활하는 사람끼리 공동 작업으로 텃밭을 만들어 채소 씨앗을 뿌리고 재배를 함으로써 신체 운동과 수확의 성취감을 갖게 될 것이다. 이와 같이 식물을 통한 원예활동에 의해서 사회적, 교육적, 심리적 혹은 신체적 적응력을 기르고 …

- 〈입으로 쓴 편지〉에서

그가 원예치료사로서 재활 치료가 필요한 학생들에게 원예치료에 관한 설명을 해주는 장면이다. 세상엔 치유의 방법이 다양하다. 정신이 지쳐 아픈 이들은 타자와 이야기를 나누고 소통할 시간과 공간을 만나지 못해 더 깊은 마음 병으로 치닫고, 몸이 아픈 이들은 불편한 몸 때문에 마음대로 사람을 만날 수 없다. 그가 말한 바대로 꽃 한 포기라도 함께 심고 가꾸는 동안 조금씩 마음을 열고 대화하게 될 것이다. 인간은 본질적으로 손이나 도구를 사용하여 노동하는 존재였다. 생래적으로 몸이 익힌 노동을 하면서 건강한 마음과 신체를 가질 수 있었다. 마찬가지로 작은 일일지라도 함께 하는 공동의 노동을 통해 개개의 결핍된 조건을 채워 건강하게 변화해 갈 수 있다.

… 날마다 우리들이 직접 만든 식물을 보니 기분이 너무 좋아집니다. 이제 우리 교실이 학교 전체에서 제일 아름다워요. 늘 바쁘실 텐데 시간을 내어 웃으며 우리들을 대해주시고, 저희들에게 좋은 경험과 무엇이든 노력하면 해낼 수 있다는 자신감을 갖게 해 주셔서 더욱 감사한 마음입니다.

– 〈입으로 쓴 편지〉에서

"편지를 쓴 학생은 팔과 다리를 제대로 쓸 수가 없어 보조 진행자의 도움을 많이 받은 학생이었다". 그는 담임으로부터 "이 편지는 자신의 감사한 마음을 전하기 위해 몇 시간 동안 작은 막대기를 입에 물고서 컴퓨터 자판기를 하나하나 꾹꾹 눌러 찍어 쓴 것이"라는 이야기를 듣고 감동으로 가슴이 벅차오른다. 그가 원예치료 프로그램을 마친 후, 신체가 불편한 학생들이 자신들도 무엇인가를 만들 수 있다는 성취감을 느끼고 그 기쁨을 편지로 표현한 것이다. 실제로 "학생들의 표정이 한결 밝아지고 자신감으로 학습 성취도도 높아졌"다니 교수자와 학습자의 만족감과 기쁨이 충분히 전달된다.

　수필가 신노우는 자신이 전공한 분야의 전문성을 구체적 사회 참여의 방식으로 세상에 환원한다. 현대인의 삶의 방식이 내 가족, 혹은 자신 지켜가기에도 버거운 현실에서 타자를 돌보고 그들과 함께 공유하는 일을 할 수 있다는 것은 신노우만의 소중한 경험이다. 문학 또한 이기적 현실을 반영하듯 주체를 중시하다 보니 자기중심의 개인주의적 이야기들로 채워지는 경우가 허다하다. 내가 편안해야 타인을 편안하게 해줄 수 있기에 내가 먼저 행복해야 하는 것은 맞다. 그러나 함께 흘러가는 것이 세상이라면 타자를 살피고 그들을 위해 작은 실천이라도 할 수 있는 일이 있다면 주체나 타자 모두 훨씬 행복해질 수 있다. 오늘날의 수필이 대체로 서정과 자아 중심주의에 몰려 있다고 비판받는 측면에서 볼 때, 신노우의 《살며 생각하며》를 통해 사회적 문제에 공감하고 해결하는 방식을 찾고자 하는 수필을 만나는 일은 반갑고도 귀하게 느껴진다.

3. 세대의 간극, 풍경이 되어 함께 가다

　서두에서도 언급한 바 있지만 작가가 자신의 생애를 촘촘하게 그려낸 자전적 수필은 서사성이 강한 반면 서정성은 취약하다. 그러나 신노우의 작품에서는 하나의 '풍경'이 되어주는 아름다운 장면이 간간이 나타나 건조한 서사에 윤기를 더해 준다. 그가 책머리에 밝힌 바대로 환경에 의해 문학 공부를 일찍 시작하지는 못했으나 초등학교 때부터 문학에 소질이 있었기 때문일 것이다.

> 　아직 사물들이 어둠 속에서 헤매고 있다. 떨어져 나뒹구는 낙엽을 저벅저벅 밟으며 그 미로 속으로 두 남자가 어깨를 나란히 하고 걷는다. 이만큼 차이가 날 줄이야, 한쪽이 그동안 너무 훌쩍 커버려 높낮이가 확연하다.
>
> 　　　　　　　　　　　　　　　　　　 － 〈아버지와 아들〉에서

　아직 날이 밝기 전, 아버지와 아들이 나란히 새벽길을 걷고 있다. 중학교 입학 이후 처음이라니 가깝고도 먼 사이가 가족이라는 말이 떠오른다. 그러나 아들은 "무던한 성격이라 오늘도 그저 묵묵히 곁에서 걷기만 한다". 춥지 않냐고 묻는 아버지에게 돌아온 답은 "괜찮다"다. 독자는 이쯤 해서 피식 웃음 한 번 날릴 것 같다. 새벽 산책길, 믿음직한 등을 가진 두 남자의 뒷모습은 아름다

운 풍경이지만 이들의 침묵으로 유추되는 면모들이 판박이 같다. 여기까지는 무엇인가를 기대하면서 따라왔으나 이내 풍경은 바뀌고 만다. 연이은 아버지의 물음과 아들의 대답. 그리고 입시를 앞둔 아들에게 진로를 결정하는 일의 당위성을 입시 설명회처럼 길게 잇는 아버지.

> 해 긴 봄날 일요일이면 밭매기하러 가야 했고, 소 풀 베지 않는다고 야단맞았다. 겨울 방학이면 땅콩 까는 일 도우라는 성화로 책을 보고 싶어도 그러지 못했다. 그런 가슴이 아렸던 기억 때문에 너희들만은 좀 더 갖추어지고 경쟁이 되는 여건 속에서 공부시키리라는 맺힌 마음이 학군 좋다는 수성구까지 가게 된 것이다. 지금이야 모든 부모가 오매불망 공부한다면 '오냐, 그래'이지만 말이다.
>
> — 〈첫 이별〉에서

내일이면 입영하는 아들을 보면서 아버지 신노우는 여러 가지 상념이 오간다. 아들을 "좀더 나은 환경에서 공부시켜 보자고 근무지가 고령인데도 대구에서 출퇴근을 했고, 그것도 모자라 남구에 살다가 고등학교 진학 무렵 수성구로 이사를 하였다. 일부 사람들은 아버지가 극성이라고도 했다. 하지만 내가 공부할 시절에는 공부하고 싶어도 그럴 수 없었다". 그래서 아버지는 아들이 공부하는 환경을 더욱 잘 만들어 주고 싶었다. 급작스런 환경의 변화로 제때 공부하지 못한 그는 자식에게는 공부하기에 최적의 조건을 만들어 주고 싶었다. 대한민국 모든 부모의 심정이 그럴 것이다. 그러나 사람마다 각기 다른 요건과 운명을 가지기 때문에 좋은 조건이라고 해서 모두 다 일등일 수는 없다. 생은 무규정의 구조이어서 예측불허의 경우가 허다하다. 자신도 모르는 사이 타인의 방해를 받기도 하고, 타인의 도움으로 생의 전환점을 맞기도 한다. 인간의 삶을 획일적으로 구획 짓고 재단할 수 없다는 뜻이다.

신노우 역시 예기치 않는 사건으로 공부할 기회를 잃어버릴 때가 있었고, 어느 순간에 교수의 도움으로 자신의 진로를 수월하게 나간 경험이 있지 않았는가. 그래서 생은 보이는 게 전부일 수 없다. 그럼에도 아들에 대한 아버지의 열의는, 자신이 공부하지 못했던 만큼의 아픔까지 투사시켜 보상받고자 한다. 어떤 독자들은 '그럴 수 있어'라고 고개를 끄덕일지도 모른다. 그러나 어떤 독자들은 '그럴수록 아들에게 자유를 줘야지'라고 말할지도 모른다. 선택은 그의 몫이었고, 작품은 이미 쓰여졌다. 이 작품은 너남 없이 입시를 치르는 자식을 둔 부모라면 함께 고민해야 할 문제이기도 하다. 독자는 이럴 때 부조리한 현실에 대한 인식의 전환을 가져올 작품을 기다릴지도 모른다. 문학을 통해 생의 한 방식을 통찰할 기회를 기대하면서 말이다.

〈아버지와 아들〉에서 아들은 자신이 선택할 전공 학과를 "고 3

까지 초지일관으로 밀어붙였을 때 거부감이 많이 왔"다고 고백한다. 그것은 재수하면서 선배를 통해 사회적 현상과 전공과의 관계를 알게 된 후의 일이다. 아버지의 선택이 틀리지 않았다는 아버지에 대한 신뢰의 대답이다. 아버지의 대답은 "보편적으로 아버지와 자식 간을 수직적인 관계로 지시나 권유 추천을 너희들은 심리적으로 먼저 거부부터 하는 것이 상례라 부모 입장에서는 갈등이 많단다"로 돌아온다. 일반적으로 아버지는 자신이 산 세대와 아들이 사는 삶의 조건들이 무진장 달라졌음에도 아버지는 여전히 자신이 경험한 세계의 방식을 아들에게 권한다. 그것이 경험한 시간만큼의 자신의 무기이기 때문이다. 그러나 새로운 세대를 살아갈 자식은 변화된 세상의 흐름대로 살아야 하고, 그들은 훨씬 자유로운 선택을 하고 싶어한다. 그래야 개체적 존재로서의 자기 삶이 될 수 있고 자신이 선택한 삶에 책임과 의무를 완수하기 위해 노력한다. 그러나 자기의 삶을 성공적으로 살아온 아버지는, 아들의 길이 똑같지 않음에도 불구하고 자신이 걸어온 길의 방식을 대물림하고자 한다. 그래서 성공한 아버지는 훌륭한 아버지가 되지만 좋은 아버지가 되기 어려운 이유이다.

　어둠이 서서히 걷히며 사위四圍의 물체들이 제 모습을 차츰 나타낸다. 발걸음이 차츰 빨라지며 산책을 나서기 전보다는 마음이 한결 가볍다.

자, 이제 뛰어. 등줄기에 땀이 난다. 경쟁적으로 한참을 뛰다가 가쁜 숨을 고르며 옆을 힐끔 쳐다 보았다. 아들 녀석의 하얀 얼굴이 상기되어 발갛다.

— 〈아버지와 아들〉에서

아침 산책길에서 건강한 부자가 뛰는 모습은 흐뭇한 미소를 자아내게 한다. 신노우의 직장 이야기나 가족 이야기들 속에서 가장 아름다운 장면으로 읽었다. 관계의 윤리적 관점에서 생각을 달리하는 사족을 좀 붙여봤지만, 어떻게 말해도 작품 〈아버지와 아들〉은 동시대적 삶을 함께 걸어가는 존재로서의 아름다움이 있다. 아버지는 자기 방식이긴 하지만 아들을 품고 있고, 아들은 아버지를 신뢰하고 있기 때문이다. 가족에 대한 책임과 사랑을 확인하는 이 작품의 서두와 말미의 풍경은 《살며 생각하며》에서 돋보이는 장면이다.

4. 자연을 대하는 방식, 자신과 마주하는 방식

신노우는 작품 〈단풍〉에서 인간의 삶과 닮은 나무의 생에 대해 깊이 통찰한다. "어려운 환경에서 자란 사람일수록 의지가 굳고 매사에 분명하듯, 같은 나무라도 척박한 조건에서 자란 나무가 더 독특한 자기만의 빛깔을 나타낸다"고 한다. 그뿐만 아니라 그는 단풍나무에 자신을 투사하여 동일시하는 과정에 자기 사유의 틀을 이

입시킨다. 그 의미를 확대해 보면 그와 나무의 문제만이 아니라, 자연과 인간을 동일시해서 바라보는 것이다.

　이렇듯 나무의 처지를 안다면, 단풍 든 산자락을 보며 아름답다고만 말할 수 없을 것이다. 마치 닥쳐올 무서운 겨울을 눈앞에 두고 나무들이 장렬하고도 슬픈 예식을 치르는 것이다. 나무들의 떨림이 느껴지는 듯하고, 그 슬픔을 이토록 아름답게 표현하는 나무들이 새삼 감탄스럽기까지 하다.
　단풍이 인간을 유혹한다. 인간이 단풍 속으로 빠져들어 곱게 물든 단풍잎에서 인생을 배운다. 단풍은 베풀기 위하여 떨어지고 단풍은 사랑하기 위하여 낮아지며 단풍은 또 다른 생명을 위하여 죽는다.

– 〈단풍〉에서

　사람은 누구나 자신의 관점으로 대상에의 투사를 시도한다. 그래서 인간이 자연을 대하는 태도도 천차만별이다. 보통 사람들은 늦가을 만추의 단풍을 보며 아름다움에 빠져들거나 떨어지는 낙엽을 보며 허무감을 느끼기도 한다. 그들에게 나무는 대상이되, 자신을 직접 투사하지는 않는다. 자아인 주체는 그대로 있으면서 대상을 보고 느끼는 간접적인 아름다움이고 간접적인 교훈이다. 그러나 나무의 생리를 잘 알고 있는 작가는 나무가 맞을 겨울을 자신이 맞는 겨울로 동일시한다. 떨어지는 낙엽을 두고 "닥쳐올 무서운 겨울을 눈앞에 두고 나무들이 장렬하고도 슬픈 예식을 치르는 것이"라고 말한다. 어떤 독자에겐 아름다운 단풍이 작가 신노우에게는 "슬픈 예식"이 된다. 그래서 그가 혹한의 겨울 앞에 서 있는 것처럼 "나무들의 떨림이 느껴지는 듯"하다. 추운 겨울을 맞기 위해 나무가 혼신을 다해 피워올린 꽃이 단풍이다. 그래서 단풍은 "슬픔을 이토록 아름답게 표현"하는 것이 되고, 그가 바라보는 단풍은 아름답기보다는 차라리 슬픔이 되기도 한다. 나무에 대한 주체의 확실한 동일시다. 소멸하는 것에 대한 그의 소회는 슬픔의 감정인 것이다.

그러나 그는 나무에 투사한 자신을 다시 분리한다. 단풍은 대상화 되어 주체인 "인간을 유혹한다". 사람들이 자연을 대하는 보편적 방식으로 돌아온다. 그도 다른 사람들처럼 "곱게 물든 단풍잎에서 인생을 배운다". 나무는 나뭇잎을 떨어뜨려 주변 나무들의 밑거름이 되고, 사랑하기 위하여 자신을 떨어뜨려 낮아진다. 단풍은 또 다른 생명을 위하여, 즉 봄에 다시 새롭게 피어날 나뭇잎을 위해 기꺼이 스러진다.

쫓기듯 살아가는 우리네 인생은 한 발자국 여유도 없이 허구에 가득 차 있다. 한겨울의 억새풀같이 버석 마른 우리들의 삶이다. 스륵스륵 단풍잎 떨어지는 숲의 아쉬움과 흰 눈 내리는 밤의 풍광에 취하며 감탄할 수 있는 감정을 우리들로부터 강탈해 버렸다.

- 〈단풍〉에서

단풍나무 앞에서 그는 인간의 삶과 자연의 관계가 어떠한지 상념에 빠진다. 그 결과 인간의 삶은 "허구"로 도출된다. 왜 허구인가. 억새풀 같이 버석거리는 삶이어서 허구라고 할 수는 없다. 감성이 사라진 삶이어서 허구라고 하지 않는다. 이쯤에서 본질적 삶에 대한 작가의 통찰이 들어갔다면 더할 나위 없는 작품이 되었을 것이다. 이 작품은 다소 아쉬움을 남기지만 동시에 그의 작품이 가능성을 가지고 있음을 확인해 주기도 한다

오늘날까지 달려온 길을 여기서 멈출 수는 없다. 뛰는 발걸음 걸음에 잊음을 달고 비움을 매달았다. 왼쪽 가슴이 옥죄여 온다. 온몸이 후끈하다. 등줄기에서 욕심이 쫓겨 나와 흘러내린다. 가슴이 후련하다. 마음이 약간은 비워지며 연둣빛이 비집고 들어온다. 두 바퀴는 가볍게 걸으며 숨 고르기를 했다.

몸을 길게 눕히니 초롱초롱한 별빛과 저 멀리 하현달이 애처롭게 지고 있다. 내 삶도 이제 하현달을 따라가는 걸까. 달빛이 구름 속에 가렸다 나타날 때처럼 내 인생도 한 번 더 빛을 발할 수 있을까. 구름이 마냥 정해져 있지 않은 듯 다시 환하게 뚫

고 나오리라.

— 〈새로운 시작〉에서

그는 승진을 앞두고 당연히 자기가 될 거라 생각했다. 그러나 친한 친구에게 소장 승진의 기회를 빼앗기고 말았다. "대학원에서 논문을 쓰고, 관련 학회 분야도 쫓아다녔다. 앞선 곳이라면 전국 어디이든 부지런을 떨었고, 하물며 일본도 어렵사리 몇 번 다녀왔다." 그랬음에도 승진하지 못했으니 얼마나 허망했겠는가? 그의 "자존심이 절망의 나락으로 떨어졌다". 그러나 그는 자신이 지금까지 "하늘 우러러 꼿꼿이 살았"음을 상기하고 "주말만 하던 운동을 매일로 바"꾼다. 자신 안에 있는 복잡다단한 감정을 다스리기 위해서다. "꽁꽁 얼어붙은 새벽, 모두가 엎드린 적막함 속으로 내가 성큼 들어간다. 뛰자, 뛰면서 나를 풀어보자"라며 운동으로 절망과 분노를 삭여낸다. 그가 자신을 승화시키는 방법이다.

성과급 제도, 승진과 자리 지키기, 동료들과의 관계는 물론 상사와의 심리전 등 현대인이 직장에서 받는 스트레스는 상상을 초월한다. 그런 면에서 〈새로운 시작〉은 너남 없이 경험하는 직장인의 불안 심리를 솔직하게 잘 보여준다. 그뿐 아니라 그는 소장이 된 친구와 한동안 어색하게 지내지만, 어느 날 같은 모임에 참석한 친구와 자신의 차를 타고 오며 화해한다. 그러나 충격적으로 깊게 새겨진 허망함이 쉽게 사라지지는 않았을 것이다.

결국 그는 수필 공부에 몰입하였고, 매주 휴일이면 양로원을 찾아 어르신들에게 원예치료 봉사활동을 하며 여전히 자신을 찾고자 담금질을 하였다. 자신에게 어려움이 생겼을 때 그는 운동하며 감정조절을 한다. 그리고 늘 희망적인 생각으로 "구름이 마냥 정체해 있지 않듯" 자신도 지금의 답답한 현실을 뚫고 나갈 것이라 다짐한다. 자신에게 예기치 않게 들이닥친 난관 앞에서 좌절하지 않는 사람은 없다. 그러나 그는 자신의 생을 늘 성공적으로 끌어온 것처럼 다시 일어서서 뛴다. 신노우의 자전적 수필들에서 발견할 수 있는 그의 인생관이며, 그가 자신을 마주하는 방식이기도 하다.

두 작품을 살펴보며 느낀 특별한 점은, 그는 사람과의 관계에서는 어긋난 것이 있어도 관계를 복원시키고 긍정적인 생각으로 자신에게 희망을 주며 그 상황을 변화시키려 한다. 그러나 자연과의 관계에서는 오히려 자아 성찰을 한다. 다시 말하면, 자연은 그를 성찰하게 하는 스승이지만 인간관계는 그의 노력 여하에 따라 조건이 달라질 수 있다고 보는 것이다. 그가 삶을 대하는 무의식적인 태도라고도 할 수 있다.

5. 작품 〈텃밭〉으로 기대하는 전망

신노우의 작품집 《살며 생각하며》에서 빠뜨리기 아쉬운 작품이 〈텃밭〉이다. 태풍이 휩쓸고 지나간 뒤 "달비골 저수지 위 언저리에 돌산을 만들어 놓았다". 어느 새벽 산책길에서 돌산을 일구는 노인을 만나게 된다. 맨손으로 바위 돌을 옮기던 노인은 이따금 푸른 별빛을 바라보며 땀을 훔쳐내기도 한다. "텃밭 한 밭뙈기가 다 만들어"지고 생물이 보여 들여다보았더니 토란대가 보였다. 그곳은 노인의 텃밭이었는데 폭우가 덮어버려 노인이 다시 일궈낸 것이다. 노인은 그렇게 몇 달에 걸쳐 텃밭 모양새를 갖추고, 그곳 "표토 위에 작물을 심을 수 있는 흙을 갖다 부"었다.

"큰비 한 번만 오면 흔적 없이 묻혀질지 모르는데 또다시 그 자리에다 텃밭을 만드십니까?"

노인이 빙그레 웃었다.

"내가 석전경우(石田耕牛)지요. 묻혀지면 또 일구지요, 놀면 뭐해요."

… 중략

"매일 돌밭을 일구시던데 힘들지 않으십니까."

"내가 좋아서 하는 일이고, 이렇게 하는 것이 또 다른 즐거움이 있지요."

"이 텃밭에서 키우신 채소는 산행하는 분들에게 파십니까?"

"아니요, 어렵게 생활하는 이웃들에게 나눠 주고, 경로당에도 갖다준다우." 하시는 표정이 참 밝으시다.

"더불어 살아가는 삶이 적선(積善) 무한낙(無限樂)이지요" 하신다.

그래, 그것이구나. 마음이 따뜻해진다.

차츰 여명으로 둥그스름한 산 능선이 서서히 제 모습을 찾아가고 있었다.

… 중략

어디선가 눈이 녹아 흐르는 계곡 물소리가 청정하게 들린다. 봄바람 난 아지랑이가 버들강아지의 겨드랑을 간질이며 유혹하는 계절이 돌아오면 가지런히 정리된 텃밭 이랑에도 파릇한 꿈의 싹이 보이겠지.

그때는 아침 이슬에 바짓가랑이가 젖는 것도 잊으신 채 이웃에 나눠 줄 솎음배추를 뽑는 할아버지의 아침 햇살 같은 미소가 저수지의 맑은 물빛 속으로 떠오를 테지.

— 〈텃밭〉에서

인용문이 다소 길어진 것은 노인과 신노우의 대화 장면이 짙은 서정성을 띠며 아름답게 그려지기 때문이다. 그의 작품들 대부분이 이야기를 전달하는 방식에 있어 설명이나 서술을 통해서라면 이 작품은 장면화하여 보여준다. 형식적 틀도 좋으나 내용 면에서도 문학성을 갖춘 수필로 충분히 아름답다. 노인과의 대화는 세월을 낚고 있는 강태공을 떠올리게 한다. 삶이 무욕이니 바쁠 게 뭐 있으며, 태풍이 또 몰려온들 원망할 게 뭐가 있겠는가. 돌이 쌓이면 옮기면 되고, 농사가 풍요롭지 못해도 불만이 있을 수 있겠는

가. 많이 수확하면 많이 나누고, 적으면 적은 대로 나누면 될 터이니. 그야말로 스스로 그러하듯 자연처럼 사는 노인을 만나는 독자도 잠시 욕심 내려놓은 듯 평화롭다. 노인의 격에 맞게 맞대응해주는 작가의 관조적 사상 또한 충분히 돋보인다. 아름다운 글의 예를 진정성 있게 보여주었다고 할 수 있다. 신노우의 《살며 생각하며》에서 수작으로 본다.

　신노우의 작품집 《살며 생각하며》를 말하며 자전적 요소가 강한 수필집이라 하였지만 본 글에서는 가능한 한 자전적 요소를 제외한 글을 살펴보려고 하였다. 독자는 한 작가의 작품집에서 몇 편의 글만 읽어도 그가 어떻게 살아왔는지를 독파하기 때문에 일상을 기록한 글을 제외하고자 하였다. 또한 수필 문학을 논하는 자리에서 조금이라도 문학적 요소가 있는 작품을 다뤄보고 싶었다. 〈텃밭〉에서 본 것처럼 향후 신노우의 작품은 문학적 향기를 갖는 수필로 나아가리라 기대한다. 삶의 경험과 우직하게 지켜가는 자기 철학을 가진 작가라고 보기 때문이다.

생은 '무단히'와 '부단히' 사이에 놓인다
— 안경덕 《달도 밝다 보름달이거든》

1. 시작, 조르바를 소환하여

어느 날, 뜬금없이 니코스 카잔차키스의 《그리스인 조르바》가 찾아왔다. 그가 떠오른 이유를 굳이 붙인다면 안경덕 수필집 《달도 밝다 보름달이거든》에 대한 주제를 궁구하고 있던 터라 하겠다. 20여 년 전, 번역본을 통해 만난 조르바가 새삼 이 시점에서 소환된 것은, 시간을 초월해 평자의 의식 속에서 자유로운 영혼의 조르바와 작가 안경덕의 작품세계가 어떤 이유로 삼각관계가 형성되었음을 의미한다. 비록 거창한 것이 아닐지라도 교집합의 빗금이 이 글의 주제와 관련지어질 성싶다. 사물이든 생각이든 세상에 존재하는 것은 무엇이든 그 나름의 이유가 있을 것이기에.

조르바는 모태의 대지에서 탯줄이 아직 떨어지지 않은 사람 중에 가장 영혼이 트이고, 육체는 자신감에 넘치며, 자유롭게 자신의 영혼과 투쟁한 인물로 볼 수 있다. 그는 탄광을 개발하기 위해 크레타 섬으로 들어가는 두목(나, 그는 작가)을 처음 만난 자리에서 묻는다. "날 데려가시겠소?" "왜요? 무슨 일을 할 수 있어서요?" "왜요!가 없으면 아무 짓도 못 하는 건가요? 가령 하고 싶어서 한다면 안 됩니까?" 그리고 조르바는 당신도 저울 한 벌 가지고 다니느냐 두목에게 묻는다. 매사를 정밀하게 달아보고 난 다음에야 대답하는 인간의 습성에 회의하는 질문이며, 바로 이 점은 조르바가 어떤 사람인지 알 수 있게 한다. 두 사람은 크레타섬으로 향하는 배에 오른다. 사실 인간이 결정해야 하는 것들 앞에서 '이다' '아니다'로 명쾌하게 결정하면 되는데, 우리는 꼭 타당한 이유를 붙여야만 수긍이 가고 설득이 된다. 애초의 인류는 그토록 긴 이유를 대지 않고도 순간순간 현명한 결정으로 삶을 살았다. 마치 조르바처럼.

크레타 섬에서 지내는 동안 조르바는 호텔의 여주인 오르땅스 부인을 사랑하게 된다. 그리고 그녀가 더 이상 열정적인 사랑을 할 수 없을 때까지 사랑하고 죽자 조르바는 진실로 슬퍼하며 그의 주인이며 작가인 두목에게 묻는다. '사람들은 왜 죽죠? 말해줘요.' '나도 몰라요.' '책을 그리 많이 읽었으면서도 모른단 말이요? 책이 그걸 못 가르쳐주면 대체 무얼 가르쳐 주지?' '책은 가르쳐 주죠. 조르바의 질문 같은 물음에 답할 수 없는 인간의 고뇌에 대해 말하죠.' '그런 고뇌 따윈 필요 없어요. 엿이나 먹으라지.' 생각하기에 따라 《그리스인 조르바》에서 압권으로 느껴지는 대화다.

타고난 본성대로 자유롭게 사랑하고 본능이 시키는 대로 정의와 불의에 응대하는 조르바가 인간의 근본 문제를 가르쳐주지 않는 지식이 무슨 소용이겠느냐고 묻는 것은 당연하다. 이성을 상징하는 두목과 자연의 이치를 닮은 조르바 사이의 간극을 결정적으로 보여주는 대목인데, 문명이나 관념에 길들어지지 않은 자연과 같은 존재인 조르바는 이미 알고 있었을 것이다. 책 속에는 진리를 찾아 헤매는 인간의 고뇌는 들어있을지라도 진정 '인간은 왜 죽어야 하는지'에 대한, 죽지 않을 수 있는, 혹은 죽음을 해명할 수 있는 진실은 담을 수 없다는 것을. 우리의 삶과 죽음은 그저 '무단히' 태어나고 '부단히' 수고하며 살다가 돌아가는 과정속에 있을 뿐인데, 무한한 생명을 욕망하는 사람들이 끊임없이 죽음을 극복하려 도전에 도전을 거듭하고 있다.

우리가 현존하는 지금은 21세기다. 정보와 과학기술과 지식이 어느 때보다도 풍요롭게 발전했으며, 오히려 넘쳐나는 시대에 살아가는 우리는 과연 인간의 삶과 죽음을 어떻게 정의할 수 있을까? 아니 무시로 일어나는 수많은 사건의 원인을 온전하게 해명하고 같은 사고를 다시 당하지 않게 되었는가? 조르바가 살던 크레타섬의 삶에서 얼마나 나아졌는지, 그래서 주체를 둘러싸고 벌어지는 크고 작은 일들에 대해 흔쾌한 해석을 하거나 해답을 찾을 수 있는지 반문해 보지 않을 수 없다. 나아가 삶과 죽음이라는 근원적인 진리, 조르바의 질문에 해답을 찾았을까? 오히려 우리는 이런 결론을 낼 수 있지 않을까? 인간의 삶은 앎으로 계획되고 생각하는 대로 만들어지는 게 아니라 그냥 '무단히' 흘러가는 것이라는. 마치 조르바가 살았던 방식대로, 근대문명이 타자화시킨 전근대적인 삶, 더 나아가서 자연적인 삶이 진정 인간이 돌아가고자 하는 삶의 귀착지이지 않을까. 그래서 '달도 밝다'라는 중얼거림에 '보름달이거든'이라고 화답하는 사람들의 세상 말이다.

2. '부단히'와 '무단히'의 세계

안경덕의 수필집 《달도 밝다 보름달이거든》(도서출판 샤인텔, 2017, 텍스트 인용은 이 책에 의한다)의 주요 세계는 '무단히'로 이어지는 생의 이야기라 읽어도 좋겠다. 그 사이 사이에 '부단한' 인간의 노력과 의지의 산물로 형성된 결과물이 있으나 그것은 '무단한' 세계의 흐름 속에서 현상으로 드러나는 부분들일 뿐이다. 인간은 완전한 존재가 아니기에 나름의 '부단히'와 관련된 삶을 살며 이 세계를 끊임없이 지어내고 끌어가는 주체이기도 하다. 인간 존재의 차원에서 이 두 세계는 모두 소중하다. '무단한' 세계는 우리가 알지 못하는 사이 유유히 흘러가며 '부단한' 세계는 인간의 의지로 늘 변화무쌍한 모습으로 그 형태를 바꿀 수 있다는 점이 다를 뿐이다. 그렇다면 안경덕의 《달도 밝다 보름달이거든》에서 읽어낼 수 있는 궁극적인 세계인 '무단히'는 어떻게 드러나고 있을까.

2-1 〈나의 문학 이야기〉

　수필가 안경덕이 글쓰기와 인연을 맺은 시간은 꽤 오래되었다. 그의 작품 〈나의 문학 이야기〉에서 드러난 것으로 보면 25년이 훌쩍 지난 것으로 보인다. 그는 《달도 밝다 보름달이거든》 이전에도 《나무들의 왈츠》, 《엄마는 복덩이》라는 수필집을 상재 한 바 있다. 이미 수필 쓰는 재미를 알게 된 그는 "마늘과 양파 까는 일을 갑갑해 했고" "수필에 빚진 양 늘 자유로울 수가 없었다"고 말한다. 그래서 그는 "수필 쓰는 것에 대한 자긍심과 긍지가 컸다."고 당시의 소회를 밝히는데, 이 점은 그가 문학을 통해 삶의 의미를 찾고 있을뿐더러 그의 정체성의 큰 부분을 할애하고 있다는 점에서 그가 문학을 대하는 태도의 진실성을 읽을 수 있다. 무엇보다도 "매주 한 번 수필 수업을 받은 십 년간 제삿날 빼고 결석한 적이 없었다"는 것은 그가 얼마나 성실하게 '부단한' 노력을 하는 작가인지를 유추하게 한다. 그뿐 아니라 그는 "붓 가는 대로가 아닌, 내 마음 가는 대로 했던 걸로 보아 수필의 늪에 깊숙하게 빠졌"음을 알 수 있다. 결국 안경덕이 수필을 쓰거나 자신을 대하는 태도는 '부단한' 노력과 성실함이지만, 그에 앞서 마음 가는대로 흐를 줄 아는 '무단한' 세계의 너른 폭을 가진 사람이기도 하다.

　"일도삼례一刀三禮라는 말이 있다. 석공이 예술 작품을 조각할 때 한번 깎고 세 번 절한다는 의미이다. 비록 하나의 돌이라도 석공이 산파의 칼을 들면 돌과 석공은 일체가 된다. 석공의 피가 흐르고 돌의 호흡이 석공의 가슴에 와 뛴다. 적어도 우리의 조상들은 그 자세와 신앙의 힘으로 살아왔다."

— 〈나의 문학 이야기〉에서

 이 인용문은 얼마 전 열반하신 조오현 스님의 〈석가탑의 悲戀〉 중 일부를 작가가 작품 안에 인용한 부분을 옮겨왔다(조오현 스님은 큰 스님으로 알려진 분이며 수필을 쓰기도 했다. 그분이 수필을 쓴 이유는 불가에서 말하는 보림의 시간으로, 중생과 같이한다는 의미로 받아들여진다). 일도삼례는 한 걸음 나아가고 엎드려 절하기를 반복하는 '오체투지'의 이치와 닮았는데, 석공이 한 번 돌을 쪼기 위해 세 번 절한다는 것은 자신이 조각하는 대상인 돌에 대해 정성을 다하는 모습이라 하겠다. 더 이상 완곡할 수 없을 정도로 부단한 정성은 그 깊이가 깊어지면 주체와 대상의 경계가 없어지는 '무단함'으로 이어진다. 그것은 불이不二의 상태다. 그래서 안경덕의 스승인 유병근 선생은 "마애불을 석공이 돌을 쪼아 다듬은 것이 아니고, 마애불 스스로가 돌에서 걸어 나와 서 있거나 앉아있는 것이라" 하지 않는가. 석공의 지극한 정성은 무심으로 이어지고, 무심한 마음이 되었을 때, 석공과 돌은 하나가 되고 그가 그리는 마애불이 돌에 새겨질 수 있다. 이를 두고 '마애불이 스스로 돌에서 걸어 나왔다'고 하는 것이다. 사람이 대상에 온 마음을 집중하면 오히려 대상과 하나가 되는 이치일 터다. 작가가 작품에 온 마음을 투여하여 몰아의 경지에서 쓴 작품이 있다면 그것은 분명 심연에서 길어 올려진 최상의 작품일 것이며, 그러한 태도로 글을 쓰고 작품을 대한다면 위대한 작품은 저절로 탄생할 것이다. 수필 쓰기가 자기의 삶을 견인해가는 한 축이라고 말하는 안경덕은 그런 세계를 꿈꾸고 있지 않을까.

2-2 〈무단히〉

가끔은 사람살이의 이야기를 듣다 보면 인간이 다 알 수 없는 이유가 존재함을 느끼곤 한다. 어쩌면 알 수 있는 이유보다 알지 못하는 이유가 더 크게 느껴질 때, 우리는 운명이라 명명한다. 그렇게 보면 우리의 삶이 이어지고 세상이 굴러가는, 사는 게 알고 보면 '무단히' 행해지는 일들이 얼마나 많은가. 무단히 태어나고 무단히 닮아가고 무단히 좋아하고 무단히 행복한 적이 있지 않던가. 우리는 가끔 무엇인가에 미쳐 푹 빠졌다가는 무단히 잊어버리고 무단히 돌아오기도 한다. 그리고는 어느 날, 무단히 사라지기도 하겠다. 그 '무단히'의 세계를 안경덕은 이렇게 표현한다.

무단히 생기는 일이 이뿐인가. 무단히 잠이 안 오고, 우울하고,

외롭고, 그립고, 즐거울 때도 있다. 그리고 내가 어쩌지 못하는 세상사도 무단히 답답하다. 철썩같이 믿는 식구들도 밉다. 그럴 때는 널뛰듯 뛰는 못난 감정을 어떻게 하지 못한다. 감정에 치우쳐 내 마음 밭에 좁쌀만 널려있다는 자괴감 마저 든다.

사람만 그런 것이 아니다. 포근한 집에서부터 아끼는 살림살이까지 다 구질구질해 보이고, 마당에 버티고 선 나무들도 이건 키가 너무 커서 부담스럽고, 저건 낮아서 정이 안가고, 또 숲이 성글어 성이 안찬다. 청아한 새 소리도 시끄럽게 들리고, 비좁은 마당도 더 갑갑하다.

– 〈무단히〉에서

이쯤 되면 '무단히' 일어나는 일들을 설명할 길이 없다. 설명할 수 없는 이유를 작가는 그의 감정이 변덕을 부리는 것으로 치부하지만, 직접적인 원인이 되지 못하는 감정을 어떻게 해석할 것인가. 사람들끼리는 부딪힘에서 오는 감정 변화라 해도, 그토록 아름다워 보이던 자연이 한 순간에 마뜩잖아 보이는 것까지를 아우르는 이유를 찾기 어렵다. 감정 투사라고 하기엔 석연찮다. 그렇다면 그저 '무단히' 자신에게 다가오는 현상들이라 할 수밖에 없다. 이러한 감정의 기폭을 심리적 현상으로 설명한다 해도 그 심리의 저변에 깔린 근원적인 것까지는 말할 수가 없기 때문이다. 다만 우리는 세상 만물이 연기하여 발생하는 지금의 현상—감정만을 말할 수 있다.

굳이 표현하면 '인과율'로나 설명이 될까. 그래서인지 예전의 어른들은 '무단히'라는 말을 자주 사용하였다. 그때의 '무단히'는 알 수 없는 일이다. 조르바가 두목에게 사람은 왜 죽느냐고 물었던 것처럼, 무단히 일어나고 스러지는 일일 뿐이다.

> 오늘은 무단히 집과 살림살이가, 마당의 나무들이, 식구들과 자신이, 세상사가 모두 안쓰럽다. 그것을 넘어 너무 불쌍했다가 정말 고맙다는 생각으로 이어진다. 이럴 때는 내 마음 하나로 희로애락의 감정을 사르르 녹여낸다(……)
> 그래도 우리는 한쪽만 좇을 수 없다. 무단히의 습성이 내 의지와 상관없고 나를 조정하기 때문이다. 역사에서 그 어떤 것도 가정이 있을 수 없다고 하듯 무단히도 그냥 흘러가는 시간 속에 늘 잠재한다. 결코 따돌릴 수 없다. 아무런 의도와 계산이 없는 만큼 순수하다.
>
> — 〈무단히〉에서

앞에서는 청아한 새소리도 시끄럽게 들리던 안경덕의 마음이 변화하여 "세상사가 모두 안쓰"러움을 지나 고맙다는 생각으로 이어진다. 그것은 그의 마음이 번잡함에서 가지런하게 변화해 희노애락의 모든 감정을 잠재우고 대상에 연민이 생겼기 때문이다. 그러나 왜 그러한지는 알지 못한다. 그럼에도 작가는 '무단히의 습성이 자신의 의지와 상관없으나' 주체를 조정한다는 이유로 그저 좇아갈 수는 없다고 생각한다. 잠시 인간의 의지와 생각으로 '부단한' 무엇을 끌어오는 것이다. 현실을 사는 사람으로서 무엇인가를 부단하게 좇아가야 존재감을 잃지 않을 수 있기 때문이다.

 그럼에도 우리는 이 작품의 의도를 내포한 '무단히'에 대한 작가의 정의를 눈여겨봐야 한다. 그는 "아무런 의도와 계산이 없는 만큼 순수"하고 "그냥 시간 속에 늘 잠재하"여 우리는 "결코 따돌릴 수 없다."고 한다. 그렇다면 '무단히'는 우리 삶 속에서 함께 흘러가는 거대한 무엇, 즉 운명 같은 것일 수 있다. 주체의 의지로는 도저히 감당이 안 되는, 어떻게 제어할 수 없는 무엇이다. 하지만 프로메테우스의 후예인 인간은 신이 내린 운명 속에 자신을 얹고 흘러가려 하지 않는다. 즉 자신의 의지대로 보이고 들리는 눈앞의 현상을 좇아 쌓아가고 허물기를 반복하면서 이 세계를 끌어왔다. 그게 오늘날 인간의 모습이고 세상의 모습일 터이다. 우리는 '무단히'라는 부사 하나로 사유의 물결 속에 잠길 수 있는 글을 만나 잠시 즐거울 수 있었다. 그 단어는 인간 삶에서 아무것도 아닐 수도 있지만 때론 전부일 수 있는 무한성을 담지하고 있기 때문이다.

2-3 〈날고 싶다〉

 파란 창공을 날고 싶다는 인간의 욕망을 두고 이러저러한 해석이 가능하다. 하늘을 나는 새로부터 그 욕망이 연유한다고 보기도 하고, 인간은 근본적으로 자기 세계를 확장하고자 하는 욕망으로 허공을 날고 싶어 할 수도 있는 것이다. 그렇게 보면 새가 없어도 인간은 아무것도 없는 것처럼 보이는 저 푸른 하늘에 대한 호기심을 품었을 것이다. 이유가 무엇이든 인류의 후예인 안경덕 역시 본능을 펼치고 싶다. "날고 싶다! 궁극적으로 '날고 싶다'는 마음은 도대체 어디서 오는 걸까."라고 자문하는 그에게는 사방에서 "모두가 날고 싶은 몸무림"으로 느껴진다. 강가를 걷던 그는 총알처럼 튀어오르는 윈드서핑의 장면이나 함께 신나 날아다니는 물새들이 나는 장면을 두고 상쾌 통쾌함의 극치를 느낀다. 그 통쾌함은 자신이 날고 싶은 욕망에 비례할 테다. 그의 눈앞에 있는 강가의 생명체는 모두 "날지 않고 도저히 못 배기겠다라는 듯." 바람이 등 떠미는 방향으로 날아간다.

하지만 현실에서 그는 날지 못한다. 마치 까치발을 세운 소곳한 풀잎처럼 날고 싶어도 날지 못한다. 날고자 하는 욕망을 실현하지 못하는 그는 "경사진 길에서 저만치 가는 일행을 따라가려고 용쓰는 꿈을 자주" 꾸지만 끝내는 길을 잃고 헤매거나 멀어져가는 버스를 놓치고 발을 구르다가 잠에서 깨어난다. 현실에서 이루고자 하는 자기 욕망을 '부단히' 노력해도 되지 않을 때 인간은 이런 꿈을 꾼다.

강물 속에 퍼질러 앉아있는 바위도 나를 닮았다. 바위는 밀때 썰때로 몸을 수면 위로 드러냈다가 잠시 잠긴다. 물속에서 날고 싶어 안달을 내보는, 거기까지가 한계일 테다. (……) 나는 수 십 년 동안 제한된 시간, 정해진 생활권에서 일탈을 소원해보지만 늘 제 자리 걸음이다. 저 바위와 무어 다를까 생각한다.

— 〈날고 싶다〉에서

안경덕이 날고 싶은 것은 오랜 시간 한 곳에 붙박혀 산 이에게 찾아오는 떠나고 싶은 방랑 기질로부터 기인한다. 그래서 그는 놓친 버스가 사라지는 꿈을 꾸는 것이다. 혹은 자신도 모르게 소원하던 일이 물거품처럼 허망하게 스러져 버렸을 때, 혹은 현실에서 갈등하는 어떤 일이 있을 때, 길을 잃고 헤매는 꿈을 꾸기도 한다. 즉 그가 날고 싶은 것은, '무단히'가 아니라 무엇인가를 '부단히' 해내야 하는 현실 속에서 자신의 욕망이 충족되지 않기 때문에 그 반작용으로 날고자 하는 욕구가 강렬해질 수도 있다. 이를테면 더 나은, 더 너른 세상을 꿈꿀 때.

멘델스존의 〈노래위의 날개〉는 아주 유명한 곡이다. 나는 날고 싶을 때 마음이라도 날고 싶어 이 음을 한번 흥얼거려 본다. 내 남없이 빛나는 날개 달기를 한번쯤은 원한다. 누구에게나 크고 작은 기회도 주워진다. 하지만 소원하는 일을 이룬다는 것, 그것은 피눈물 나는 노력의 대가다. 화려한 날개일수록 그만큼 따르는 고통의 부피가 크다. 그러니 내가 날개를 부러워하는 것조차 억지라는 생각을 한다. 그래도 미련을 못 버린다. 미지의 세계가 거기 있기 때문이라고 옹색한 핑계를 댄다.

— 〈날고 싶다〉에서

 그가 날고 싶은 것은 자신의 욕망이 주저앉은 어디쯤에서, 혹은 '부단히' 노력한 삶의 한 지점에서 그런 본능이 튀어나온다. 이를테면 자신에게 보내는 위로 같은 것일 수도 있고, 이루지 못한 생에 대한 항거로서의 욕구일 수도 있다. 인간은 누구나 "빛나는 날개 달기를 한 번쯤은 원"하며, 안경덕 또한 같은 욕망을 가진 존재이기 때문이다. 그 날개는, 소원하는 일을 이루기 위해 '피눈물 나는 노력'을 해야만 돋아나는 생의 선물 같은 것이다. '무단한' 삶의 흐름을 즐겨하는 그가 이 '부단한' 노력이 필요한 '날개 달기'에 미련을 버리지 못하는 것은 그것(곳)에 아직 경험해보지 않은 새로운 세계가 있을 거라는 기대나 환상 때문이다. 눈앞의 현실이 아닌, 미지의 꿈의 세계를 그리게 하는 환상이 있기에 인간은 무한히 짓고 세우며 이 세계를 만들어 왔을 것이다. 새로운 세계를 꿈꿀 수 있는 것은 '무단히' 흘러가는 것의 기쁨을 아는 순수한 존재이기에 가능하다. 그래서 안경덕은 "비행기 한 대가 뜬금없이 강 위로 불시에 나타"나는 것처럼, 그의 삶에도 느닷없이—무단히 찾아오는 비행기가 있길 소망한다. 이유 없이 찾아오는 행운이야말로 우리의 일상을 날아오르게 하는 진짜 행운이지 않겠는가.

2-4 〈달빛 소풍〉

어릴 적 부르던 노랫말이 뜬금없이 생각나서 흥얼거리는 것처럼 나이가 들어 생물학적 성숙이 끝나고 퇴화해가는 중에도 우리는 유년 시절에나 부릴 수 있는 치기나 호기 또는 만용을 부려볼 때가 있다. 그냥 '무단히' 고요하고, 흥분되고, 어떤 대상에 사무치는 마음이 생겨 우러르며 욕심을 부릴 때 말이다. 자유롭고도 편안하게, 그냥 그렇게. 어느 날, 밤하늘의 달을 두고 안경덕은 그렇게 말한다.

> 나만의 달이 있다. 밤마다 휘영청 밝은 달이 숲속에서 뜬다. 이 달은 날씨가 흐려도 눈비가 와도 천연덕스럽게 뜬다. 일 년 삼백육십오일을 하루같이 노숙하면서도 눈부시게 빛난다. 빨갛게 익은 달이 항상 나만 쳐다본다. 덩달아 내 마음의 달도 뜬다. 오래전 늦은 저녁이었다. 가게 앞에서 나른한 두 팔을 쭉 뻗었다. 오른쪽 다섯 손가락이 가리키는 곳에 환한 보름달이 떠 있었다. 순간 전율이 일었다. '저건 내 달이야' 하고 점찍어 놓고, 그 자리에서 한참 동안 달을 바라보았다.
>
> — 〈달빛 소풍〉에서

자연인 달은 그저 무심하게 뜨고 지는데, 인간인 그는 자신의 것이란다. 하루의 일과를 마무리하고 지친 몸을 쭈욱 펼 때 우연히 마주친 그의 손가락과 달의 만남이 이유라면 이유였다. 사실 그보다는 손가락이 가리키는 곳에 있던 달을 만나는 순간의 전율이 아니었다면 그가 굳이 '나의 달'이라고 말하지 않았을 것이다. 전율은 그가 해독하지 못하는 몸의 메시지였지만 그것은 그의 마음과 달이 소통하는 찰나의 시간이었다. 알지 못하는 그것을 안경덕식의 언어로 '무단히'라고 할 수 있겠다.

"비바람까지 몰아치는 밤엔 우우거리는 바람소리가 달에 시비를 걸어오"고 "나무들은 맑고 고요한 날도 살살 부는 바람과 그림자를 빌려 달의 얼굴을 요리조리 가려 조각달로, 옆으로 살짝 비켜서 반달로 만"들지만 "달은 부동자세다". 한시도 가만히 머물지 않는 바람의 속성과 작가의 상상력이 만나 달은 '무단한' 존재로, 바람은 '부단히' 움직이는 존재로 묘사되고 있지만 실은 바람은 그저 순리대로 '무단히' 불어오고, 달은 차올랐다 이지러지기를 '무단히' 반복할 뿐이다. 자연에 대한 작가의 상상력 또한 경험치에서 발현하였을 터다. 그래서 그는 달을 두고 "미련한", "굳은 심지"로 표현하며 자신의 마음이 꽉 붙잡혔다고 한다. 한 곳에 정주해 살면서 다른 곳으로 가지 못하고 사는 그의 삶과 닮았기 때문이다.

이런 달을 내 첫사랑인 양 비밀이 깃든 장소에서 은밀히 만난다는 사실에 가슴 떨린다. 아무에게도 보여주기 싫고, 아무한테도 들키고 싶지 않다. 누가 본다고 달이 닳는 것도 아니요, 누가 좋아한다고 내 사랑이 줄어드는 것도 아닌데 그냥 그러고 싶다.……

오늘따라 나만의 보름달이 더욱 커 보이고, 광채를 더 많이 발한다. 붉은 석양처럼 눈이 부시다. 언제 왔을까. 남편이 내 옆에서 달을 보며 한마디 툭 던진다. "달도 밝다." 나도 한마디 거든다. "보름달이거든."

— 〈달빛 소풍〉에서

달을 독점하고 싶은 그의 욕심은 달을 향한 사랑의 정도와 비례한다. 달은 '무단히' 만물을 비추고 있으나 그에게 와서는 그만의 달이 된다. 달은 모두에게 비추면서 작가 안경덕만의 달이 되는 것이다. 그러나 작품의 결미를 보자. 그는 다시 '무단히'의 세계로 돌아간다. 달이 밝다는 남편의 말에 그는 "보름달이거든"이라 화답함으로써 자연의 '무단한' 세계로 돌아간다. 무량하게 빛나는 달에 대한 예찬도, 그가 사랑하고 긍지를 가진, 혹은 경이로움을 설명하는 게 아니라 그저 그렇게 '무단한' 보름달이라고 표현하는 것이다.

3. 마치며 – 무용하고도 아름다운 세계

표제작인 〈달도 밝다 보름달이거든〉에서처럼 달은 문학에서 무용하고 아름다운 세계를 그리는 대상이다. 저 허공에서 빛나는 달은 현대인에게 무슨 의미가 있으며 어떤 유용함을 줄 수 있을까. 전깃불이 대낮처럼 환한 세상에서 보름달은 그저 시인들의 소재로 등장하거나 누군가 화 난 감정을 다스리려 올려다본 하늘에서 우연히 마주친 작은 위안거리 정도가 전부이지 않을까. 필요한 것은 무엇이든 다 창조해내는 문명인들에게 달은 그저 하늘에 떠 있는 무용한 자연물로만 존재할 수도 있다.

물론 안경덕의 수필 세계가 이토록 '무단한' 것만 있는 것은 결코 아니다. 〈종이는 언어의 집이다〉, 〈매실의 눈물〉, 〈바다 그 파도 소리〉, 〈대숲 노래〉, 〈노을 품다〉 등의 다양한 세계의 작품이 있지만, 수필가 안경덕만이 말할 수 있는 것을 찾아 '무단히'의 세계를 언급했을 뿐이다. 그의 수필집 《달도 밝다 보름달이거든》을 낱낱이 해체하였다가 한 주제로 뭉뚱그렸더니 이 '무용하지만 아름다운 문학 세계'가 드러났다는 뜻이다. 따라서 안경덕은 주로 자연을 다루고, 먹거리 문화의 이야기를 많이 한다. 그래서인지 그는 근본적으로 자연을 아름답게 노래하고, 등장 인물들에게도 사람살이에 대한 거부감을 드러내지 않는다. 이 세계에 참여하는 주체로서의 '부단히' 노력하는 작품 이외에는 거의 '무단하게' 흘러가는 삶의 이야기이다. 이 세상을 마주하는 작가의 마음이 그러하기 때문일 것이다.

'그리스인 조르바'를 통해서도 짐작한 바 있는 '무단히'는 인간의 논리적 구조를 해체하여 '부단히' 살아가야 하는 현실 논리에서 잠시나마 비껴서게 한다. 언어가 발달하면 세상은 그만큼 섬세해지기도 하지만 인간의 의식은 복잡해지게 되는 것도 사실이다. 그런 현실에서 일어나는 현상들을 '무단히'로 바라보는 삶의 태도는 우리의 지친 마음을 한 걸음 늦추고 쉬게 해준다. 그와 더불어 안경덕의 작품세계가 아름다운 이유는 유용한 것만을 추종하는 현대의 우리에게 무용한 세계의 아름다움을 문학적으로 보여주었기 때문이다. 그만이 말할 수 있는 세계가 있다는 것은 작가에게 큰 자산이다.

인간적인 너무나 인간적인
– 박숙자 《지느러미의 여유》

1. '인간적'이라는 교집합으로 시작

　박숙자의 두 번째 수필집 《지느러미의 여유》의 주제를 정하고 보니 니체가 쓴 '인간적인 너무나 인간적인'이 떠올랐다. 책 제목이기도 한 저 구절은 무시로 떠돌면서 많은 사람에게 회자 되었을 테고, 《지느러미의 여유》를 읽으며 끼적여둔 메모를 훑는 사이 필자에게도 슬쩍 끼어든 모양이다. 애써 찾은 주제는 밀고 나아가야 할 터. 《인간적인 너무나 인간적인》과 《지느러미의 여유》 사이에 있을 교집합을 성글게나마 찾아가 본다.
　니체의 사상서 《인간적인 너무나 인간적인》에는 모든 진리나 가치의 관념은 생이 스스로 충실·발전을 위해서 선택한 도구에 지나지 않는다는 실용주의적인 인식론이 들어 있다. 그것은 현실을 유리한 관점에서 해석한 것에 지나지 않기 때문에 모든 가치관의 배

후에는 속물적인 타산이 도사리고 있어, 과장된 절대성의 가면을 벗기고 해방하려 했다. 그런 만큼 친구· 남성· 여성· 가족· 국가 등을 통해 실증적 의미의 개인에 관해서 많은 지면을 할애한다. 그의 인식론은 "삶 자체는 본질적으로 강자의 횡포, 공격, 지배이며 약자에게 그것은 억압, 고통이다. … 가장 힘없는 온순한 자에게는 착취일 뿐이기 때문"이라는 구체적 표현에서 잘 드러난다. 그러나 그것은 "생명체의 근본 기능으로서 삶의 본질에 속하며, 엄밀히 말해 삶의 의지라고 할 수 있는, 힘에의 본능적 의지의 결과"(《인간적인 너무나 인간적인》)이다. 그런 니체의 사상을 따라가다 보면 인간이 만들어 온 세상은 오류투성이고, 절대적인 진리와 고정 불변한 사실은 없다는 것을 인정할 수밖에 없다. 따라서 인간적인 것은 인간의 불완전성을 인식하고 수없이 많은 대립적인 사유 방식에 이르는 길을 허용하는 성숙한 정신의 인간을 의미한다.

2. 그래도 무언가를 만들려는 사람

우리가 살고 있는 사회에서는 부조리함을 넘어서 대상이 정해지지 않은 무차별적 폭력이 등장하는 경우가 있다. 개인의 분노가 사회를 향할 때, 대상이 정해지지 않은, 직접적인 관계가 없는 사람들이 피해를 보고 불안감에 빠진다. 그런 현실에서 사람들은 타인에 대한 신뢰를 갖지 못하고 모르는 사람은 배척의 대상으로 삼기도 한다. 도움을 받아야 하는 불우한 사람이나 사회적으로 취약한 환경에 있는 약자를 만났다 해도 선뜻 나서기 어렵다. 그러나 박숙자의 수필집 《지느러미의 여유》에는 그와 다른 유형의 화자가 등장한다. 〈진실게임〉을 보자. 이 글에서는 두 개의 에피소드가 상반된 내용으로 전개된다.

> 사람일까, 아니면 단순히 짐 뭉치일까. 궁금하다. 설마 사람이라면 이렇게 추운 날 야외에서 잤을까, 아님 새벽부터 집을 나와 배회하는 걸까. 그냥 지나칠까, 망설여진다. 인적이 드문 데다 불량한 사람이라면 도리어 행패라도 당하지 않을까, 그래도 사람이라면 도와야 하지 않을까. 망설이다 용기를 냈다.
> ― 〈진실게임〉에서

결심을 굳힌 화자는 초라한 행색으로 온몸을 웅크리고 있는 낯선 사람에게 다가가며 그가 어떤 사람일지 상상한다. '사업에 실패한 노숙자' '가정불화로 집을 나온 가장' '중국에서 넘어온 동포'일 수 있다는 가정까지. 화자는 상대가 반응을 보이지 않자 "아저씨, 오늘 엄청 추워요." "어디 따뜻한 곳으로 옮기세요." "적지만 이 돈으로 따끈한 해장국이라도 사 드세요"로 인기척을 낸다. 그러자 노숙인은 더 이상 참지 못하겠다는 듯 부스스 일어나 "나 거지 아닙네다."를 겨우 뱉어내고 비틀거리며 자리를 뜬다. 화자는 그의 현실에서 보고 들은 정보로 노숙자를 판단한 것이다. 상대가 서둘러 자리를 뜨고서야 화자는 '체온으로 덥혀놓은 의자마저 뺏어 버린 꼴이' 되었다며 자책한다.

다른 에피소드는 서울역 대합실에서 열차를 기다리는데 '예쁜 아가씨'가 와서 자기가 임신을 했으니 도와달라고 한다. 가진 돈을 잃어버리거나 급하게 나오느라 지갑을 들고 오지 않을 경우, 걸인을 만날 수는 있으나 임신을 했다는 핑계로 돈을 요구하는 것은 인간의 상상을 초월하는 위악이니 화자도 흔들릴 수밖에 없다. 상대가 흔들린다는 것을 눈치챈 아가씨는 더욱 집요하게 밀어붙이다 미혼모를 돕는 곳에 가라는 말을 듣고서야 다른 사람에게로 옮겨간다. 정체를 알 수 없는 노숙인 남자는 원치 않는 도움을 주자 거절을 했고, 아가씨는 도움을 요구했으나 거절당했다. 두 개의 에피소드를 놓고 인간에 대한 이해의 끝은 어디인가, 혹은 타인을 돕는다는 것의 의미와 한계를 생각해 볼 수 있다.

> 진실게임은 진, 위를 가리라 압박하면서 늘 사람과 사람 사이를 현재진행형으로 휘젓는다. 한순간에 참과 거짓을 구별해야 하는데, 번번이 헷갈린다. 수없이 풀었기에 속지 않을 법한데 거짓을 진실인 양 전하는 사람들의 수법이 한 수 위인지라 많이들 속는다.(중략)
>
> 참 이상하다. 한 끼의 밥을 위해 땀 흘리는 허름한 사람들은

참말을 거짓말처럼 어눌하게 하고, 막대한 권력을 쥔 위정자들은 거짓말을 참말같이 술술 잘한다. 당의정으로 감싸도 약의 본질을 알아 보는 혜안이 필요하듯, 난무하는 허위 속에서 참을 골라내는 지혜가 필요하다. 그런데 마치 까만 안경이라도 쓴 것처럼 주위가 까맣게 보이니 그 속에서 참을 고르는 일은 쉽지 않다.

― 〈진실게임〉에서

진실게임에서 이기려면 참과 거짓을 명확하게 알아보는 능력이 있어야겠지만 더 중요한 것은 상황 논리다. 왜냐하면 진실과 거짓은 어떤 상황에서 누가 한 말인가와 행위가 중요하기 때문이다. 한 끼의 밥을 정직하게 구하는 사람들은 자신을 포장할 필요가 없기에 진실 그대로를 말하니 다소 어눌해 보일 것이고, 무엇인가 자기 욕망을 숨기고 있는 사람은 그것을 들키지 않게 말해야 하므로 화려한 화술 속에 진의를 가리는 것이다. 화자가 말하는 "당의정으로 감싸도 약의 본질을 알아보는 혜안"은 니체가 말하는 초인에게나 가능한 일일까. 니체는 이 세계를 다양한 해석이 가능한 텍스트로 보고 "엄밀히 말해 사실이란 존재하지 않으며, 오직 해석만이 있을 뿐이"라고 한다. 인간의 진실이라는 것도 어떻게 해석하느냐에 따라 달라진다는 것이다. 고정불변의 가치는 없고, 진실이라고 믿는 것 또한 지나고 나면 어떤 현상으로 변모될지 모를 일이기 때문이다. 인간이 이토록 복잡다단한 종으로 변한 것은 상대를 제압하고 우위를 점하려 투쟁해 오는 동안 서로를 속이고 속여 온 역사적 산물이다. 거짓이든 진실이든 본능적 의지의 힘은 그렇게 단련되었다.

그럼에도 〈진실게임〉의 화자는 인간적 진실을 실행하고자 한다. 그는 사람으로서 가질 수 있는 양심을 가지고 노숙자를 도우려 하고, 생명을 담보로 제 생의 안위를 얻으려는 여자의 위악을 물리친다. 자유 정신을 추구한 니체가 '절대 악'이란 없다고 말하면서도 진정한 도덕성은 개인적인 요소에 바탕을 두어야 한다고 한 것처럼, 화자는 자신의 판단을 실행한다. 이성 중심의 삶을 사는 현대인은 수많은 사회현상 속에서 선을 지향하고 악을 지양하며 살아가는 존재다. 휴머니즘이라고도 말할 수 있는 인간에 대한 예의는 개인적 예의가 있고, 사회적 예의가 있다. 노숙자를 도우려는 행위는 한 개인에 대한 측은지심의 발로여서 미담으로 보겠으나 역 대합실에서 만난 '예쁜 아가씨'에게 속지 않고 당당하게 버틴 것은 화자의 사회적 윤리가 발현된 것으로 본다. 현존의 세계가 때로 '아비투스의 장'이라 해도 임신을 자신 생의 방패막이로 삼는 태도는 보편적 도덕성이라 할 수 없기 때문이다.

화자는 자신의 혜안 없음을 염려하지만 해야 할 일과 하지 않아야 할 일을 구분하는 결단이나 자신의 가치관을 실행하는 일상의 태도는 오히려 무엇인가를 만들어가려는 사람의 지혜로 보인다. 그 무엇이 인간의 양심이든, 사회적 윤리든 눈에 보이는 현상에 무관심하지 않고 참여하고 바꿔보려는 시도가 그렇게 느껴진다. 비슷한 범주에 있는 〈아마추어 마라토너〉, 〈겉과 속〉에서는 현실과 정치의 부조리함 속에서 개인이 어떻게 뿌리내리고 살아야 하는지를 사유하게 한다. 〈덕수궁, 노을빛과 쪽빛을 품다〉, 〈가네코가 된 송신도〉는 역사적 존재에 대해, 그리고 역사에 희생된 여성 송신도의 이야기를 들려준다. 작가의 건강한 시각이 든든하게 읽히는 작품들이다.

3. 경계 지우지 않는 사람

박숙자의 수필집 《지느러미의 여유》에는 사람과 사람 사이의 이야기들이 대부분이다. 그의 화자들은 사람과의 관계에서 부딪침을 당하거나 상처를 받더라도 끝내는 상대를 이해하고 감싸 안는다. 아니 그보다는 삶에서 만나는 문제들이 그에게는 응당 인생에서 겪고 지나가야 할 바람으로 여겨지니 고통도 그에게 와서는 고개를 수그리고 가는지 모르겠다. 니체는 '인간의 삶은 본질적으로 약자에 대한 강자의 횡포여서 억압과 고통의 세계'일 수밖에 없고, 그것은 힘에의 본능적 의지 때문이라 했으나 박숙자의 화자들은 오히려 인간의 의지로 약자를 연민스러워하고 감싸 안고자 한다. 작가의 분신으로 보이는 화자들은 중산층 이상의 가정에서 산자락에 작은 공간까지 만들어 여유를 누리며 사는 사람임에도 아픈 이들을 염려하고 사회적 약자에게 따뜻한 시선을 보내며 한국인이 아닌 다문화 가정에도 애정을 갖는다. 한 마디로 박숙자가 형상화한 화자들은 '너무나 인간적인 사람'들이라는 것이다.

수필 〈빈 뜰에서〉는 친구 영림이를 두고 착한 것이 아름답다고 말하던 화자는 누구에게나 헌신적인 영림이가 아픈 것을 자신처럼 아파하고, 〈삭정이와 라일락〉에서는 평생 고생만 하며 살던 감골 아주머니가 남편의 교통사고로 더 힘들어지는 것을 염려하며 그녀가 잘 견디도록 빌어준다. 〈웃음소리〉는 화자가 이포(IPOH)에 갔을 때 만난 중국인 택시 운전사 미스터 위의 이야기이며, 〈한랭전선 물러나다〉에서는 동물을 별로 좋아하지 않아 밀어내던 화자가 농장에 찾아온 어미 고양이를 외면하지 못하고 먹이를 주다 정이 드는 이야기다. 이런 작품들을 통해 알 수 있는 것은, 화자는 타인과의 사이에서 경계를 짓지 않거나 혹은 경계를 지우려 노력하는 사람이라는 점이다. 사람 사이의 벽을 만들지 않는 사람은 자신은 물론 타인에게도 편안한 사람이다. 그것은 근본적으로 인간 사이의 불완전성을 체득하고 타인을 자신 안으로 받아들이지 않으면 그런 행위가 나올 수 없다.

〈또 하루를 살 수 있는 힘〉의 화자는 여행지에서 만난 사람들을 타자화하지 않고 마치 자기의 일처럼 여기는 사람이다. 그는 콰이 강 가에 있는 리조트에서 여러 날을 지내며 그곳에서 홀로 쌍둥이 아이를 키우는 남자를 만난다. 아직 유목문화의 흔적이 남아있는 그곳에서는 자식을 낳고 난 후 떠나버리는 남자들을 용인하는 대신 여자들이 아이를 키우며 경제권을 갖는다. 경제적으로 취약한 지역이어서 여자들은 조혼이 많고, 무능한 남편과는 과감하게 헤어지기도 하는 것으로 보아 결혼문화가 안정되게 정착하지는 않았다. 문명의 잣대를 들이대지 않는다면 자유로운 결혼제도라고 할 수 있겠다. 그런 마을에서 스무 살 정도의 남자와 여자는 짧은 시간 진실로 사랑하고 아이를 낳았다. 그리고 아내는 죽음을 맞고, 남자가 홀로 아이들을 키우고 있다.

젖을 대용할 물품이 부족한 쌍둥이들 앞에서 두 손을 비비며 애타는 남자의 모습이 한동안 머리에서 떠나질 않는다. 그의 고달픔이 마음을 휘젓는다. 아이를 안고 가파른 길을 오르는 아비의 슬픔이 먹먹한 여운을 남긴다. 엄마 품을 모르고 잠든 쌍둥이에게 타국에서 온 할머니는 잠깐이지만 품을 내어 준다.
― 〈또 하루를 살 수 있는 힘〉에서

딱한 사정을 들은 화자는 심청의 아비 같은 남자의 모습이 떠올라 마음이 아프고, 어미의 품을 모르고 자라는 아이들이 연민스러워 그들을 가슴에 안고 인간적인 따뜻함을 전한다. 아이를 품어본 어미의 본능이 저절로 그렇게 하게 했고, 이제 겨우 돌 지난 쌍둥이들이 아빠가 일하는 리조트의 잔디밭에서 벌거숭이로 뒹구는 모습을 애잔한 시선으로 보고 있다. "걸음마를 배우는 아기들의 몸짓이 서툴다. 일어서다 넘어지고, 다시 아비 목을 잡고 일어선다." 아비는 틈틈이 "쌍둥이에게 물을 먹이고, 비닐봉지에서 밥알을 꺼내 넣어준다. 남자는 어미 새의 몸짓으로 아이를 돌"보고 "쌍둥이들은 보채지 않고 아비의 품에서 떨어져 저희끼리 엉킨다. 마른 줄 알았던 아비의 눈길이 촉촉"한 것을 지켜보던 화자는 먹구름 속에서 햇빛이 섬광처럼 빛나는 순간 "틈새의 쪽빛 하늘이 그리움처럼 얼굴을 내밀어" 그 좁은 사이로 "슬퍼 보이는 여자가 쌍둥이들을 내려다 보"는 환상을 경험한다. 부부의 정을 알고 자식을 품어본 화자가 어미의 심정으로 자신의 간절한 감정을 투사하여 몰두해 있을 때 "어미 새가 되지 못한 어미의 울음이 귓가에 맴도는" 환청을 듣는다.

아주 잠깐 사이였다. 쌍둥이의 아비와 어미가 한 쌍의 길조가 되어 날아가는 환상을 본다. 그리고 아기들을 생각하며 희망의 싹을 틔워본다. 잔디를 안방으로 여기며 뒹굴고 자란 쌍둥이들에게 가장 익숙한 곳이 바로 골프장 환경이다. 녀석들은 태생부터 골퍼다. 건강하게 자라서 세계적인 골프 선수로 성장하는 소망을 담아본다. 꿈을 꾸고 이룰 수 있는 것도 사람의 일이기에 가능하다고 믿으며 이런 바람이 아비에게도 전달되면 또 하루를 살 수 있는 힘을 얻으리라.

— 〈또 하루를 살 수 있는 힘〉에서

이국땅에서 만난 타인의 아픔에 얼마나 깊이 공감하고 자신이 느끼는 아픔을 절실하게 투사했으면 구름과 햇빛 사이의 틈을 보며 어미 새의 환청을 듣고 환상을 보게 되는 것일까. 그들을 자신 안으로 완벽하게 받아들일 때 비로소 가능한 일이다. '나는 당신이 아프다'처럼 상대의 아픔에 '나'를 잉여 없이 완벽하게 겹칠 수 있을 때만 가능한 일 아닐까. 타인의 아픔을 이해하고 공감하기보다는 오히려 타인의 슬픔을 조롱하고 웃어넘기거나 희화화하기를 주저하지 않는 현대인의 몰이해성과 무 감수성 앞에서 저토록 타자에게 자신을 내주는 모습은 차라리 아름답다. 그나마 상대는 낯선 이국의 사람들이어서 '너와 나' '남과 여' '부모와 자식' '내 가족과 남의 가족' '아는 사람과 모르는 사람' '내 나라와 남의 나라'…… 수많은 경계를 허물고 모두 '나'가 되는 화자를 통해 인간의 위대한 모습을 본다. 정말 '인간적인 너무나 인간적인' 사람이다.

4. 진자(錘)의 중심을 가진 사람

《지느러미의 여유》의 화자들에게도 생은 아픔을 겪고 어려움이 닥치는 고통스런 순간이 온다. 그러나 그들은 같이 염려하고 문제의 해결을 돕기는 하나 곧 자신의 자리, 평정심의 자리로 돌아온다. 그리고 지나간 사건을 담담하게 서술한다. 경험의 세계를 이야기할 때도 스토리에 힘을 주거나 과장된 묘사를 하지 않는다. 어찌 보면 수다스런 표현을 하지 않는, 수사학적으로 화려하지 않은 언술로 꼭 필요한 사건과 최소한의 감정 표현을 하는 화자들이다. 만일 현실에서 그런 사람이 있다면 누군가는 진중한 사람, 혹은 진실한 사람이라고 하겠고, 어떤 이는 너무 사실적이어서 재미가 없다고 할 수도 있겠다. 그러나 그런 화자는 감정에 흔들리지 않아 타인에게는 흥미를 주지 못할지라도 자신은 평화로운 사람일 수 있다. 그런 화자는 니체의 근대적 사고인 '개인의 탄생', 즉 '자신을 완전한 개인으로 만들어야 하고 모든 행위에 있어 개인의 최고 안녕을 추구해야' 집단의 행복도 가능하다는 인식과 닮아있다.

〈바람의 고비〉를 보자. 조카의 일탈로 온 집안사람들이 마음고생하고 안도의 숨을 내쉴 즈음, 화자는 "사람 사는 세상에는 늘상 바람이 분다. 봄 날씨처럼 살랑거리는 바람도, 사람을 날려 보낼 듯한 강풍도, 살아있기에 온몸으로 맞는다. 적당한 바람은 삶에 활력소가 되지만, 대체로 바람 끝은 매섭"고, "살면서 불어오는 바람의 고비를 우린 그렇게 넘고 있다"고 말한다. 저 태도는 범박하게 표현된 중용의 삶이다. 그 사건으로 무엇을 어떻게 변화시켰는지 따위의 가치판단은 하지 않는다. 인생을 살다 보면 누구에게나 어려움은 오기 마련이고 좀 힘들지만 자연스럽게 지나간다는 생각은 달관자의 태도에 다름아니다. 인간과 인간의 삶을 꿰뚫고 그에 흔들리지 않는 존재의 태도다.

《지느러미의 여유》에는 매우 인간적인 화자들이 등장한다. 그들의 면모를 살펴보기 위해 니체의 '인간적인 너무나 인간적인'을 끌어왔듯이, 박숙자가 그려내는 인물들 또한 그 범주에 넣을 수 있는 사람들이다. 인간사회는 경쟁 속에서 유지되기에 인간은 자신의 자리를 지키기 위해, 혹은 한 단계 높은 곳으로 비상하기 위해 타인을 밀어내거나 발판 삼아야 하는 경우가 있고, 자신이 처한 위기를 극복하기 위해 타인을 기만하기도 한다(《설탕과 소금》). 니체는 인간을 두고 '동물과 초인 사이에 놓인 밧줄'로 축약해서 표현한다. 인간은 때로 본능적 동물이고 어느 땐 초인의 위치에 놓이기도 하지만 중요한 것은 인간적 의지(내면)의 힘을 놓지 않는다는 점이다. '동물'과 '초인' 사이의 간극 만큼 인간을 해석하는 범주는 크고 자유롭다. 그 범주에 속하지 않는 인간은 없다.

같은 맥락에서 '인간적인'에 초점을 두고 박숙자의 화자들을 살펴보았다. 완전무결한 인간을 '초인'의 위치에 둔다면, 불완전성을 가진 우리는 사랑하고 미워하며 때로는 투쟁도 하고 물러설 줄도 알며 이 세계를 살아간다. 니체의 '인간적인' 사람과 박숙자의 '인간적인' 사람은 촘촘한 연결망을 가지고 있기도 하고 반대의 성향도 가지고 있지만 모두 다 '인간적인 너무나 인간적인' 안에 포섭된 존재들이다. 《지느러미의 여유》에서 전체를 관통하는 아쉬운 점 한 가지를 언급하면, 서사구조와 소재들 사이의 연결망이 촘촘하지 못하다는 점이다. 일관된 서사는 탄탄한 구성으로 완성된다.

시간의 퇴적층을 마주하고
- 지홍석 《도자벽화》

1. 수필가 지홍석, 혹은 작품 이해의 단초

  수필가들은 책을 출간할 때 대체로 '작가의 말'이 담긴 서문을 쓴다. 그 지면에는 작가가 글을 쓰게 된 이유나 '자기'라는 한 존재를 헌신하듯 바쳐 쓴 작품을 세상에 내놓는 변이 담기기도 한다. 이를테면 작가라는 주체가 자신을 세상 밖에 내놓는 방식이 다양할 텐데, 굳이 문학을 선택한 까닭을 슬몃 말할 계기의 장이 되는 것이다. 그 내용을 토대로 독자는 작가와 작품의 상관성을 연결하며 텍스트를 해석해낸다. 수필 작품에서는 작가와 경험적 자아를 동일하게 간주하기 때문이다.
  지홍석의 《도자벽화》에서는 그러한 단초가 쉽게 찾아지지 않고, 순간의 단상을 포착한 '작가의 말'이 있을 뿐이다. 다만 그가 쓴 '작가의 말'에서 엿볼 수 있는 단편적 사실 한 가지는 '세월이 흘러 언젠가 아무도 기억해 주지 않는다 해도 지금 글을 쓸 수 있다는 것만으로 행복하다'는 것이다. 어쩌면 이 말이 수필을 사랑하는 작가의 대표적 표현이지 싶다. 마찬가지로 지홍석은 작품에서도 순간의 단상을 포착하여 서사를 직조해내는 방식을 취한다. 이러한 부분은 그가 어떻게 사고하고 글쓰기를 하는지 한 성향을 보여주는 것이 아닌가 싶다.

어쨌거나 《도자벽화》에는 그가 현재 하는 일과 관련한 소재가 많아 그의 실존적 삶의 방식을 이해하는 데에 도움이 되긴 하나, 작품세계를 이해하는 데 일조하는 작가의 문학적 세계는 그리 눈에 띄지 않는다. 특히 수필 문학은 체험을 바탕으로 쓴 글이라는 본질적 문제를 벗어날 수 없기에 작품 해설에서 중요한 지점이라 본다. 그런 이유로 작가의 개인사가 가장 많이 담겨 있는 〈'성실'이라는 나무에 열린 열매〉라는 수필을 통해 작가 지홍석의 면모를 찾아보는 것으로 이 글을 시작할 수밖에 없겠다.

그는 부잣집에서 태어나 어머니의 사랑을 받으며 자랐다. 어느 때부터인가 가세가 기울었는데 어머니의 신병(巫病)이 주원인이 된 듯하다. 대체로 강신무(설명이 따로 없지만)는 신내림을 받지 않으려 버티다가 자식이 아프거나 집안에 화를 당하고서야 어쩔 수 없이 받아들이는 경우가 허다하다. 작가의 어머니 또한 다른 방법을 택하려 거부하고 거부하다가 '집안이 완전히 기울어지고, 당신의 몸이 알 수 없는 병으로 만신창이가 되고서야 내림굿을 하게 되었다'(《몸주))고 말한다. 이유야 어쨌든 한 존재가 인간으로서의 자기 주체성을 가지고 살기보다는 신의 섭리에 기대 살아야 하는 삶의 전환 방식은 그리 간단하지 않다. 신내림을 받는 과정에서 인간은 사지가 찢기는 것에 비견하는 아픔을 당하기도 하고, 죽음을 맞이하는 것처럼 정신과 육신이 혼란과 고통을 겪어야 한다니 가히 그 어려움을 짐작해 볼 수 있겠다. 그래서 신과 인간의 중간자, 매개자의 역할을 할 수 있는 능력을 받게 되는 것은 아무나 할 수 있는 일이 아니다. 그것은 천명이기 때문이다.

그런 환경에서도 작가는 어머니에게 사랑을 듬뿍 받으며 천진하게 자랄 뿐, 어머니와의 삶에 대한 갈등 요소는 보이지 않는다. 다만 기운 가세로 그는 고등학교를 졸업한 후 군의 주력화기인 대포와 포탄 껍데기 등을 생산하는 방위산업체에 취직한다. 그가 주로 하는 일은 섭씨 1800도가 넘는 고온의 용광로에서 끓는 쇳물을 조형물에 붓고 열기가 식어 쇳덩어리로 굳어지면 주물사에서 분리해 털어내는 작업이다. '흘러내리는 땀으로 파란 작업복이 하얀 얼룩으로 변하는' 고통은 참아낼 수 있었지만 수십 킬로의 쇳덩어리와 씨름하다 견뎌내지 못한 허리로 그만둘 수밖에 없었다. 그후 'K화학'을 거쳐 'SK 스마트 자전거'에서 근무하며 직원들의 편에 서서 노동조합을 결성하다 해고를 당하게 된다. 30여 년이 흐른 지금 그는 여행사를 운영하고 있다. 작가는 이러한 삶에 대한 통찰 과정에서 수많은 경험이 그를 성숙하게 했고, 수필을 쓰는 작가로서 긍지를 가지고 있음을 〈'성실'이라는 나무에 열린 열매〉를 통해 말하고 있다.

수필가 지홍석은 2008년 월간 《문학세계》로 등단했으나 2010년 《수필과비평》에 재등단했다. 2014년 《도마 위의 여자》를 상재 하여 호평을 받았고, 《도자벽화》로 수필과비평문학상을 수상하게 되었다. 이 수필집에서는 그가 여행사를 운영하며 산에 오르거나 여행지에 가서 보고 체험한 소재가 주를 이룬다. 그러다 보니 현장에서 사람들과 부대끼며 생각하고 느끼는 점을 스케치하듯 그려낸 작품들이 많다. 때에 따라서는 수필가들이라면 꺼리는 이야기를 대담하게 그리고 거침없이 표현하기도 한다. 그런 면에서 이 작품집은 장점이 단점이 되기도 하고, 단점이 장점이 되기도 하는 묘한 지점을 획득한다. 그것도 수필문학 세계의 변화를 위한 한 부분이 될 테니, 그의 작품들에 대한 평가는 시간이 더 흐른 다음에 이야기될 수 있겠다는 생각이 든다.

2. 전쟁의 참혹한 역사성

문학에서 가끔 맞닥뜨리는 역사를 직접 체험할 수 있다면 우리는 어떤 진실과 마주하게 될까? 그러나 우리는 이미 지나 버린 역사를 두고 현재의 관점에서 되새기고 판단할 뿐이다. 최소한 그러한 역사가 꼼꼼하게 재현된 작품이 있다면 그 작품을 보며 우리는 많은 것을 생각하고 배우며 역사의 발전을 이뤄갈 수 있을 것이다. 특히 비극적 역사 앞에서는 다시는 같은 상황을 반복하지 않겠다는 다짐과 그런 환경을 만들어갈 것임을 다짐하지 않겠는가. 수필을 쓰는 작가들이 문학적 구성과 관점으로 역사수필을 쓴 경우를 자주 만나지 못했다. 문학성과 역사적 사실의 교훈, 감동을 모두 잡기는 어렵기 때문일 것이다. 역사적 사실이 소재가 되는 글에는 이러한 난점이 있음을 고려하며 지홍석의 〈도자벽화〉를 읽는다.

> 베트남 남쪽에 '꽝응아이성'이라는 지명이 있다. 그곳에 '빈호아'라는 마을이 있는데, 입구에는 높이 3.5미터에 너비가 5미터쯤 되는 큰 비석이 세워져 있다고 한다. 일면 '증오비'라 불리는 위령탑인데, "하늘에 가닿을 죄악, 만대를 기억하리라. 한국군들은 이 작은 땅에 첫발을 내딛자마자 참혹하고 고통스러운 일들을 저질렀다. 수천 명의 민간인을 학살하고 가옥과 무덤과 마을들을 깨끗이 불태웠다"고 적혀있다는 것이다.(〈도자벽화〉에서)

글의 내용을 부연하면, 한국군 해병대 C부대가 이 마을에 들어와 268명의 여성과 182명의 어린아이를 무참히 살해했다는 것이다. 베트남 전쟁 때 파병된 한국군의 잔혹함은 끔찍했고, 이러한 증오비는 여러 곳에 있다고 한다. 물론 이러한 전쟁 참사의 배후에는 미국이라는 거대한 나라가 자본과 무기로 무장하여 버티고 있지만, 실제 현장에서 마을 사람들을 학살한 행위는 파병된 한국군의 손에서 이루어졌을 테니 부인할 수 없는 사실이 된다. 따라서 이 참사를 직접 목격하거나 현장에서 무참히 죽임을 당한 베트남인들에게는 한국군이 실질적 원흉이 될 수밖에 없다.

  작품의 내용에 의하면 그중 가장 참혹한 일이 일어난 곳이 빈딘성의 떠이선현에 위치한 '고자이 마을'이다. 한국군 M부대가 주둔한 곳이다. 역사적 현장에 다녀온 가이드에 의하면, "1966년 2월 26일 미국의 명령 아래 남조선 군인들이 380명의 무고한 인민을 학살했다. 그것도 단 1시간 만에 마을 주민 전부를 야만적인 방법으로 다 몰살해 버렸다"고 위령탑에 적혀있다. 한 마을의 베트남인을 1시간 만에 몰살해 버리는 잔혹함이라면, 전쟁의 모든 상황을 고려하더라도 끔찍한 일이 아닐 수 없다. 전쟁의 횡포라 해도 인간 내면에 웅크리고 있는 잔혹성을 되새겨보지 않을 수 없다. 이때 미군의 명령에 따를 수밖에 없었던 파병 군인들은 젊은 나이에 참혹한 살상을 저지른 후, 한국으로 돌아와서는 악몽에 시달리고, 심리적 발작을 일으키며 수많은 고통을 겪었을 것이다. 파병되었다 돌아온 후 몸과 마음의 파괴로 한 사람으로서의 인생을 제대로 살지 못한 이들도 있다. 어쨌든 이 문제는 개인의 영역으로 내몰기보다는 국가적인 차원에서 해결해야 한다. 원흉은 강대국의 탐욕으로 일어난 전쟁에 있기 때문이다. 당시의 정치적 상황과 국제 정세, 여타의 요건들을 떠올리면 모두 아픈 기억들이다.

고자이 마을에서는 아이들이 잠을 이루지 못하면 자장가를 불러주는데 그 내용이 우리가 상상한 것과는 너무 다르다고 한다. "아가야, 너는 이 말을 기억하여라. 한국군들이 우리들을 폭탄 구덩이에 넣고 다 쏘아죽였단다. 아가야, 너는 이 말을 기억하여라"라고 부른다는 것이다.(《도자벽화》에서)

문학적으로 해석하자면 가장 가슴 아픈 부분이다. 고자이 마을 사람들의 가슴에 이 원한이 얼마나 절절하게 사무쳤으면 가장 순진무구한 아이들의 자장가에 이 가사를 붙여 불러주었을까. 이 역사적 사건의 아픔을 절대로 잊지 말고 후대에 남겨 교훈 삼자는 이 마을 사람들의 한 맺힌 유언이다. 미국이 나서 책임을 지고 사과를 해야 할 문제지만 이 거대한 강국은 그때그때 자국의 이해관계에서 탄력적으로 대응할 뿐이다. 다만 한국 정부가 나서 직접적인 책임론을 언급하지는 않았으나 "'빈딩성 떠이선현'에 중형 규모의 병원을 건설해 주고, 고자이 마을 가까이에 있는 '떠이안 초등학교'에 많은 지원을 해주었다고 한다. 대 베트남 개발 원조의 대부분을, 전쟁 피해가 가장 크고 한국군이 민간인을 학살했다는 중부 지역에 집중적으로 했다"니 그나마 다행한 일이지 싶다.

2017년 베트남 다낭에서 열린 APEC 정상회담에서 우리나라 대통령은 "한국은 베트남에 마음의 빚을 지고 있다"고 사과했으나 베트남언론과 방송국에서는 단 한 군데도 언급하지 않았다. 그것은 아직 그들은 용서할 마음이 아니라는 것이다. '마음의 빚'이라니! 저 추상적인 표현에 대해 그들은 진정한 사과가 아니라 생각할 수 있겠다. 이 역사적 사실 뒤에는 세계정세와 각국의 정치, 패권주의, 국가 간의 이권 다툼 등 이루 다 헤아릴 수 없는 복잡한 메커니즘이 담겨 있으니 사과의 방식에서도 누군들 쉽게 결론지을 수 있을까. 베트남은 우리의 역사나 문화와도 많이 닮았다. 이 폭력적인 참상에 대해 정치적으로도 노력해야 하지만, 민간외교도 양국의 물꼬를 트는데 중요한 몫을 차지한다.

작가의 말마따나 베트남을 찾는 관광객이 늘어난 반면, 베트남에서 한국으로 여행을 오거나 다문화 가정으로 아예 생의 터를 옮겨 오는 사람도 많다. 그들을 깊은 마음으로 품어 한국인의 진실을 보여줘야 한다. 그래야 조금씩이나마 그들의 원한이 풀리지 않을까. 연장선상에서 라이따이한 문제도 같이 생각해 볼 일이다. 베트남에 참전했던 한국인 병사와 베트남인 사이에서 태어난 2세나, 건설노동자 기술자들과 베트남 여성 사이에서 태어난 라이따이한들은 적대국 자식이라는 명명으로 베트남에서는 홀대받고 비난받고 있다. 이런 점을 상기하면, 우리는 그들에게 해서는 안 될 짓을 했다는 생각이 든다. 일본이 위안부 문제를 투명하게 사과하지 않아 우리가 분노하고 있듯, 한국이 베트남인에게 확실한 사과를 하지 않는다면 그들의 분노나 원한도 쉽게 풀리지 않을 것이다.

또 다른 작품 〈청량산 축용봉〉에서 작가는 노송들의 굽은 허리를 보며 4만여 명의 위안부를 떠올린다. 그는 우리가 잊지 말아야 할 근대사의 가장 어두운 그림자라 말한다. 이 작품과 연결 지어 보면, 한국군은 베트남인에게 가해자이고, 일본은 한국인에게 가해자다. 이러한 주제는 무겁지만 해야 할 이야기이며 중요한 역사적 사건이다. 작가들이 좀더 관심을 가지면서 작품화하고, 향후 나아갈 방향의 전망을 제시한다면, 그래서 그 의견들이 피해자로서 소외와 결핍 속에서 고통받는 이들을 위한 하나의 작은 외침이 된다면 피해국과 가해국 사이의 관계가 조금씩 변화해 가지 않겠는가. 공식화된 역사나 실증적 문헌 기록보다 역사적 진실의 사적 '체험' 또는 목격과 증언의 중요성을 강조하는 수필 문학이 이러한 역할을 하는데 일조할 수 있다면, 얼마나 의미 있는 일인가. 감히 꿈꿔도 되지 않겠는가. 작가를 작가답게 하는 정신의 한 축이지 않겠는가.

3. 말과 침묵, 그 시의적절성

말에 대한 속담이나 금언은 어느 문명권에서도 자주 등장한다. 하나의 문명이 생겨나고 흥망성쇠를 겪는 동안에 그 중심에는 언어가 존재하기 때문이다. 따라서 말은 한 나라의 문화를 함축하고 있으면서, 사적으로는 주체의 의사전달 수단으로 적용된다. 어떻게 보면 인류는 말, 즉 언어로 인해 지금의 번영을 누리고 있다. 그렇게 보면 말에 담긴 의미 앞에서 우리는 숙연해지기까지 한다. 그중에서도 각각의 속담이나 금언은 하나의 문명이 수많은 시간을 투과하면서 인간의 삶에서 영향을 미치거나 거부하고 싶은 무엇을 담아 만들어진 말들이다. 따라서 그 말에는 신화에서부터 역사에 이르기까지 온갖 삶의 비의와 금기 등으로 함축된 은유가 내재 돼 있다. 그런 의미에서 어느 땐 조심스럽게 옷자락을 여미어야 할 말들이기도 하다.

지홍석의 〈말은 참새가 아니다〉에서는 이러한 말의 중요성을 표현하고 있다. 지홍석은 직업상 여행을 자주 다닌다. 그날도 많은 사람을 인솔하고 강진과 영암으로 등산하러 떠났다. 일기가 좋지 않아 염려하며 떠난 길이었다. 작가가 이끄는 등산팀은 불세출의 인물 왕인박사와 도선국사, 고려의 최지몽이 태어난 영암군 구림리에 도착해서 '현묘하면서도 신령스러운 바위 봉우리들이 군무를 추는 문필봉'을 향해 입산했다. 풍수로 보면 문필봉 덕에 걸출한 인물들이 탄생한 마을인 셈이다. 이 산은 '거대한 나신이라도 가리려는 듯 운해는 사방으로 자욱했고, 바람은 점점 더 거세어져서' 그는 온몸으로 한 걸음 한 걸음의 감각을 느끼면서 걸을 수밖에 없었다. 그는 이미 "산은 얕은수를 쓰지 말라고 늘 경고하듯 가르"친다는 것을 경험으로 알고 있기 때문이다.

위로 오를수록 운무는 짙어지고 산의 신비스러움은 더했으나 여러 사람을 이끄는 그의 마음은 불안감이 증폭될 수밖에 없었다. 앞이 보이지 않는 날씨에 밧줄을 잡고 매달리듯 하며 문필봉에 올랐다. 산에 오를 때의 신묘한 느낌은 잠시였고, 그는 가시거리가 몇 미터도 안 되는 초행길의 산에서 하산로를 어디로 잡아야 할지 암담했다. 등산 초입에 청년 두 명을 만난 게 전부인 인적없는 산행길이었으니 두려움과 걱정이 컸을 것이다.

십여 명의 일행들이 서로를 격려하며 산 아래로 향했다. 불투명한 조망에 하산이 길어서일까. 가슴 속 불안감은 점점 더 커져만 갔다. 그런데 일행들 그 누구도 그런 마음을 겉으로 드러내지 않았다. 나에 대한 절대적인 믿음도 있었겠지만, 괜히 말을 꺼냈다가 다른 사람들에게 불안한 마음이 전이될까 두려워서였을 것이다. 그런데 그때 그런 내 마음을 폭로라도 하듯 누군가가 퉁명스럽게 물었다.

"이 길이 맞긴 맞나?"

고개를 돌려보니 모임의 총무였다. 순간 속에서 알 수 없는 무언가가 훅 올라왔다.(〈말은 참새가 아니다〉에서)

운무로 시야가 확보되지 않는 위험한 등산길에서 초행길의 안내자가 방향에 대한 확신 없이 길 안내를 하고 있다는 것을 일행들은 알고 있다. 산속에서 길을 잘못 들어 헤맨다는 것이 얼마나 위험한 일인지 잘 아는 사람들은 두려웠을 테지만 아무도 입을 열어 자기들의 의구심을 표현하지 않았다. 그들 마음속에 자리한 한 치의 의

심이 발화되어 표현되는 순간, 산속의 모든 존재가 이 말을 듣게 되고, 저 신령스런 모습 속에 어떤 존재가 있다면 그에게도 인간의 의심을 드러내는 것이다. 사람들이 두려워하는 것이 이 지점 아닐까. 위험이 도사리는 산행길에서 난관에 부딪혔을 때, 어떤 초월적 존재의 도움이라도 받고 싶은 간절한 마음이 만들어낸 환상 말이다. 그것은 환상이면서 믿음이기도 하고 신화이기도 하다. 사람들은 막연하나 이 무의식적 상태를 믿고 말을 아끼는 것이다.

또한 누군가 두려움을 표현하고 나면 지금까지 굳건하게 믿었던 안내자에 대한 신뢰가 공개적으로 깨지고, 그 후부터는 일행들의 내부에 균열이 생긴다. 언제 돌부리에 걸릴지 몰라 긴장하며 발걸음을 내딛던 그들의 마음이 해체되면, 위기는 순식간에 몰려온다. 이때의 말과 침묵 사이에서 말은 '탄약을 잰 권총'(사르트르)이다. 말을 한다는 것, 규정을 한다는 것은 곧 권총을 발사하는 행위와 같다. 따라서 '이 길이 맞긴 맞나?'라는 총무의 의문은 그간 입 다물고 묵묵히 걸음을 떼던 일행들이 가까스로 참고 있던 불안을 폭발시키는 기폭제 역할을 하게 된다. 하산길이 아무 문제가 없다면 다행이지만, 어떤 문제가 생긴다면 사람들이 서로를 의심하고 감정을 얹는데 도화선이 되는 것이다.

"말은 참새가 아니다"라는 러시아의 잠언 또한 마찬가지다. '한번 날아간 참새는 언제든 잡을 수 있지만, 한번 해버린 말은 절대 그렇지 못하다'는 것은 주체가 이미 발화해 버린 말은 듣는 타인의 귀에

꽂혀버렸기 때문에 번복하려 해도 바뀔 수 없다는 의미다. 타인의 의식을 통과해버린 말을 어떻게 삭제할 수 있겠는가? 인간의 무의식에 걸러진 말의 의미는 어떤 것으로도 되돌릴 수 없고, 주워 담을 수 없다. 작가는 이 작품에서 다른 에피소드까지 결합해 말은 해야 할 때와 침묵할 때가 있음을 통해 말의 시의 적절성이 얼마나 중요한지를 보여주고 있다. 지홍석이 말로 인한 상처가 칼로 맞은 상처보다 더 아프다는 것을 뼈아프게 절감하는 것은, 그만큼 말의 작용과 의미를 중요하게 받아들이기 때문일 것이다.

현대는 말의 시대라 해도 과언은 아니다. 말이 존재를 대신한다고 할 만큼 주체는 자신을 말로 설명하려 한다. 호머의 서사시에서 '오디세우스' 부분만 보더라도 오디세우스가 자기의 경험을 말하면서 자신을 합리화, 영웅화하면서 신화를 중화시킨다. 호머의 서사시는 서양 문명과 신화의 전범을 보여주는 극찬 받은 기록임에도, 인간 영웅 오디세우스에게서 우리는 자신을 과시하고 싶어 안달하는 인간의 모습을 볼 수 있다. 인간이 자기라는 존재를 말로 표현할 때 끼어드는 과장은 그도 불가피했던 모양이다.

좀더 진실하게 인간을 바라보면, 우리는 정직하지 않은 인간존재의 어쩔 수 없는 모순과 함정을 만나게 된다. 그렇다면 자기가 자기를 설명하는 말속에 진실은 얼마나 존재할까? 사실과 말이 일치하는 지점이 얼마나 있는 것일까? 우리는 종종 말하지 않으면 모른다고 하지만 말이 줄면 마음으로 전해지는 내용도 있다. 그 행간이 담고 있는 여백으로부터 상대를 알 수 있는 틈새가 생기는 것이다. 그러나 현대인은 그렇게 기다리지 못한다. 말이 '탄약을 잰 권총'이라 해도 하고 싶은 말은 해야만 하니, 일상에서 말이 난무하는 가운데 우리는 지치고 상처받는다. 말이 지닌 이중성이다.

4. 배려와 이타성의 윤리

우리는 일상에서 이런 경험을 하기도 한다. 어떤 대상에게 호의를 가지고 친절을 베풀다 보면 어느새 그 호의가 책임이 되거나 의무가 되어버리는 경우 말이다. 그렇게 해서 인간의 욕심과 이기심은 점점 확대되어 간다. 지홍석의 수필 〈배려의 부메랑〉에서 그 예를 보여주고 있다. 그의 직업은 여행사를 운영하는 일이기에 고객을 만나고 그들로부터 호응을 얻으려면 섬세하게 다가가 마음을 움직여야 할 것이다. 거기에 편리함을 추구하는 손님들의 요구가 있어 그는 중간 경유지 몇 군데를 만들어 그들의 이동 편의를 도모해 줬다.

> 처음에는 어쩌다 한두 번이라 여겼다. 대중교통에 걸리는 시간도 절약하고 만만치 않은 택시비라도 아끼라는 배려였다. 어차피 나가고 들어오는 길에 집 가까이 계시는 분들을 태우고 나가면 좋지 않겠느냐는 단순한 생각이었다. 그런데 그것이 한 번이 아니라 여러 번 반복되다 보니, 어느 순간부터는 당연한 것으로

받아들여졌다. 고객관리 차원에서 계속 그렇게 해주는 것도 나쁘진 않지만 그럴수록 내 몸은 점점 피곤해진다는 것이다.(〈배려의 부메랑〉에서)

고객들도 처음엔 고마운 마음으로 여행사의 차를 타고 이동하는 편리를 누렸을 것이다. 그러나 같은 일이 반복되다 보면, 배려하는 마음과 배려를 받는 마음이 초심을 잃고, 당연한 일이 되고 결국엔 그렇게 해줘야 하는 책임이나 의무가 되어버리고 만다. 배려를 철회했을 때 상대는 화를 내거나 그동안 받았던 도움조차 원망으로 돌리게 된다. 인간의 욕망은 끝이 없어서 원하는 바를 이루거나 받고 나면 다음 단계의 욕심을 원한다. 이런 상황의 이기심 앞에서 이타적 대상은 상처받거나 지치거나 포기하게 된다. 타인을 생각하지 않고 자기의 편의와 욕망만을 우선시하는 이기심은 강하고 거칠고 힘이 세다. 반면 내가 속한 이웃이나 조직 그리고 사회를 위한 이타심은 부드럽고 유해서 상처받기 쉽다. 배려의 주체도 자신이 존중받고 최소한 자기를 유지해 갈 수 있을 때 타인을 생각할 수 있기 때문이다.

원칙은 세우고 지키라고 있는 것이다. 그것을 너무나 쉽게 생각하고 간과했던 것이 원인의 불씨를 제공한 것이다. 상황이 힘들고 조금 어렵다고 일시적으로 정에 이끌려 깨어버린 대가가, 원래의 목적과는 너무나 다르게 부메랑이 되어 내게 돌아올 줄은 전혀 몰랐다. 하지 않을 때보다 오히려 더 못한 결과가 되어버리고 보니 괜히 긁어서 부스럼을 만든 건 아닌지 자괴감마저 드는 것이다.(〈배려의 부메랑〉에서)

작가가 말하는 원칙이란 각자 자기의 위치에서 할 수 있는 일을 하는 것이다. 만나는 장소가 시청 앞이면 모두가 시청 앞에서 만나면 된다. 그러나 우리의 정서에는 이왕 가는 길이라면 중간에서 출발하는 사람과 함께 가면 좋지 않겠느냐는 생각이 있다. 그래서 작가는 '정에 이끌려 시작한 배려'가 오히려 자기 존재를 힘겹게 해서 갈등의 요소가 되고 있다고 말하는 것이다. 〈배려의 부메랑〉의 예는 주체와 타자의 윤리를 운운하기엔 극히 사소한 사건이지만 우리가 일상에서 종종 마주하는 진실이기도 하다. 인정으로 시작한 배려가 문제가 된다면 차라리 냉철하게 각자의 역할을 하는 것이 나을 수도 있다. 인간관계가 그래야 한다면 씁쓸함이 남지만 서로 갈등하는 것보다는 낫지 않겠는가. 타인에 대한 배려와 윤리에서 자꾸만 멀어져가는 현대인의 자화상이 아닌가 싶다.

5. 시간의 퇴적층을 마주하고

인간은 누구나 생로병사의 과정을 거쳐 노년기를 맞이한다. 평생 일하던 직장에서 은퇴하고, 그들이 속한 사회와 가족에서 역할을 마친 뒤에도 살아갈 긴 시간이 남아있다. 이 시간이 어쩌면 부모나 배우자로 살던 시기보다 진짜 존재로써의 내 삶을 살 수 있는 때이기도 하다. 그러나 한편으론 바쁜 일상을 살다 갑자기 생긴 혼자의 시간이 막막하여 고독감과 혼란스러움을 느낄 수도 있다. 무엇인가 자기의 자리가 빠져버린 것 같은 허탈감도 있을 수 있다. 한참 일하던 시기의 익숙한 루틴과 사회에 설 자리가 줄어든 것 같은 불안정함 말이다.

소멸해가는 육신에 대한 비애와 불편함을 느끼는 것보다 더 핍진하게 노년을 몰아치는 것은 사회로부터의 격리와 가족들에게서 유기되는 일이다. 인간은 감정을 가진 존재이고 몸으로 행동할 때 존재성을 인정받는다. 그런데 몸이 쇠하고, 정신적으로 퇴행의 단계에 들어서면, 사적으로는 자식과 가족에게 공적으로는 이웃과 사회로부터 소외되어 의미론적 존재에서 멀어지게 된다. 주체로써의 노인의 삶이 이러한 혼란기를 겪으면서 진행되는 시기임에도 그들은 충분히 이해되거나 보호받지 못하고, 불순한 타인에겐 그저 욕망을 채우는 대상으로 이용되기도 한다. 수필 〈껌을 버리려다〉는 이러한 노인의 문제를 적나라하게 보여준 작품이다.

    어제 같은 날이 다시 밝았다. 오늘은 어떤 전경이 펼쳐질지 노파는 벌써 궁금해졌다. 구경할 게 너무 많다는 아들을 따라 호텔을 빠져나왔을 때 하늘은 유난히 더 푸르렀다. 그런데 공원에 도착한 아들이 갑자기 정색했다.

"엄마, 여기 잠깐만 계세요. 호텔에 지갑을 두고 와 찾아올 테니 꼼짝 말고 기다리세요!"

한 시간 두 시간 세 시간, 시간은 그렇게 흘러갔다. 그러나 끝내 아들은 돌아오지 않았다. 먼 이국땅 말도 통하지 않는 낯선 곳에서 노파는 버려졌고, 아들은 그때 벌써 서울의 땅을 밟고 있었다.(〈껌을 버리려다〉에서)

평생 말썽만 부리던 아들이 노모를 모시고 해외여행에 나서자, 꿈만 같았던 어머니는 세상은 역시 오래 살고 볼 일이라며 구름을 타고 나는 기분이 되었다. 숙소라고 들어간 호텔이 궁궐 같아 마치 동화 속 세상 같기만 하다. 그러나 행복한 시간은 일장춘몽처럼 짧았다. 하룻밤이 지나자 아들은 노모를 외국 하늘 아래의 공원에 두고 줄행랑을 쳤다. 이 내용은 오래전 매스컴에서 보도되어 대다수의 선량한 시민의 공분을 샀던 사례이다. 이 작품에는 부모를 버린 또 하나의 사례가 있다.

결혼해서 이민을 떠났던 딸이 부모에게 전화했다. 남은 생을 편안히 모실 테니 전 재산을 팔아 캐나다로 들어오라고 종용한 것이다. 기력이 떨어지면 점점 외로워지고 누군가에게 의지하고 싶은 법, 하물며 자신들이 낳아 공부시키고 시집까지 보냈는데 어련하겠는가. 노부부는 모든 재산을 정리해 캐나다로 들어갔고 살갑게 맞아주는 딸을 보며 들어가길 잘했다고 생각했다.(〈껌을 버리려다〉, 133쪽)

부모와 자식의 반가운 상봉은 잠시뿐이었고, 몇 번의 의견충돌이 생기자 딸은 전 재산을 팔아 야반도주를 했다. 결국 불법체류자가 되어버린 노부부는 길거리에서 빈 깡통을 줍는 신세로 전락하고 말았다. 더구나 할머니는 충격으로 병까지 얻었다니 부부의 생은 자식으로 인해 살아갈 희망이 없을 정도로 파탄이 난 것이다. 연로해져서 자식들로부터 보호받아야 할 노인이 오히려 버려지거나 사기를 당해 이국땅에서 넝마주이로 살아야 한다니 그들은 얼마나 아프고 막막하고 슬프고 한탄스러웠을까. 수필 〈껌을 버리려다〉에서 작가는 노년층에 관한 관심을 통해 변화하는 세태와 물질만능주의의 폐해를 꼬집고 있다. 인간이 향과 단맛을 가지고 있던 껌을 씹다 무향과 무맛이 되면 뱉어버리듯 사람, 혹은 부모에게서 취할 게 없어지거나 부모가 짐이 될 때 유기한다는 것이다. 물론 그들은 보편적 정서를 가졌거나 건강한 사고를 하는 사람은 아니다. 정상적 범주에서 누구에게도 할 수 없는 행동을 제 부모에게 저지르는 파렴치한이다.

'이웃 나라에선 부모를 제대로 돌보지 않으면 부양비를 요구할 수 있는 법률이 정해졌다'니 세상의 변화는 우리나라뿐만은 아닌 모양이다. 기원전 638-558년의 아테네 현자인 졸론의 입법(오늘날 미국 입법기관에서도 모범으로 삼는)에는 친부 살해에 관한 규정이 없는데, 당시의 인류에겐 자식이 친부를 살해한다는 것은 생각할 수 없는 일이었기 때문에 굳이 법으로 규정하지 않았을 것이다. 마찬가지로 자기를 낳고 키워준 부모를 유기하는 일은 윤리나 도덕의 문제지 법의 문제는 아니었기에 법률로 정하지 않았다. 그러나 오늘날 인간의 내면에 도사린 탐욕은 부모조차 자신의 욕망을 채우는 소모품으로 대하기에 윤리와 도덕으로 해결할 수 없다는 판단하에 부모와 자식의 의무관계를 성문화 한 것일 테다.

현대는 고령화가 가속화되고 있다. 생산이 가능한 젊은 세대는 결혼을 하지 않고, 자식을 두지 않는 경우가 있다. 그들이 삶을 대하는 태도와 문화 차이도 있으나 현실을 살아가는데 버거워서 가정 꾸리기를 거부하는 경향도 있다. 젊은 세대의 일부에선 늘어나는 세금 때문에 그들 삶도 버거운데 '왜 우리가 노인의 삶을 부양해야 하느냐'는 볼멘소리를 내기도 한다. 그러나 이 사회는 어느 층위만 떼어서 볼 게 아니라 전체의 흐름 속에서 파악해야 한다. 개인사와 마찬가지로 앞 세대가 이뤄놓은 업적 위에 새로운 세대의 삶이 이어지기 때문이다. 다만 세대 간의 발전과 변화가 균형 있게 이뤄진다면 최상이겠지만 그렇지 못한다면 혼란과 조율과정에서 갈등과 흔들림은 있겠다.

코니 츠바이크의 언급처럼 '노인들 또한 자기를 성찰하는 시간에 밖으로는 성숙한 공동체 형성과 환경보호처럼 더 큰 가치를 위해 움직이는 현명한 삶을 지향하고, 안으로는 노인의 시기를 현명하게 넘기기 위해서 내 안의 그림자를 찾아 혼란의 원인을 밝히는 내면 작업과 흔들리는 마음을 다스리는 수련'(《나이듦의 기술》)이 필요하겠다. 인구 비율에서 탄생과 죽음의 균형이 깨져버리고 노령인구가 급속하게 늘어가는 현실에서 자식들에게 학대받거나 방치되고, 버려지는 경우가 허다하게 발견되고 있으니 문제는 자못 심각하다. 사회구조를 탓하며 거대 담론의 영역으로만 떠밀기보다는 사람의 문제로 바라보는 인문적 통찰도 필요하다. 그런 면에서 지홍석의 이 작품은 독자에게 철학적 사유와 인간 삶의 성찰을 진지하게 생각하도록 이끈다.

《도자벽화》에서 의미론적인 층위를 담지하는 몇 작품들을 살펴보면서 지용석 수필가가 가진 삶에 대한 성찰과 그의 인생관을 간략하게나마 일별해 보았다. 그 과정을 통해 역사적 사건을 말할 때의 그의 생각, 말을 시의적절하게 해야 한다는 인문적 신중성, 노령화되어가는 사회에서 소외되고 버려지는 노인의 문제 등을 작가는 어떻게 보고 있는지 해석할 수 있었다. 그가 현실에서 일어나는 현상들을 어떤 관점으로 보고 있는지, 그의 문학적 방향을 범박하게나마 살펴볼 수 있었다.

제4부

타자성을 향한 노래
– 이임순 《붉은 장미울타리》

기투(企投)하는 존재
– 양재봉 《인연의 끈》

가족 서사에 담긴 함의含意
– 이임순 《봄이 오는 소리》

상실의 시간을 건너는 동안
– 장기오 《바람 되어 가리라》

타자성을 향한 노래
― 이임순《붉은 장미울타리》

1. 작가와 작품

모든 문학은 작가의 세계관과 밀접한 관련성을 가지고 있다. 그 중에서도 수필은 어떤 산문 문학보다도 작가의 삶의 궤적이 적나라하게 드러난다. 너무도 당연하게, 수필은 허구가 아닌 작가의 경험적 세계를 그린다는 점에서 작가와 분리할 수 없기 때문이다. 이임순의 두 번째 수필집《붉은 장미울타리》역시 마찬가지다. 이 작품집의 원고를 읽는 동안, 타인을 배려하고 사랑하고 헌신하는 작가의 삶이 오롯하게 작품 전체를 관통하고 있음을 보았다. 부연하면, 작가의 삶은 온통 타자를 향해 열려 있다. 작가 이임순에게 타자는 자신의 일상에서 끼어들지 않을 때가 없으며, 그 대상은 사람뿐만 아니라 과수원 주변에 있는 동물들까지 포함된다.

현실적 삶의 조건이 자신만을, 내 가족만을 감당하기도 버거울 때가 많은데 작가는 타자를 가족처럼 돌보는 데서 자기 삶의 기쁨과 의미를 찾아낸다. 그런 이타적 삶의 원동력은 어디에서 기인하며 어떤 이유로 가능한 것일까? 아니, 우문이다. 사람을 좋아하고 배려하고 돌보는 일은 이유가 있어서가 아니다. 그것은 타고난 감성의 영역이어서 노력한다고 되는 일은 아니기 때문이다. 다만 그가 사는 환경적 조건들이 그의 이타적 삶을 더 추동시키는 역할을 하지 않을까 짐작해 볼 따름이다.

작가 이임순은 유치원을 운영하고 틈틈이 문맹의 노인들에게 글을 가르치고, 소외된 아이들에게 동화구연으로 희망을 주며, 위태로운 삶의 끝자락에서 갈등하는 다문화 여성들의 아픈 마음을 어루만져주며, 필요한 이웃에겐 봉사활동까지 한다. 그러면서도 틈틈이 글을 쓰는 생생한 에너지는 어디에서 올까. 혹여 그녀의 주 생활처인 과수원에서 얻어지는 것은 아닌지 상상해본다. 여린 새싹들의 순수함, 꽃피고 열매 맺는 과정에서 땅에 뿌리 내리며 사는 생명들이 주는 정직한 교훈. 땅이 주는 묵묵한 순환의 가르침과 나무들과 대화하며 얻는 지혜는 그녀의 이타적 성품에 불을 지피고, 때때로 자신을 승화시키는 과정에서 타인들 속으로 스며들게 하지 않겠는가. 그래서 《붉은 장미울타리》를 읽고 잠시나마 타인을 생각해 보지 않을 수 없게 하지 않는가.

이임순의 작품 세계를 풀어가기 위해, 또는 우리 삶에서 종종 이런 질문을 던져볼 수 있다. 자기실현의 과정에서 만나는 타인의 존재가 내 삶에 어떤 의미를 주(갖)는가? 《붉은 장미울타리》가 이 질문에 대한 하나의 답을 찾아가는 여정이 되어줄지도 모르겠다.

2. 타자를 투과하는 주체성

자본주의와 과학기술이 인간의 삶을 지배하는 현대에서는 사람조차도 사물화되고, 욕망과 이념을 향한 대상이 된다. 그런 시대적 문제에 관해, 누구보다도 인간의 고통과 구체적인 삶에 관심을 가진 철학자였던 엠마누엘 레비나스는 서양의 자아 중심적 철학에 대립해서 다른 이의 존재를 존경하고 다른 이와 함께 하는 '타자성의 철학' 또는 '평화의 철학'을 하나의 대안으로 제안한다. 여기에는 전통 철학이 무시한 주제들, 예컨대 노동과 거주, 여자와 아이의 존재, 고통의 문제들이 중요하게 다루어진다. 여기서 주체성을 '타인을 받아들임' 또는 '타인을 대신한 삶' 등으로 정의한다. 인간의 삶은 자신의 고유한 세계를 가지면서도 이 세계는 타인과의 관계를 통해 특히 타인의 고통에 대한 연대와 책임을 통해 이루어짐을 강조한 것이다.

그런 의미에서 '타자성의 철학'을 그 외연을 확장하여 범박하게 살펴보면, 《붉은 장미울타리》를 '타자성의 문학'이라 명명할 수 있다. 이 작품집의 화자는 대부분 타인을 돌보고 가진 것을 나누는 것으로 자신의 정체성을 드러내고 자아를 성숙하게 하며 작가의 주체성을 보여주는 데까지 나아간다. 화자들은 마치 '당신이 아프면 나도 아파' '네가 없으면 내 존재도 느낄 수 없어'라고 말하는 듯하다.

> 주고 싶은 대상도 참 많았다. 눈 가는데 마음도 간다던가. 어른들에게 '글'이란 매개체를 통해 세상을 향한 눈을 뜨게 해주었고, 저소득층 아이들에게는 '웃음'을 통해 세상 밖으로 나오는 법을 가르쳐 주었다. 다문화 가정에는 마음을 통째로 주어도 늘 부족했다. 그들의 말을 들어주고, 고개만 끄덕여 주어도 그들에게는 위안이 되고 용기가 되었다 (……) 내 힘이 다할 때까지 가슴으로 우는 사람들을 만나리라
>
> ― 〈문해교육〉에서

문맹의 할머니들에게 글을 가르쳐주며 자신의 결심을 드러내는 부분인데, 타인에 대한 작가의 생각을 명백하게 읽을 수 있다. 자신이 가진 것을 나눠주고 타인들이 원하는 것을 베풀어주면서도 더 주지 못해 안타까워하지 않는가. 사람들의 생각과 행동이 자본에 집중되어 있고, 심지어는 우리의 삶을 뒤흔들고, 문학까지 잠식해가고 있는 현실에서 소외된 그늘에 있는 이들을 돌보고 있는 화자의 마음은 더없이 소중하게 빛난다. 그래서 이러한 글은 이기적으로 변화해가는 우리를 잠시나마 돌아보게 하고 타인도 함께 살아가는 존재임을 일깨워준다. 우리가 잠시 잊고 지내던, 세상이라는 무대

위로 나오지 못하고, 숨어서 울 수밖에 없는 소외된 이웃들이 있음을 상기시켜 준다. 문학이 할 수 있는 현실 참여의 한 예가 되지 않겠는가. 문학은 피켓을 들고 대중 속으로 들어가 선동하는 존재이기보다는 작가의 사상을 통해, 행위를 통해 간접적으로 독자를 생각하게 하고, 변화하게 하는 힘을 가지고 있음을 잘 보여주고 있다.

〈어머니들의 열정〉, 〈즉석 송년회〉, 그 외 많은 작품에서 타인을 인정하고 배려하는 주제가 등장한다. 〈고구마를 심으며〉에서는 이웃과 타인들에게 나누어주기 위해 고구마를 좀더 심으려는 화자와 그만하면 됐다는 화자 남편과의 타시락거림이 '만종'처럼 평화롭고 아름답게 느껴진다.

> 일주일에 한 번씩 그녀를 만났다. 처음에는 서툰 우리글을 가르쳐줄 심산이었다. 그런데 그녀와 접하다보니 글 가르치는 것보다 아픈 마음부터 이해해 주면서 마음의 문을 열게 하는 것이 급선무였다. 외로워서 아프고 무시당해서 아프고 업신여겨서 아프고 그녀는 상처투성이였다.(…) 그녀의 말을 들으며 나는 고개를 끄덕거리고 추임새도 넣으며 반응을 해주었다. 그녀는 한참 이야기하다 속이 후련해지면 빙그레 웃었다.
> — 〈아리씨와의 나들이〉에서

이주여성들의 안타까운 사연을 TV를 통해 보고 작은 힘이지만 그들에게 도움이 되고 싶어 시작한 일이다. 그중에서도 주벽이 심한 남편에게 시달리면서 삶의 의욕까지 잃어가는 외국인 아리씨를 살펴주어 그녀의 마음을 환하게 열어주는 작품이다. 국가 이데올로기를 실현하기 위해 부르짖던 단일민족이라는 순수혈통을 중요하게 여기던 한국도 21세기 들어 국호를 개방하지 않으면 안 되게 되었다. 그에 따라 남녀의 삶의 환경이 변화하고 결혼하지 않는 사람이 늘어가자 외국인 여성을 아내로 맞는 사람들이 늘어갔다.

아리씨는 좀 더 나은 삶을 살아보겠다고 이국의 농촌으로 결혼해 온 여성이다. 그녀를 아내로 맞은 기득권자인 한국의 남성, 시댁 식구들은 환대는커녕 심한 차별로 괴롭혔다. 그들처럼 외국인 여자와 결혼한 많은 사람은 그네들이 가지고 있는 다른 피부색, 다른 언어, 다른 문화의 차이를 인정하지 못하고 그 다름을 더 패악한 무기로 둔갑시켜 함부로 홀대하고 폭력을 행사하기도 한다. 필요해서 받아들였으면 누구든 환대해 주어야 할 텐데, 그들은 그저 홀대받는 동거인으로 전락하는 경우가 많다.

21세기는 다문화 사회임을 부르짖으면서도 정작 우리와 다른 사람들과 어떻게 살 것인가는 숙고하지 못하는 환경에서 작가는 아리씨 같은 여자들을 껴안고 상처를 쓰다듬어 치유해 준다. 그들은 어떤 타자의 층위보다도 더 완벽하게 타자였다. 그러나 작가의 배려와 그들의 아픔에 대한 간곡한 자기 투사는 아리씨를 '나의 언어'로 정의하지 않고, 어떻게든 그들과 윤리적으로 살아갈 것인가를 생각한다. 그래서 타자의 절대적 외부성을 용인하고 가슴으로 받아들여줌으로써 동반하는 화자의 시간도 생생하게 살아난다. 화자는 자기의 이기적인 욕구를 제한하고 타자의 요구를 받아들여 배려하고 보살핌으로써 타자를 통한 진정한 의미의 주체성을 획득한다.

3. 교술 장르로서의 수필, 존엄한 존재 되기

장폴 사르트르는 문학이 무엇인지를 밝히는 과정에서 작가는, 남들이 작가라고 여기는 한, 어떤 요청에 응답해야 하고, 좋건 싫건 간에 어떤 사회적 기능이 부여된 인간이라고 한다. 어떤 역할을 담당하기를 바라건 간에, 작가는 남들이 자기에 대해서 갖는 이미지에 따라서 그 역할 수행이 있는 것이다. 그 역할은 독자의 마음을 움직여 감동을 주거나, 사상이나 문화의 변화를 통해 교육적 효과를 주는 것일 수도 있다. 픽션으로 쓴 소설에서 작가의 역할이 그러한데, 자신이 생각하고 경험한 일상의 사건이 직접적 소재가 되는 수필 문학에서는 더욱 직접적이라 할 수 있다.

몸이 오싹해지면서 모두가 나만 쳐다보는 것 같다. 생각해 보니 오늘 받은 촌지가 처음이 아니다. (⋯) 과수원지기로 농사꾼으로 살면서 노력한 만큼 수확을 하고, 흙은 거짓이 없음을 체험으로 익혔다. 그래서 더욱 땀의 대가만큼만 바라고, 남의 것은 탐하지 않고 살았다. 그런데 돈이 든 봉투를 끝까지 거절하지 못하고 받았으니 어찌 마음이 무겁지 않겠는가. (…) 반평생을 교육자로 생활한 남편은 촌지로 고민한 적이 없었다는데 '선무당이 사람 잡는다'고 내가 촌지를 받았다.

— 〈촌지〉에서

  화자에게 한글을 배우는 할머니들이 고마운 마음을 전하기 위해 쌈짓돈을 모아 일명 '촌지'를 전하게 된다. 눈물겨운 그 정성을 아는 화자는 그것을 받지 않을 수 없었지만 그 순간부터 자아 성찰로 들어가고, 그동안 할머니들로부터 받은 사랑과 관심 또한 촌지와 다를 바 없다는 생각에 이른다. 화자가 깜짝 놀라는 것은 할머니들이 가져와 함께 먹었던 과일이나 기타 간식을 받는 일은 예삿일로 여기다가, 돈 봉투를 받았을 때 비로소 촌지로 생각한다는 자신의 불감증이 문제임을 알았기 때문이다. 그 아름다운 성찰이 화자의 이타적 순수성을 충분히 신뢰하게 하지 않는가?
  그 다음엔 그 돈을 어떻게 쓸지 고민에 빠진다. 생각에 몰두하다 찾은 해답은 '어머니들이 좋아하는 그림 그리기나 색칠 공부하는데 필요한 물품을 구입하면 어떨까? (…) 격려해주는 남편과 오붓하게 저녁을 먹으며 어머니들 곁으로 더 가까이 갈 수 있는 비법을 배워볼까?'다. 이쯤 되면 '촌지'는 우리 사회의 부조리를 대표한다는 오명을 말끔하게 벗겨내고, 오히려 사람 관계를 조화롭고 아름답게 꾸려가도록 하는 촉매 작용을 하게 한다. 이런 사실을 말하면서도 화자는 수사를 동원하여 호들갑을 떨거나 과장하여 꾸미려 하지 않고 담백하게 이야기한다. 어떤 사실, 순간적으로 오는 통찰을 문학으로 승화시키는 작가의 숙련된 솜씨를 확인해 볼 수 있는 작품이다. 결국 화자는 자신의 존엄성을 지키는 존재는 자기 관리에 소홀하지 않으며, 주체에 대한 윤리규정을 엄격하게 지켜 사람이 얼마나 아름답고 존엄한 존재인지를 보여주고 있다.

허허벌판을 혼자 걷는 느낌이었다. 누구처럼 한몫 챙기려는 심사도 없었고 사람들에게 부담 같은 것은 더욱 주고 싶지 않았다. 그런데도 도둑맞은 기분이고 내가 저 사람의 아내인가 싶었다. 어떻게 사십 년 직장생활을 일을 하다 싫증나서 그만둔 사람처럼 그렇게 끝을 맺는단 말인가. 하지만 남편에게 더 이상 타박을 할 수가 없다. (…) 퇴임식을 하면 일백 명이 넘는 직원들이 출근을 해야 하는데 그것이 민폐라는 것이다. 동료들에게는 여름방학이 시작될 즈음 퇴임 사실을 알렸고, 친목담당 선생님에게 전 직원의 회식비용을 주었다고 한다. (…) 다음 주말에는 아들네를 불러 가족끼리 둘러앉아 오붓하게 남편의 퇴임기념 축하의 자리를 마련해야겠다. 늦었지만 따뜻한 시간이 되지 않을까. 앞으로도 아이들과 함께 열심히 살아갈 사람, 언제나 성실하게 최선을 다 하기에 오늘이 생애 최고의 날이라는 사람. 비록 퇴임식도 없이 직장생활에 종지부를 찍었지만 그 사람의 아내라는 사실이 든든하다.

— 〈남편의 정년 퇴임〉에서

《붉은 장미울타리》의 전편에는 화자의 남편이 등장하는 경우가 몇 번 있는데, 이 작품에서는 남편이 주인공이며 작가 이임순의 영혼이 얼마나 따뜻하고 순수한지를 확연하게 볼 수 있다. 남편은 퇴임식 날짜가 정해지면 꼭 알려달라는 아내를 감쪽같이 따돌리고 어느 날, 퇴임은 이미 했고 퇴임식은 없다고 말한다. 남편은 자신의 퇴임식으로 많은 사람이 번거로워질 것을 염두에 두고 모든 일을 처리한 것에 중점을 두고 있지만, 아내는 그 결정에 없는 존재 취급한 것에 마음이 상해 있다. 그뿐만 아니라 혼자 사는 존재가 아닌 아내는 부모 형제들과 이웃 그리고 지인들과 함께 퇴임식 날을 기다리고 있었으니 그 실망감이 오죽하겠는가. 그래서 남편에 대한 화자의 심리는 그야말로 '허허벌판을 혼자 걷는 느낌이었다'. 그러나 화자는 자신의 감정을 오래 끌어가지 않고 남편과 함께 가을 길을 달리며 뒤늦은 퇴임 기념 여행을 한다.

자본주의 시대의 사람들은 자신의 존재 가치를 물질적 풍요의 기준으로 정하기 때문에 결혼식이든 퇴임식이든 많은 인원을 동원하여 그 화려함으로 자기 존재를 증명하려 한다. 현 사회의 그런 부조리함을 매우 잘 알고 있는 화자의 남편은 아내를 속이면서까지 퇴임식 없는 퇴임을 한다. 그러나 화자는 기대한 만큼 섭섭하기도 하지만 누구보다도 남편의 마음을 잘 알고 있기에 그런 남편의 아내라는 사실에 오히려 든든하기까지 하다. 어쩌면 참사람의 모습이지 싶다. 〈촌지〉의 화자, 〈남편의 정년 퇴임식〉의 남편과 화자, 부창부수다. 누구든 생각으로는 에펠탑도 쌓을 수 있고 우주여행도 할 수 있지만, 작은 일이라도 주체가 생각한 대로 실천하기는 쉽지 않기에 그들의 삶에 일순간이나마 숙연함을 느끼게 한다. 수필 문학이 불합리한 현실을 외면하지 않고 묵묵히 세상을 변화하게 하는 매개 역할을 한다는 점에서 위의 작품들은 다시 새겨볼 만하다. 작가의 기능은 이 세계에 대해서 나는 책임이 없다고 말할 수 없도록 만드는 데 있다는 말을 다시 상기하며, 이런 작품들은 작가란 세상을 변화시킬 수 있는 첨병이 될 수 있다는 믿음을 갖게 한다.

4. 대지와 나무, 소통하는 존재

태초, 인류는 자연으로부터 시작했다. 그중에서도 대지는 모든 생명의 근원이며, 이러한 '대지모' 사상은 인류에게 가장 큰 영향력을 미쳤고, 그로 인해 탄생한 신화는 수없이 많다. 호주 참사람 부족의 원주민이 말하는 '무탄트 메시지'에 의하면 지구상에 존재하는 모든 것은 반드시 어떤 이유가 있어서 존재한다. 이 우주 속에 일시적인 변덕이나 우연 또는 무의미한 일 따위는 존재하지 않는다.

인간이 잘못 이해하고 있기에 그렇게 보일 뿐이며, 아직 인간에게 드러나지 않은 수많은 신비가 세상에 존재한다는 것이다.

과학으로 무장된 현대의 우리는 이러한 신비함의 상실 시대를 살아가고 있으나 신화라고도 불리는 이러한 세계는 종종 자연과 사람이 합일의 순간을 통해 내면으로 들어가는 길을 가르쳐준다. 또한 인간 정서의 밑바탕엔 잃어버린 신화에 대한 향수가 짙게 깔려 있다. 이미 프로이트나 융을 통해 알려진 바대로 현대 인류의 무의식 속에는 태고의 잔재인 신화가 원형적 형태로 존재한다. 다만 우리가 그 감각을 둔화시켜서 느끼지 못할 뿐이다.

> 마을 과수원을 지나다 섬뜩한 느낌이 들었다. 그 순간 누군가가 톱을 들고 내게로 달려들 것 같은 무서움에 나도 모르게 몸이 움츠러들었다. 은빛 햇살이 내리쬐는 한가롭기 그지없는 들녘을 스치듯 지나면서 왜 그런 무서움을 느꼈을까. 뭉턱뭉턱 가지가 잘린 무화과나무는 내 허리 높이였다. (…) 그런데 무자비하게 잘린 가지는 가질 줄만 아는 인간의 욕심이 그대로 묻어난 것 같다. (…) 나무들의 팔다리가 잘려 나갈 때의 비명이 들리는 것 같기도 하다. (…) 살아있는 생명체인 나무들이 아프다는 비명을 지르며 자신의 메시지를 보냈는지도 모른다.
>
> ― 〈과수원을 지나며〉에서

우리는 흔히 '떡갈나무는 나무꾼이 다가가면 부들부들 떨고, 홍당무는 토끼가 나타나면 사색이 된다'라는 말을 한다. 이런 식물들의 반응을 실험을 통해 확인시켜 준 사람의 이름을 따서 '백스터 Backster 효과'라고 한다. 식물도 인간처럼 생각할 줄 알고, 느낄 줄도 안다는 것이다. 그래서 인간의 마음을 읽는 식물은 인간처럼 슬퍼하거나 기뻐하고, 고통스러워하거나 즐거워한다. 화자 또한 "신체 리듬이 좋지 않을 때는 엉뚱한 생각이나 느낌을 받는다"고 말한다. 화자는 나무와 교감하여 그들의 아픈 이야기를 듣고 있는 사람이다. 이성으로 무장된 우리는 사람 아닌 다른 생물체와의 교감을 미신이라는 이름으로 이상하게 취급하는데 실은 잘못된 편견이다. 생명 있는 존재들은 모두 상태에 따라서 교감하고 소통할 수 있다. 흙 속에서 나무와 함께 사는 화자는 그들과 동화되어 교감하기 때문에 그들의 고통을 알고 몸이 섬뜩해지는 것이다.

화자에 의하면, 나무들은 혼자서만 넓은 땅을 차지하려 하지 않으며, 자기들이 서 있는 곳 말고는 풀씨 하나에까지 터를 내주고 함께 산다. 그뿐 아니라 서로 가지를 주고받으며 함께 채우고, 키 큰 나무들은 가지를 높이 달아 아래 공간을 키 작은 나무들에게 내준다. 그들은 누가 시키거나 가르쳐주지 않아도 스스로 나눠줄 줄도 알고 나누어 가질 줄도 아는 현명한 존재다. 그러나 화자 앞에 있는 나무는 무자비하게 잘려 비명을 지르고 있다. 현실 논리로 보면 화자가 작품 속에서 말한 바대로 '과수원 지기들의 삶의 애환과 과수를 관리하고 지키려는 노력의 결과가 상충 되는 현실에서 누가 뭐라고 옳고 그름을 재단할 수' 없다. 그렇다면 이 작품이 지닌 의미는 무엇일까?

  과수원 지기를 하며 사는 화자는 나무를 자르고 농약을 살포하는 일은 당연하게 해야 하는 일일 텐데 그는 그러지 못한다. 사지 잘린 나무의 옆을 지나며 나무들의 비명을 듣는, 생명체의 신음 소리를 들을 줄 아는 '마음의 귀, 눈'을 가지고 있는 화자이기 때문이다. 그것은 첨단의 문명 속에서 살아가는 사람들은 잃어버린 순수 영역의 근원적 정서이기 때문에 더없이 소중하다. 그 순수한 감각은 인간의 욕망을 성찰하는 균형 잡힌 사고와 성정을 가지고 있다. 그래서 화자는 우리와 함께 문명의 세계에서 살고 있지만 한 발짝 물러서 자연이 지닌 순수한 세계와 소통하고 교감하며 살아간다. 나무들의 비명을 몸으로 들을 수 있음은 화자가 그만큼 순수한 영혼의 소유자라는 의미이다.

  문명을 넘어서서 좀더 근원적인 문제로 들여다보면, 식물들이 존재하는 목적은 동물과 인간에게 먹을 것을 제공하고, 흙을 껴안아주며, 세상을 더 아름답게 만드는 데 있다. 풀과 나무들은 인간에게 소리 없는 노래를 불러주고, 그것에 대한 보답으로 그 풀과 나무들이 바라는 것은 우리 역시 그들에게 노래를 불러주는 일이다. 그렇게 보면, 화자는 이미 나무들의 아픔을 알고 자신을 성찰함으로써 그들에게 사람의 메시지를 보내주는 존재다.

화자들을 통해 본 작가 이임순이 행복한 사람인 것은 자연인 나무와 땅으로부터 얻는 에너지와 지혜를 한껏 받아들여 내면화하고 그것을 타자들에게 환원하기 때문이다. 또한 화자는 나무를 통해 존재의 내면을 탐사하고 있지 않은가. 자신이 행복하지 않은 사람은 나와 다른 타자에게 관대할 수 없다. 그래서 식물과 하나가 될 수 있는 교감 능력이 있는 화자는, 자본주의의 폭풍을 만나도 저 나무처럼 그 자리에서 자신을 오롯하게 꾸려갈 수 있는 사람이다.

　동물에 관한 화자의 이야기를 더 들어보자. 〈동행〉에서 화자는 고추밭을 둘러보러 가는 길에 고라니를 만난다. 녀석은 새끼와 오수를 즐기고 있다가 화자의 눈과 마주치자 쏜살같이 도망친다. 미안한 마음에 그 이후로는 직접 마주치지 않고, 녀석의 분비물로 밭에 다녀간 것을 확인하며 살아있음에 안심하곤 한다. 그는 고구마밭의 줄기를 다 뜯어 먹어 줄기만 앙상하게 남아있는 모양새를 보면서 이렇게 생각한다. "나에게 고구마는 간식거리지만 녀석에게는 생존을 위한 것이다. 누군가와 나누어 먹을 것이라면 녀석이 먹는 것도 무방하지 않을까 싶었다. 고구마면 어떻고 잎이면 어떠랴. 주린 배를 채우기는 매일반이지 않은가." "안 보면 보고 싶고, 무엇이라도 주고 싶다. 그래서 먹이가 될 만한 것을 녀석들의 길목에 놓아두면 다녀가면서 흔적으로 분비물을 남겨 놓는다. (…) 동행이면 어떻고 짝사랑이면 어떠랴. 가끔이라도 녀석들의 존재를 확인하고 살아가면 될 것을."

다시 무탄트 메시지를 떠올려 본다면, 살아있는 존재들과 함께 살아가려는 화자의 마음은 원주민 사람들의 그것처럼 순수하고 신성하다. 화자가 동물에게 자신의 농사를 내어주고, 먹이를 놓아주며 함께 살아가려는 마음은 원주민의 그것과 다르지 않다. 그래서 자연적 존재를 대하는 화자의 생각과 행위는, 원주민에게 노래를 불러주는 원형의 시간과 같은 의미이다. 인간은 동물을 자신과는 다른 존재로 여겨 함부로 대하기도 하지만, 동물이 존재하는 근본 이유는 사람에게 희생당하기 위해서가 아니다. 하지만 동물들은 꼭 필요한 경우에는 인간의 먹이가 되어주는데 동의하기도 한다. 동물의 존재 이유는 대기의 균형을 잡아주고, 인간의 친구가 되어주며, 인간이 하는 일을 돕는 데 있다. 그러나 현실에선 때로 인간의 본보기가 되어 스승 역할을 하기도 한다.

화자에게 동식물은 동등한 존재다. 꼭 필요할 때 동물들이 사람의 먹이가 되어주려 하는 것처럼, 화자도 그들에게 자기의 곡식을 내준다. 밭에 심은 고구마를 고라니와 나누는 화자의 태도는 저 원주민의 행위와 다를 바 없다. 필요한 상대에게 가진 것을 내줄 수 있는 작가의 생각은 본능적이어서 복잡하지 않고 단순하다. 이리저리 생각을 굴리고 이해타산을 하지 않으며, 사물이나 사건을 있는 그대로 보고 대하기 때문에 갈등이 적고 그래서 명쾌할 수 있다. 시원의 인류도 그러했듯이, 《붉은 장미울타리》의 화자들은 저 원주민의 깨끗한 심상에 닿아 있는 존재다.

심지어 〈둔한 여자〉에서는 수리에 밝지 못해서 그런지 가족의 숫자를 모른다고 한다. 과수원에 모여 사는 동물들의 숫자를 세어보려 하지만 움직이는 동물들을 한꺼번에 세지 못하고 번번히 실패하다 보니 한 울타리에 사는 가족 수를 알 수가 없단다. 정 나누며 살면 사람이든 동물이든 모두 한 식구라 생각한다는 화자의 독백은 자연과 생명 있는 모든 존재와 어우러져 사는 사람만이 가질 수 있는 고귀한 삶의 전형을 보여준다.

작가 이임순의 삶이 그토록 건강하고 균형적일 수 있는 것은 땅과 나무와 동물들을 자기와 같은 존재로 생각하고 그렇게 대하기 때문이다. 자연은 우주적 상상력의 지극이자 시원이며 문명의 현실에서 엄습하는 불안과 공포를 위무할 치유의 세계이다. 그런 의미에서 《붉은 장미울타리》의 화자들은 나무와 대지인 '자연'에 자신을 맡기고 그로부터 자신을 재생시킬 수 있는 존재들이다. 아침마다 원주민 부족들은 자신들의 길 앞에 있는 동물과 식물들을 향해 마음이나 메시지를 전하는 의식을 행하며 이렇게 말한다고 한다. "우리는 너희들이 세상에 존재하는 목적을 존중할 것이다." 마치 이 작품집의 화자들이 외치는 소리 같다.

5. 덧붙이는 것들

《붉은 장미울타리》를 관통하는 몇 개의 주제를 따라 해석하다 보니 더 좋은 작품들을 일별하지 못한 아쉬움이 남는다. 〈잠을 파는 할머니〉를 통해서는 작가의 해학적 모습을, 〈어머니의 떡시루〉, 〈부녀 상봉〉에서는 그토록 강단지면서도 이타적인 작가지만 그녀에게도 부모님에 대한 유년의 기억이 마치 뒤꼍의 눈처럼 그리움으로 존재함을 알 수 있다. 〈얼굴 가꾸기〉, 〈보물 1호〉 등에서는 작가 이임순의 개성적 면모를 살펴볼 수 있다.

올해로 이순을 맞은 작가의 수필 세계가 어떻게 변모될지 향후의 작품들이 궁금해진다. 정도의 차이는 있으나 문학이 존재를 구원하기 위한 한 여정에 있는 것이라면, 작가 이임순은 자신을 이타적 세계로 더 깊숙이 던지게 될지, 혹은 내면으로 깊이 침잠하여 자기 정체성으로 환원 시킬지 기대가 된다.

기투(企投)하는 존재
– 양재봉 《인연의 끈》

1. 던져진 존재

여기, 한 존재가 있다. 그는 끊임없이 '나는 무엇을 해야 하는가?'의 물음을 이어가며 한 생을 살아온 듯하다. 아니 질문으로만 끝나는 게 아니라 자기의 생각을 늘 경험으로 이어가는 사람이다. 그는 태어난 이상 자기의 삶을 자신이 선택할 수밖에 없으며, 이러한 선택에 대한 불안감 속에서도 그 선택의 자유를 통해 자기 삶을 개척하여 현재를 이루었고, 미래를 만들어가는 존재다. 가난한 부모님이 병환까지 얻어 열두 살에 도목수인 외삼촌을 따라가 일을 시작하여 21살에 탈곡, 양돈, 귤 농장까지 갖춘 자기 사업을 시작했으니 그가 현실에서 얼마나 치열하게 살아왔는지 짐작할 수 있다.

수필가 양재봉은 수필집 《겨울 산딸기》, 《다독이는 소리》, 《인연의 끈》을 상재한 바 있으며, 세 번째 수필집을 통해 '수필과비평문학상'을 수상하게 되었다. 《인연의 끈》에서 그가 보여주는 세계는 위에서 언급한 실존주의적 삶에 대한 경험담들이다. 그가 쓴 체험을 읽는 일은 누군가가 직접 전해주는 이야기를 듣는 것 같다. 관념적 인식이 아닌 경험의 서술은 화자와 독자의 거리를 좁혀주기 때문일 것이다. 그의 글에는 문학적 구조를 새롭게 하여 미학을 추구하거나 미사여구와 감각적인 문장이 쓰여 있지도 않다. 다만 자기의 경험을 실제 삶처럼 진지하게 말할 뿐이다. 마치 조청을 고아내듯이, 놋그릇을 보살피듯이 은근하고도 끈기 있게 이야기를 전해준다.

작품 속의 화자를 통해 드러나는 양재봉의 사유와 행동은, 실존주의 철학 개념을 닮았다. '인간은 그냥 태어나 세상에 던져진 존재(被投性)이고, 어떻게 살아야 한다는 규범도 무엇을 해야 한다는 의무도, 주어진 역할도 없으나 자유를 선고받은 존재'(사르트르)이니 주체는 스스로 무엇인가를 해야 하는 것처럼 말이다. 결과로써《인연의 끈》을 이렇게 말할 수 있으나 수필가 양재봉의 현실은 매우 가파른 언덕을 오르듯 힘겹게 끌어왔다.

이 부분을 두고 작품 평설을 쓴 김길웅 수필가는 말한다. "양재봉이 겪은 어릴 적 가난은 보편성을 벗어나 있어, 시대가 그랬다 할 것이 아니다. 어린 나이로는 감당하기 어려운 그야말로 적빈赤貧의 극한이었다. 웬만한 의지로는 버티지 못해 주저앉아 좌절하고 말았을 것인데, 당차게 부딪치며 견뎌온 사실에 주목하게 된다. 그의 수필을 읽으려면 과거에 그가 겪었던 체험이 전제될 수밖에 없는 이유다." 그가 경험한 가난은 시대의 보편성을 초극할 만큼 극한 환경이었으나 그는 자신이 처한 상황을 성실한 노력과 인내력으로 극복하고 마침내 가난에서 벗어난다. 마찬가지로 수필집 《인연의 끈》을 읽는 것은, 양재봉이 이 세계에 내던져진 존재로서 무슨 생각을 하며 어떻게, 무엇을 하며 살아왔는지의 과정을 들여다보는 일이기도 하다. 그런 이유 때문인지 양재봉 수필은 문학이 추구하는 미학적인 면에서 살짝 비켜나 있기도 하다. 반면 거칠지만 생생함도 담고 있다.

2. 경험으로서의 실존성

보편적으로 이해 가능한 가난이 아닌, 12살에 가족을 부양해야 하는 책임감을 짊어진 사람은 평범한 삶을 살기 어렵다. 또래들과 어울려 놀이에 빠져들지도 못하고, 동시대에 사는 사람들과 같은 문화를 누리기도 어렵다. 즉 타인들과 어울려 살아갈 시간과 여력을 상실하게 된다. 주체 혼자만의 방식으로 전력을 다해 살 수밖에 없기 때문이다. 그래서인지 《인연의 끈》의 화자는 온몸으로 세상을 밀고 나가 실존의 존재 방식을 확인한다.

〈백서향과 회초리〉에서 화자는 납부금을 내지 못해 선생님의 회초리를 맞는 일이 다반사였다. 그 시간이 얼마나 두려웠으면 호명

되어 앞으로 나갈 때 몸이 먼저 반응하겠는가. "엉덩이와 허벅지가 매를 맞기도 전에 파르르" 떨었다니(이 부분을 읽을 때도, 쓰는 지금도 시종 아프다). 그는 몸을 가누지 못하고 뒹굴면서 "내 잘못이 아니다. 돈이 잘못했다. 가난한 아버지를 두었을 뿐이다. 세상이 불공평한 거다"를 되뇌면서 그 시간을 견뎠다. 자기의 잘못이 아니라는 것, 자신도 모르는 사이 이런 처지로 세상에 존재하게 되었다는 생각으로 자괴감을 물리쳤다. 그렇게 해야 상처받은 몸과 마음을 곧추세워 내일을 살아갈 수 있는 조금의 용기라도 생겼기 때문이다. 세상에 던져진 존재로서 자신을 지키기 위한 눈물겨운 방식이었다. 얼마나 가슴 깊이 새겨졌으면 백서향을 찾아가는 길에 이 아픔이 떠올랐을까. 이 경험을 시작으로 청년기를 보내고 장년이 된 화자가 당시를 회억하는 또 다른 작품이 〈꼴찌와 32라는 숫자〉이다.

    46년이란 오랜 세월이 흘러갔다. 그동안 32란 숫자를 원망하며 살기도 했다. 그 점수는 가난이라며, 부당함을 당한 꼴찌의 숫자라며 속앓이를 했었다.
    가난 때문에 수많은 고통과 눈물로 세월을 보냈다. 난 가난 덕분에 성실했고, 노력하며 살았다. 가난은 나태해지려 할 때 담금질했으며 꼴찌에서 벗어나게 했다. 늦게 도전한 공부는 반에서 1등을 놓아 본 적이 없다. 대학도 두 개의 학위를 가졌다. 사업도

맨 앞에서 달렸고, 나를 잘 아는 사람들은 자수 성가했다고 말한다. 가난이 무엇이든 최선을 다하게 하지 않았던가.

- 〈꼴찌와 32라는 숫자〉에서

'32'라는 숫자는 화자가 중학교를 졸업할 때 받은 평균 점수다. 그는 12살에 어린 목수 일을 하다 중학교에 가게 되었으나 밀린 학비 때문에 사환으로 일하며 졸업장을 받아야 했다. 다른 학생들처럼, 책상에 앉아 공부할 수 없었으니 성적이 제대로 나올 리 없었다. "병중인 부모님과 할머니, 다섯이나 되는 동생들"을 책임져야 하는 가장의 역할은 그에게서 보편적인 학생 노릇마저 못하게 했다. 졸업 후 일본 밀항까지 꿈꾸었다니 가족을 돌봐야 하는 당시의 절실함을 짐작할 수 있다.

부모의 돌봄이 필요한 시기에 도움 되는 이 하나 없이 가족까지 책임져야 하는 화자는 무슨 일이든 찾아 열심히 해야 했다. 그것은 그저 선택의 문제가 아니라 생존의 문제였으니 그만큼 절박했을 터다. 하지만 그 가난을 슬기롭게 극복한 그는 늦게나마 공부해서 대학을 두 군데나 다녔으니 '32'라는 꼴찌의 숫자를 뛰어넘고도 남겠다. 그는 가난이 무엇이든 최선을 다하게 했다고 말하는 것처럼, 자신이 알지 못하는 어떤 이유로 이 세상 속에 던져졌으나 역설적으로 그 가난에서 자유로운 존재가 되었다. 일상적 의미의 자유라는 것은 한 개인에게 속박된 그 무엇을 깨고 새롭게 탄생한다는 의미도 포함될 터이니, 그리 말해도 무방하겠다.

　수필 〈생존법칙〉의 화자는 TV에서 방영하는 프로그램을 시청하다가 '만원으로 생존하기'에 도전하기로 한다. 만원을 가지고 며칠을 살 수 있는지를 실험하는 내용이다. 집안에는 먹을 것이 많으니 집을 나와야 가능한 일이었다. 숙소는 농업법인 건물의 탈의실, 먹거리는 할인 코너에서 최소 가격으로 사고 물은 빈 패트병에 수돗물을 채워 먹었다.

> 널브러진 쓰레기를 치우고, 앙증맞은 창문으로 스며든 물기를 닦아냈다. 창고에 버려진 스티로폼을 가져다 깔았다. 신문지와 지난 달력을 모아 그 위로 폈다. 골방이 좁아서 아늑하다. 나만의 공간. 이곳에서 만원으로 며칠을 버틸 수 있을까. 계산상으로는 얼추 5일간은 가능할 것 같다.
>
> 　　　　　　　　　　　　　　　　　　　　 – 〈생존법칙〉에서

　처음의 계획처럼 화자는 5일간의 실험을 끝내기 위해 자신을 극복해야 하는 약간의 시련을 거친 후 집으로 돌아간다. 허기질 아버지를 생각해서 떡을 잔뜩 사 들고 온 아들이 "대궐 같은 집을 놔두고 무슨 고생이냐" 하지만, 화자는 아픈 추억을 끄집어내 자신을 다시 한번 담금질하며 그 인내력을 확인하고 싶었을지 모른다. 청년 때의 기억은 지난 일이고, 자신은 이미 가난이라는 굴레를 벗어

나 자유로워진 상태이기 때문이다. 가난해서 못 먹는 것은 아프고 서러워 자괴감을 불러일으키지만, 먹을 것을 앞에 두고도 안 먹는 것은 자유의지이고, 그 의지를 점검하는 기제로 작동하기에 비교할 수 없을 만큼 다르다. 그럼에도 화자가 자신을 실험대로 던져 자기 의지를 점검하는 체험은 아무나 하지 않고, 할 수 없는 일이어서 의미가 있다. 그 결과 5일간의 소식으로 위가 줄었다고, 건강해진 자신을 반기지 않는가. 그가 5일간의 가출이 준 선물이라 말하는 것은 여유에서 오는 자기만족의 감정이 촉발되었기 때문이다. 그만큼 화자는 자기의 삶을 자기 의지로 주도해가는 존재라 할 수 있다.

3. 음식, 생존성을 넘어서

경제 상황이 지금보다 좋지 않았던 과거 시대에서 음식은 생존과 직결되었다. 그러나 현대 음식문화에서의 음식은 살기 위해서 먹는 것이라는 개념을 넘어 정신적 영역으로까지 확장된다. 저 '살기 위해서'라는 말의 의미 또한 넓혀서 사용할 필요가 있겠다. 과거에는 음식의 작용을 두고 몸과 마음을 따로 구분해서 말하지 않았지만, 현대에는 몸을 살리는 것을 넘어서 정신적 영역까지를 같이 이야기한다. 이를테면 음식으로 추억을 불러오고, 아픈 정신을 치유해주며, 맛있는 음식을 통해 삶을 향유 하는 문화적 현상이 주요하게 부각 되기 때문이다. 또한 작품에서 음식 먹는 장면이 자주 등장하는 것은, 주제와 무관한 곁가지처럼 보일지 모르지만 사실은 그렇지 않다. 양재봉의 수필집에 등장하는 음식과 관련된 글들은 자기위안과 자유의지를 실험하는 방식으로 보이기 때문이다.

> 하얗게 드러난 무밥, 흰 김과 함께 두어 숟가락 퍼다 어겨선 안 될 절차처럼 기억된 순서를 지킨다. 상추를 손바닥 위로 올리고 무밥을 넣고 된장을 곁들여 쌈을 싼다. 한입 가득 욱여넣어 씹었다. 첫술을 삼킨 속이 시원하다 못해 후련하다. 이번엔 무밥을 두어 숟가락 퍼다 양념장을 넣고 비벼 노란 배춧잎에 싸서 먹었다. 짭조름한 양념간장이 밴 무밥이 속을 개운하게 풀어줬다. 거기다 시원한 배추된장국을 마시니 이제야 속이 정상으로 돌아왔다.
> 　　　　　　　　　　　　　　　　　　－〈무밥〉에서

설날을 맞아 기름진 음식으로 속이 불편해진 화자가 아내가 해준 무밥을 먹는 광경인데, 먹을거리와 그것을 입에 넣는 절차에 대해 약간의 경건함과 애착이 담겨있다. 마치 중요한 의식을 치르는 것처럼 적절한 긴장감과 절도가 있다. 이러한 태도는 화자의 의식과 몸에 새겨진 과거의 습관 때문이기도 하고, 무밥에 대한 화자의 특별한 기억 때문으로도 볼 수 있다. 무밥을 먹는 화자는 매우 진귀한 음식을 먹듯 기대로 가득 차 있다. 그래서 "어겨선 안 되는 절차처럼 기억된 순서를 지"키며 한 동작 한 동작을 의식한다. 아마 무밥을 먹었던 과거에 충족감을 주거나 좋은 기억으로 남은 경험이 있었던 모양이다. 첫술로도 속이 후련해졌으니 말이다. 음식을 먹었을 때 느꼈던 반응을 몸은 오감을 통해 기억하고 있다.

연장선상에서 수필 〈참 기름집〉의 내용을 보면, 착유기를 집에 들여 참기름을 직접 내려 먹는다.

> 첫술은 조금 떠서 맛보기, 참기름 향과 짭조름한 간장 맛이 어우러져 참 좋다는 표현마저도 할 여유가 없다. 두 번째 숟가락엔 하늘 높은 줄 모르게 듬뿍 떠다 입안에 가득 밀어 넣고 씹는다. 허기진 늦은 점심을 책망했던 마음이 가뭇없이 사라졌다. 돌솥밥이 썰물 내리듯 낮아지는 게 아쉽다. 남은걸 아껴 먹어야 하는 걸까, 후다닥 먹어 치워야 더 맛을 알게 될까, 맛을 씹고, 고소함을 삼키며 조용히 내리는 참기름을 바라봤다. 희미하게 올라가는 하얀 김, 천장까지 다다르고 퍼져나가 코로 스미는 냄새를 맡노라니 참기름에 얽힌 소년 시절을 불러들였다.
>
> ― 〈참기름 집〉에서

수필집 《인연의 끈》에서 저토록 천진하게 비유하거나 묘사하는 장면은 흔치 않았다. 먹는 음식 앞에서, 특히 화자가 유년에 맛있게 먹었을 것 같은 음식을 두고 기대를 하거나 풍요로워지거나 약간의 긴장감마저 느끼게 한다. 꼭 읽고 싶던 소중한 책은 오히려 볼 날을 미뤄가면서 읽었던 추억처럼, 저 돌솥 밥을 앞에 둔 화자의 심정이 그런가 보다. "돌솥 밥이 썰물 내리듯 낮아지는 게 아쉽다. 남은 걸 아껴 먹어야 하는 걸까, 후다닥 먹어 치워야 더 맛을 알게 될까, 맛을 씹고, 고소함을 삼키며 조용히 내리는 참기름을 바라"보는 화자의 생각과 행동에 독자는 미소를 지을 수밖에 없다. 음식 앞에 있을 때, 화자는 어른으로서의 체면이나 위엄을 버리고 천진해진다. 달리 말하면 본능적으로 순수해지는데, 유년으로 돌아가 그 시절을 소환하여 향수를 만끽하는지도 모른다.

수필 〈뺨 한 대〉에서는 12살에 도목수인 외삼촌을 따라가 힘겨운 노동을 한다. 그래도 보리밥에 신김치로 끼니를 때우던 집에 있을 때보다는 훨씬 잘 먹고 지내는데도 돌아서면 배고픔을 느꼈다. 어린 소년이 가족을 떠나 홀로 타지에서 지냈으니 집을 향한 그리움을 숨길 수 없어 마음에서 오는 허전함이었다. 소년에게 찾아온 외로움과 그리움이 만든 허기였다. 육체적 배고픔은 타인으로부터 해결할 수 있지만, 정신적 허기는 메꿔지지 않은 것이다.

한 존재가 어렸을 적부터 먹고 자라며 생존하는 음식은, 그 사람의 개별적 역사를 이루는데 가장 바탕이 되는 것이다. 입으로 맛을 느끼고, 눈으로 모양과 색감을 보고, 코로 냄새 맡으며, 오감을 통해 각인되는 것이기에 가장 강렬하면서도 중요한 기억이 된다. 더구나 가난하던 유년에 배불리 먹지 못했던 이에게 음식은 평생 그의 먹거리 문화에 영향을 미친다. 화자에게 배고픔은 커다란 결핍으로 남았을 터고, 성인이 되어 그 결핍에서 해방되면서 점차 먹는 행위에 대해 자유로워져서인지 먹는 풍경이 등장할 때 그는 심리적으로 섬세하게 열어준다. 《인연의 끈》의 화자들이 무밥이나 콩나물밥, 참기름 등의 소박한 음식을 먹으면서 행복한 이유는 몸에 각인된 음식의 감각이 소환되어 오감이 다채롭게 작동하고 있어서다.

4. 가족, 결핍의 장소이면서 안식처

근대 이후, 사회현상의 변화에 따라 가족이 해체 위기에 처했다지만, 우리는 여전히 가족은 인간의 유일한 안식처라 믿고 있다(믿고 싶어 한다). 가족은 척박한 현실 속에서 언제나 최초이자 최후의 근거지이기 때문이다. 물론 가족도 하나의 공동체이기 때문에 사회의 모순과 함께 존재하지만, 그 울타리 안에서는 따뜻하고 화목한 '신성불가침'의 가치를 내포하고 있다. 가족도 현실적으로는 사회적 흐름과 같이 흘러가지만, 우리가 꿈꾸는 가족은 반사회적인 것으로 봐도 좋겠다. 가족적이라는 말에 투영된 따뜻함, 포근함, 우애, 화목함, 위안 등의 정서적 느낌이 비사회적임을 방증한다. 그런 이유로 가족은 어떠한 위기에 처해도 존재들이 지켜야 할 최후의 보루가 된다. 심지어는 존재자를 존재하게 하는 그 무엇이기에, 인간이 인간이기 위해서는 '가족적'이어야 한다는 전제도 가능하다. 작가 양재봉에게 가족은 어떤 양태로 존재하는가.

〈낡은 밥상〉에는 화자가 공예사업을 시작하여 바빠 살던 때의 이야기가 등장한다. 새벽 1시가 되어야 잠자리에 누울 수 있는 그가 "안방으로 들어가 보면 아기구덕에 손을 얹고 잠든 아내, 아기가 뒤척일 때마다 잠결에 구덕을 흔드는 낯선 여인을 보았다. 슬며시 아내 손을 빼고 내 손을 아기구덕에 얹고 잠이 들었지만, 아침에 일어나 보면 다시 손이 바뀌어 있었다."고 한다. 치열하게 살아야 하는 생활전선에서 고단한 하루를 보낸 부부는 서로를 위해 아기구덕에 손을 얹어주는데, 그 행위 속에 깃든 사랑과 배려와 평화로움이 잔잔한 감동을 불러일으킨다. 밀레의 '만종'을 보는 편안함과 아름다움이 있는 광경이다. 그래서인지 화자는 세월 따라 나이 든 부부처럼, 젊은 시절 아내의 손길이 담긴 '낡은 밥상'을 앞에 두고, 외조를 프로처럼 잘하겠다고 다짐한다. 〈낡은 밥상〉이 아내에 대한 사랑을 보여준 작품이라면, 〈언덕〉은 아들에 대한 믿음과 가족애가 담긴 이야기다.

하얀 눈을 밟으며 성큼성큼 걸어가는 아들, 조금 뒤에서 아들 발자국을 밟는다. 큰 발에 보폭이 넓어 힘주어 발을 내디뎌야 한다. 어릴 적 설날에 아버지를 따라 발자국을 밟던 내가 떠오르고, 아버지가 된 후 개구쟁이 아들이 내 발자국을 따라 걷던 추억이 떠오른다.

이젠 내가 그렇게 아들 발자국을 밟고 있다니 기분이 묘하다. 내년이면 노령연금이 나올 것이다. 이젠 아들이 내가 등 비빌 언덕으로 성장해 가고 있다는 믿음에 듬직하다. 이런 세찬 눈바람 치는 날에도 우직하게 약속을 지키는 아들이 대견하다며 넓은 등을 바라보았다.

— 〈언덕〉에서

화자가 사업장으로 일찍 출근하는 아들 뒤를 따라 걸으며 상념에 빠져있는 장면이다. 농자재를 판매하는 아들은 부지런한 농민들이 아침 일찍 찾아올 것을 생각하여 직원들보다 1시간 앞당겨 출근한다. 겨울 아침, 추위는 물론 눈이 오고 바람 불어도 소비자와의 약속을 지키려는 아들이 대견하여 종종 따라나선다. 그는 아들의 크고 넓은 발자국을 따라 걸으며 기분이 묘하다고 한다. 아버지의 발자국을 따라 걷던 자신이 이제 아들의 발자국을 따라가고 있으니 그간의 인생사가 스치며, 온갖 상념으로 감회가 새로웠겠다. 어느덧 아버지 세대가 자취를 감추고, 이제 그가 아버지의 자리에 서 있다. 남자는 아버지의 자리에 섦으로써 비로소 아버지를 알게 된다 했으나 그는 아버지의 병환으로 끝까지 보살핌을 받지 못하고 오히려 자신이 아버지를 부양해야 했다. 그러나 화자는 자기의 결핍을 드러내지 않으며 아들에게 큰 부족함 없이 아버지의 사랑과 보살핌을 물려주고 있다. 그런 관점에서 온갖 감정들과 생각이 몰려왔겠다.

　화자에게는 모질고 거친 세상을 살아가면서도 기댈 곳이 없었다. 오로지 그가 가족을 돌보고 책임져야 하는 의무감이 더 컸다. 그러나 지금, 그는 아버지로서 가족을 충분히 사랑하고 부양하여 책임을 다했다. 그가 얼마나 성실하고 책임감 있는 가장인지는 수필 〈생존법칙〉에서도 드러난다. 화자는 가출을 감행하는 날에도 새벽에 일어나 "추위를 타는 딸을 위해 장작 난로의 굴뚝 청소와 며칠간 땔 장작도 들여놓"고, "강아지와 닭이 먹을 것도 삶아놓고, 난 분에 물도 듬뿍 주"고 나온다. 과거의 그에게 가족은 결핍이었지만, 지금 그는 그 경험을 거울삼아 더 따뜻하고 자상한 아버지가 되어 가족을 돌보고 있다. 소중한 것을 잃어본 사람은 그 소중함의 가치를 더 절실하게 체득한다 했으니. 그런 화자에게 아들의 넓은 등은 그가 노년이 되었을 때, 버거운 삶을 기대거나 잠시 쉴 언덕이 되어줄 것이다. 그렇게 보면 믿음직한 아들의 너른 등을 바라보는 화자의 감정이 얼마나 느꺼울지 상상할 수 있다. 이미 그는 〈인연의 끈〉에서 "가족이란 말만 들어도, 글자만 보아도, 생각만 해도 포근하다. 마음이 아늑하고 정서적으로 안정감을 느끼게 한다"고 고백했잖은가.

5. 인연, 그 부동성의 의미

　어떤 존재가 살아가면서 좋은 인연을 만난다는 것은, 자신의 운명을 긍정적인 방향으로 끌어가는 것과 같다. 인간은 자신이 만나는 사람의 영향을 받기 마련이고 그의 도움이나 조언이 삶의 길라잡이가 되기도 한다. 사람은 환경의 영향을 받는 존재이기 때문에 누군가와 만나고 함께 행동하면서 변화 발전한다. 《인연의 끈》의 화자들 역시 사회적 존재로써 사람을 만나고 그들과의 관계에서 사람살이가 이루어진다. 그들은 소중하게 만난 사람이거나 그런 대상과는 옷깃만 스치는 정도가 아니라 마치 한 자리에 정주하는 나무처럼 변함없는 인연을 이어간다.

졸업하고 많은 세월이 흘러갔지만, 선생님과 연결된 인연의 끈에 자꾸만 실오라기를 덧대어 갔다. 선생님께서도 그 끈에 황금빛 실을 해마다 추가해 주셨다. 끈이 굵어갈수록 존경심은 더해 갔다. 그만큼 어려운 분이기도 했다.
세월이 흘러 선생님 자녀들도 결혼하게 되었다. 4남매의 결혼식에 아내와 함께 참석했다. 반갑게 맞아주신 선생님과 사모님께선 가족사진을 찍을 때 같이 찍자고 하셨다. "너는 내 가족과 다름없는 사람이다."는 말씀 끝에 엉겁결에 대답은 했지만, 우리가 낄 자리가 아닌 것 같았다.

— 〈인연의 끈〉에서

화자는 중학교 때에는 등록금을 내지 못해 담임선생님에게 매를 맞거나 꾸중을 자주 들어 선생님들에 대해 좋지 않은 선입견이 있었다. 그러나 고등학교 2학년 때 만난 담임선생님과의 인연은 현재까지 이어지고 있다. 두 사람이 깊은 인연이 되기까지는 화자의 남다른 점이 중요하게 작용한 것으로 보인다. 중학교 때와는 달리 형편이 나아진 그는 자신의 장학금을 형편 어려운 학생에게 주고자 했고, 어려운 학생들을 찾아 학업을 이어갈 수 있도록 격려를 하는 등, 화자의 기특한 행동이 선생님과 인연의 시초였을 것이다. 인연이란 어떤 원인으로 하여 결과가 나타나 연이 되는 것이니 두 사람의 뜻과 행동과 마음이 맞은 결과다.

 40년 동안 변함없이 인연을 이어온 화자와 담임선생님은 가족이 된다. 한국 문학사에서 종종 스승은 부재 하는 아버지의 자리를 대신 하기도 하는데, 화자 또한 존경하는 선생님을 가족으로 생각한다는 점에서 비슷하게 볼 수 있다. 생물학적인 아버지가 아닌, 정신적인 아버지로 생각할 수 있다. 화자가 외롭고 힘든 사회 속으로 뛰어들어 자신의 생을 잘 이끌어 왔으나 심적으로나마 소통하고 기댈 누군가가 필요했다면 이 선생님이 그 자리에 들어갈 수 있겠다. 한 존재에게 자신을 이해하고 응원해줄 누군가가 있다는 것으로도 충분한 용기와 힘이 되어줄 테니까. 두 사람은 평생 같이 살아오면서 그가 인연의 끈에 '실오라기 하나' 덧대면 선생님은 '황금빛 실'을 이어주셨다. 사람은 상호적 관계 속에서 그 의미를 이어가는 존재이니 제자는 스승을 존경하며 따르고, 스승은 제자를 사랑으로 보듬어 그 우의를 두텁게 해 온 것이다. 그렇게 오랜 세월 이어온 끈의 굵기와 단단함은 생이 다할 때까지 이어질 것이다. 화자의 걱정은 자꾸만 노쇠해가는 선생님에 대한 것이라니, 그 말에서도 선생님에게 보내는 존경과 경외의 마음을 충분히 읽을 수 있다.

수필 〈놋그릇과 조청〉에서도 스승에 대한 화자의 마음이 잘 드러난다. 화자는 전통음식 교육을 하는 아내의 교육장 책장 맨 위에 올려 둔 놋그릇을 꺼내 닦는다. 그것은 숙모의 놋그릇과 스승이 집을 정리하면서 아내의 교육장에 어울릴 거라고 물려준 것이다. "의자를 당겨와 밟고 올라서서 다시 높다란 탁자로 올라서야 손이 닿는 높이다. 그걸 조심조심 꺼내 들었다. 가마솥 부근에서 재를 모아다 수세미에 묻혀 닦는다. 스승님은 뇌경색 진단을 받고 투병 중이시다. 뇌 속에 혈의 흐름이 좋아지라는 듯이 닦아낸다. 팔이 아파라 밀고 또 밀었다". 가족 같은 스승의 뇌경색이 낫길 바라며 팔이 아프도록 놋그릇을 닦는 화자의 모습은 천진난만한 아이의 그것이다. 스승의 건강이 좋아지길 바라는 그 마음에는 조금도 불순함이 끼어들지 않은 오롯한 염원만 담았을 것이다.

화자가 스승에게 품고 있는 사랑과 정성은 인정이 사라져가는 각박한 이 시대에 사람의 따스한 온기가 어떤 것인지를 생각하게 한다. 12살에 직업 현장에 뛰어들어 21살에 개인사업을 시작할 만큼 온몸을 던져 자기 삶을 개척한 화자에게 스승은 든든한 중심이 되었을 것이다. 그 고마움을 쉽게 잊지 못하고 가족처럼 염려하며 건강을 기원하는 〈놋그릇과 조청〉의 화자를 보며 부표처럼 표류하는 현대인의 인간관계를 다시 사유해본다. 소중한 사람에 대한 저 부동의 마음, 아무나 쉽게 흉내 낼 수 없는 매우 소중한 인간 정신이다.

7. 마치며, 그가 꿈꾸는 세상

양재봉의 수필집 《인연의 끈》에서 이 글의 주제와 관련된 글들을 범박하게나마 언급하였다. 그의 수필에는 과거의 힘든 시절을 넘어서 미래를 향해 자기를 '던져' 오늘에 이른 실존적 흔적들이 주를 이룬다. 작품의 양이 아니라 질적인 면에서 그렇다. 인간은 기투企投(project)하는 존재(하이데거)다. 현재를 넘어서 미래를 향해 자신을 던지는 실존의 방식을 기투라 한다면, 수필가 양재봉 또한 자신을 던져 스스로 존립하고 지켜낸 존재다. 어려운 환경에서 이 세상에 던져졌으나 그 가난에서 탈출하기 위해 전 존재를 밀고 나아갔을 뿐만 아니라 자기 삶의 의미를 만들어갔기 때문이다.

이미 언급한 작품 이외에도 자연의 순환을 다룬 〈자연의 흐름대로〉에서는 돌을 다루면서 '돌이 원하는 결을 따라가야' 좋은 작품이 만들어진다는 것을 깨닫고, 삶에 적용하여 세상의 이치를 따르게 된다. 외에도 작가가 관심 있게 다룬 소재를 통해 그가 꿈꾸는 세상이 있음을 감지했다. 〈별 하나, 돼지고기 한 점〉에서는 옥상에 올라 가족과 돼지고기를 구워 먹는데, 윤동주의 '별 헤는 밤' 고흐의 '별이 빛나는 밤'이 등장하여 이질적이면서도 신선한 소재의 조합에 시선이 갔다. 현실에서는 대기 오염으로 별이 잘 보이지 않는 흐릿한 시야지만, "아들이나 딸이 결혼하고 손주가 태어나면 저 마지막 남은 금성이라도 보여 줘야" 한다는 각오나 "지구촌 사람들이 별 하나씩 붙들어 오면 어떨까 … 하늘을 닦아 별을 불러올 수 있다면."을 보면 양재봉의 서정은 동심에 가깝다고 할 수 있다. 어쨌든 그는 자손들이 살아갈 미래의 지구가 건강하길 희망하고 있다.

그래서일까. 〈밥 한 그릇의 값〉에서는 친구를 만나고 들어온 딸로부터 저녁밥 값은 '각자 계산했다'는 말을 듣고, 밥 한 그릇에 담긴 의미를 함부로 여긴다는 안타까움을 토로한다. 그가 밥 한 그릇 나누며 인간의 정을 나누지 못하는 각박한 세태를 한탄하는 것은, 역으로 서로 나누며 행복을 느끼는 세상을 바라기 때문이다. 그래서 〈이런 이별〉에선 감자 캐기 교육을 통해 자신이 아는 정보와 삶을 교육적으로 활용하고, 〈소통부재〉에서는 팬데믹 시대에 안전한 손소독제를 발명하여 나눠 쓰고자 온갖 방법을 동원한다. 소소한 것이지만 자신이 가진 능력을 이 사회에 환원하려는 그의 생각은 아마 자신이 어려웠던 시절에 도움을 받은 세상에 대한 답례일지 모른다.

사족으로 한 가지 덧붙인다면, 수필가 양재봉은 글쓰기에 대해 자신이 체험한 것을 써야 한다는 생각이 견고해 보인다. 수필을 쓰는 이에게 매우 지당한 생각이다. 〈생존법칙〉에서 그는 가족들이 "글은 직접 겪지 않은 건 쓰지 않는다는 걸 안다. 글의 소재를 제공했다는 걸 직감했는지 내일을 약속받고는 돌아갔다'고 말하듯, 수필은 기본적으로 경험의 산물임은 자명하다. 체험이 중심축이 되어야 하지만 이야기를 엮어가며 살을 붙이는 것은 문학적 상상력으로 이어가야 한다. 체험과 상상력의 적절한 버무림이 수필을 문학답게 승화해 주는 것이다. 《인연의 끈》을 읽으며 다소 아쉬운 점이었다.

반면에 양재봉이 철저하게 체험한 내용을 글로 쓰기 때문에 그 현장감으로 살아있는 생동감이 있다. 자기 삶을 통과하지 않은 관념적 인식으로는 수필을 쓰지 않는다는 점은, 추상적인 것보다는 구체적인 내용을 쓰게 되어 작가의 개성을 최대한 발휘할 수 있다는 장점이 있다. 따라서 양재봉만의 체험들은 환원되지 않는 자립적 개인성을 내포하고 있어 작품 또한 그만의 고유성을 지니게 된다. 이제 그의 이야기 방식이 변화한다면, 작품세계는 더 넓고 섬세하게 외연을 확장해 갈 수 있을 것이다.

가족 서사에 담긴 함의含意
– 이임순 《봄이 오는 소리》

1. 수필가의 삶과 작품의 소재

수필가 이임순이 세 번째 수필집 《봄이 오는 소리》를 상재한다. 제1집 《과수원지기의 향기》(교음사, 2008년), 제2집 《붉은 장미울타리》(수필과비평사, 2014년) 이후 4년 만이다. 어린이집을 운영하면서 광양 예총 지부장과 로타리클럽 활동을 하고, 농장까지 운영하는 그가 현재 담당하고 있는 일의 양을 헤아리면 도저히 믿기지 않을 정도의 다작인 셈이다.

글감을 만나도 쓸 시간이 없어서 못 쓴다는 말을 종종 듣는 경우가 있는데, 이임순은 오히려 바쁘게 활동하며 만난 글감을 고스란히 작품화하지 않았을까 싶다. 그래서인지 작품의 소재가 어린이집에서의 경험과 가족의 이야기들이 주를 이루며, 그가 사회활동을 하며 만난 사람들과의 유대감도 들어있다. 대체로 사회활동을 하면서도 일과 개인사의 영역을 분명하게 나누려고 하는데, 그는 그 경계를 나누지 않으려 한다. 즉 주체로서의 자기 일과 타자로서의 타인의 일을 구분 짓지 않고 한다는 것이다. 그것은 아마 그의 천성일 것이다. 본래 가지고 태어난 본성은 생각과 이성으로 제어되는 것은 아니니, 자기의 눈에 도움이 필요한 상황이 포착되면 자동적으로 나서게 될 것이다. 그래서 이임순에게는 가족 같은 이들이 많다. 어쩌면 가족일 것이다. 따라서 수필가 이임순의 가족 개념은 다른 사람들과의 그것과는 사뭇 다르다고 하겠다.

　세상엔 혼자 사는 사람이 없다. 형태는 다소 다를지라도 누구에게나 가족이 있다. 가족의 기본 단위는 부모와 형제, 부부와 자식들일 텐데, 이임순에겐 가족의 범주가 훨씬 넓다. 그에게 가족은 부부와 자식들뿐만 아니라 농장의 가축들까지 포함된다. 그리고 그에게 도움이 필요한 이웃들도 가족이 된다. 보편적으로 자신이 기르는 가축에 대해 한 가족이라는 말을 하곤 하지만, 이임순이 보여주는 동물에 대한 사랑은 그 정도를 넘어서 진심으로 보살피고 사랑하는 마음이 남다르게 드러난다. 그래서인지 그는 수필집 《봄이 오는 소리》에서도 열 편 정도의 동물농장 이야기를 썼다. 가축을 대하는 깊은 애정이 없다면 그들의 성장 과정에서 겪는 감동과 희열의 이야기가 탄생하지 못했을 것이다. 가축 소재의 작품들을 보면 그는 어미의 마음으로 생명을 키우고 있음을 알게 될 터이니, 어찌 가족이라 하지 않겠는가.

이 수필집에서 가장 많이 등장하는 글감이 어린이집에서 아이들과 함께 놀고 생각하며 행동하는 모습이다. 그의 직업 때문이기도 하지만 그는 천성적으로 아이들과 닮은 성정을 가지고 있어서 그들의 눈높이에서 그들을 바라보고, 생각하는 강점을 가진 듯하다. 이임순의 그러한 삶의 방식 때문인지 그는 어디서나 어려운 사람을 만나면 그냥 지나치지 못한다. 그는 길 가다 만난 아이의 문제를 해결해 주기도 하고, 사회에서 만난 사람도 생활이 여의치 않으면 가족처럼 돕는다. 그래서 수필가 이임순의 눈에 들어오는 사람은 가족이 되기 십상이다. 특히 어려움을 가진 이들은 더욱.

그런 까닭으로 수필집 《봄이 오는 소리》를 관통하는 주제를 '가족'으로 보았다. "가족이란 절대적 정당성과 자연성을 가지는 고정된 실체라기보다 사회와의 상호작용을 통해 구성된 것으로서, 가족 혹은 가족주의가 그 자체로 봉건적이거나 근대적인 가치를 지닌다고 볼 수 없다. 즉 '가족이란 어떠한 것이다'라는 개념이 형성되는 사회적 역학관계에 따라 봉건적이거나 근대적인 성격의 가족 이데올로기로 구성되는 것이다(권명아, 《가족이야기는 어떻게 만들어지는가》). 그런 면에서 이임순의 가족 개념은 봉건적이면서도 근대적인 성격을 띠고 있다. 수필집 《봄이 오는 소리》에 등장하는 가족의 형태를 살펴보면서, 가족 서사의 의미를 새롭게 규명해 보려 한다.

2. 가족, 작가를 존재하게 한 원동력

인간의 역사가 시작된 이래 가족은 가장 보편적인 사회형태로 존재하였고, 물질주의와 기능주의가 지배하는 현대에 이르러서도 인간 사회의 기본 단위로 작용하고 있다. 가족이 문학창작의 영역에서 중요한 모티프가 되는 이유 역시 한 인간의 자기 이해와 표현이 가족이라는 울타리를 배제하고 형성될 수 없기 때문이다. 따라서 가족이라는 보편적이고도 기본적인 인간관계가 아주 오래전부터 문학창작에서 중요한 모티프로 채용되어왔다(아리스토텔레스, 이상섭 역, 《시학》). 수필가 이임순 역시 가족으로부터 그의 삶이 출발하고, 작품으로 귀결된다는 것을 그의 수필을 통해 증명한다. 그 한 예가 〈할아버지와 함께 쓴 일기〉이다.

내가 초등학교 3학년 겨울방학 때였다. 외할머니 집에서 그해 방학을 지냈다. 그때 외할아버지로부터 일기 쓰는 법과 바른 자세로 앉아 책 읽는 방법을 터득했었다. 외할아버지는 매일저녁 잠자리에 들기 전에 글을 쓰셨다. 처음에는 그냥 지나쳤다. 매일 같은 묶음의 종이에 무언가 쓰시는 것이었다. 궁금해서 여쭈었더니 오늘 있었던 일을 기록한다고 하시면서 내일부터는 함께 써 보자고 하셨다. 외할아버지가 그러셨다. 친구와 다툴 때는 내가 잘한 줄 알았는데 일기를 쓰면서 잘잘못이 가려지고, 사과할 기회를 얻기도 한다고. 오늘 할 일을 내일로 미룬 게으름이나, 생각지도 않은 일을 했을 때는 스스로에게 칭찬도 한다고. 외할아버지가 지필묵을 준비하시면 나는 일기장을 가지고 할아버지 곁으로 갔다. 그때부터 방학이 끝날 즈음 벼락 일기를 쓸 필요가 없어졌다.

— 〈할아버지와 함께 쓴 일기〉에서

하루의 일과를 기록하는 할아버지 옆에서 일기를 쓰는 손주의 모습이 그려진다. 가족이라는 이름으로, 같이 사는 것만으로도 보고 듣고 읽히는 교육이 가능했던 시절의 이야기다. 손주는 할아버지가 무언가를 반복해서 쓰는 것을 예사롭지 않게 보았고, 할아버지는 그런 손주에게 같이 써보자고 함으로써 오늘날 수필가의 길을 가게 될 운명이 만들어졌을지 모른다. 가족 안에서 사람과 함께 부딪치며 살던 그때는 모든 것이 아이의 성장을 돕는 역할을 했을 것이다. 어린아이가 할아버지 흉내를 내며 썼던 일기는 물론, 할아버지의 종이에 쓰인 그날그날의 기록은 할아버지를 통해 아이의 내면으로까지 흘러들었다. "친구와 다툴 때는 내가 잘한 줄 알았는데 일기를 쓰면서 잘잘못이 가려지고, 사과할 기회를 얻기도 한다고. 오늘 할 일을 내일로 미룬 게으름이나, 생각지도 않은 일을 했을 때는 스스로에게 칭찬도 한다"는 할아버지의 말씀이 그렇다. 작금의 현실과는 동떨어진 옛날이야기로 읽힐 수 있겠으나, 이임순은 그러한 환경에서 글 쓰는 연습을 일찍감치 시작한 것이다. 즉 그가 글을 쓸 수 있는 동력이 어렸을 때부터 뿌리내리기 시작했음을 짐작할 수 있다. "한 달여의 방학에 평생 일기 쓰는 것과 바른 자세로 앉는 방법과 매사를 가족과 의논하는 것을 배워 지금까지 실천하고 있"다는 그의 말이 뒷받침해 준다.

수필 〈기와집〉도 이임순 삶의 근원이 되어주는 내용을 담고 있다. 작가는 강진으로 문학기행을 가서 한옥마을에서 민박하게 되는데, 그때 추억 속의 집이 되어버린 친정집을 떠올리게 된다. 따끈따끈한 온돌방이며 기와집이 유년의 향수를 불러와 그의 친정집을 소환해낸 것이다. 그 집은 아버지가 "밤을 낮 삼아 일을 하시면서 집터를 장만하고" "집 짓는데 쓰이는 목재를 모두 손수 작업하여 등으로 옮겨" 지은 기와집이었다. 아버지의 고생이 헛되지 않아 친정집을 부를 때면 "당시 인근 동네까지도 초가집만 있어 기와집이란 칭호가 자연스레 생"겨날 정도였다. 더 중요한 것은 그 마을 어른들은 친정집을 가리켜 "기와집이라 칭함은 아버지의 성실성을 일컬음이었다"니 이임순 역시 아버지의 근면과 성실함을 이어받은 작가임이 분명하다. 그가 가족에 대해 유난히 자긍심을 갖는 까닭을 이해할 수 있다.

그뿐만 아니라 그의 어머니는 "젖이 모자라 우리 칠 남매를 맘죽으로 키우면서 길쌈을 하여 살림을 일구는 데 일조를 하셨"고 "부부가 일심동체가 되어 살림을 일구신 결과 대농이 되었다". 그 후

부모님 돌아가시고, 마음속에서 멀어져가는 형제들을 재인식하여 가족의 끈을 단단하게 부여잡아 보려는 것이 수필 〈끈〉이다.

> 언니가 굳어진 목소리로 어머니 돌아가셨다고 합니다. 며칠 전에 장례를 치르지 않았느냐고. 그 말을 듣는 순간 어머니 관을 붙잡고 울었던 기억이 떠오릅니다. 둘이서 말없이 한참을 수화기만 들고 있었습니다. 그러다 언니한테 물었습니다. 이제 우리 친정도 없어졌느냐고. 그리고 또 말문이 막혔습니다. 언니가 침묵을 깨고 말을 합니다. 우리가 태어나고 자란 집이 있는데 왜 친정이 없느냐고. 친정에 가고 싶으면 그 친정집으로 가면 된다고 합니다. 어머니 아버지도 계시지 않는데 빈집에 가서 뭘 할 것이냐고 물었습니다.
>
> — 〈끈〉에서

아버지가 돌아가신 그 빈자리는 어머니가 채워주셨지만, 어머니가 돌아가신 후에는 텅 빈 것 같은 현실을 인정하지 못하여 그는 예전의 어머니 전화번호로 전화를 하고, 언니에게 어머니가 전화를 안 받는다고 떼를 쓰듯 한다. 어머니의 부재를 감당하기 벅찬 것이다. 부모와 완전히 분리된 느낌 때문에 슬프고 외롭고 허전한 것은 당연하다. 그것은 긴밀하게 연결되어 있던 대상으로부터 분리되었을 때 오는 공허의 상태였을 것이다. 그것을 작가는 '끈'이라고 표현한다. 그래서 자신을 달래주는 언니에게 부모님 안 계시는 친정에 가면 무슨 소용이 있느냐고 항변한다. 사랑하는 이가 영원히 떠났을 때 우리는 슬픔의 감정을 억누르기 쉽지 않다. 사실 그럴 필요 없이 슬플 때는 맘껏 애도의 감정으로 들어가도 좋은데, 이임순은 어머니 생전에 못다 한 효에 대한 회한으로 전환하고 만다. 그리고 그 틈을 "형제들에게 더 다감해지라고 어머니와 친정집에 대한 그리움이 밀려왔"다고 생각하고, "이번 기회에 나의 연결고리에 대해 다시 한번 생각"하는 계기로 삼는다.

그가 한 성찰은 "아무리 견고한 끈도 부실하게 묶으면 풀리기 마련일 것이고, 좀 부실한 끈이라도 잘 동여매면 풀리지 않을 수 있"다는 것이다. 그래서 친정집 관리하느라 수고하는 오빠에게 자신의 마음을 전해야겠다고 한다. "아버지 어머니의 끈을 누구보다 오빠가 견고하게 관리하고 싶을" 것임을 믿고 있기 때문이다.

사실 가족의 중요성이 강력하게 표현되는 시점은 주로 가족이 붕괴될 위기에 처해 있거나 사회 속에서 가족이 파편화될 때다. 현실의 모든 것이 깨졌다는 위기의식과 그로 인한 심리적 불안감이 팽배해졌을 때 가족관계에 대한 요구가 새로워지는 것이다. 이임순의 가족은 결속력을 갖게 했던 부모님이 돌아가시고, 형제들이 그 끈을 끈끈하게 이어가지 못하게 되자 그는 가족에 대한 유대감을 다시 결속시켜보고자 한다. 가족은 한 개인을 지탱해가게 하고, 그가 살아가는 버팀목이 된다는 점에서 그의 염려는 타당하다. 더구나 그는 외할아버지에게서는 사람살이에 대한 교육을, 아버지에게서는 근면과 성실함을 배운 사람 아니던가. 그가 가족의 끈을 이어가고자 간절하게 애쓰는 만큼, 우리는 그 이면을 보지 않을 수 없는 현대인이다. 현대사회에서는 가족이 한 울타리 안에서 온전하게 유지되지 못하고 있음을 매일 접하며 살고 있기 때문이다.

3. 모녀 삼대가 이어오는 존귀한 정신

제3장에서는 가족관계 중에서도 모성으로 이어지는 서사를 이야기하고자 한다. 모성은 여성에게 특수한 생물학적 경험에서 우러나오는 것으로 보는 견해와 사회적 역할로 보는 견해를 모두 아우른다. 전자는 모성이란 어머니와 아이가 맺는 생물학적 '끈'이며 여성은 임신과 출산, 양육의 경험 속에서 자연스럽게 아이에 대한 사랑을 느끼게 된다는 생각이다. 반면 후자는 모성은 사회적으로 주어지는 역할이며 여성으로서 아이를 키우는 걸 맡았으니까 아이를 키우는 것으로 규정한다. 그러나 모성의 개념 정의는 단일하거나 고정된 것은 아니기에 생물학적 본능에서부터 사회적 의무론에 이르기까지 폭넓은 영역에 걸쳐 나타난다. 이임순의 작품에 등장하는 모녀 관계는 '생물학적인 끈'이기도 하면서 '사회·교육적으로 훈육되는 끈'이기도 하다. 〈모전여전〉은 이임순의 어머니와 이임순과 그의 딸의 이야기다. 즉 모녀 3대의 모습이 담겨있다.

오랜만에 집에 온 딸아이가 "엄마, 화장실에 물 가득 받아 놓았어요." 한다. 언제부터였는지 내가 친정어머니를 닮아가듯 딸도 나를 닮아간다.(중략)

언젠가 딸이 나에게 왜 물을 받아두고 쓰느냐고 물어서 안 나올 때를 대비하고, 물도 전기세도 절약할 수 있다고 했다. 그때부터 딸은 집에만 오면 물통 가득 물을 받아 두곤 한다. 닮아간다는 것은 많은 시간을 두고 몸에 배인 습관에서 이루어지는 것이 아닌가 싶다. 어머니는 우리 형제들이 어려서부터 유비무한의 정신을 가르쳐 주셨다. 금전으로 셈할 수 없는 값진 유산이다. 이렇게 큰 유산을 받았으면서 나는 어머니께 해드린 것이 없다 생각하니 황량한 바람이 가슴 한 복판에서 분다. 한 가지 위안이 있다면 어머니로부터 받은 유산을 딸에게도 물려주었다 생각하니 가슴에서 여린 새싹이 돋는 것 같다.

― 〈모전여전〉에서

간이상수도 물을 사용하던 작가의 친정어머니는 물 부족 상태를 대비하여 물을 통에 받아두는 습관이 있었다. 그리고 그의 집에서도 지하수를 먹었는데, 어머니에게 배운 방식대로 물을 받아두곤 하였다. 나중에 집을 증축하면서 수도를 설치했지만 물을 사용하지 않는데도 모터가 돌아가는 바람에 그것들을 살피느라 또 물을 받아두고 사용하는 경우가 있었다. 그러다 보니 그에게는 물 받아

두는 일이 습관처럼 되어버렸고, 모든 문제가 해결되었어도 그 습관은 여전했다. 친정 동네에 수도가 들어오고 물로 인해 불편함이 사라져도 어머니가 여전히 물을 받아두셨던 것처럼. 그리고 그 물은 필요할 때 언제든 소용되었다. 그 모습을 보고 자란 딸이 또 같은 습관을 되풀이하게 되었다. 그것을 두고 작가는 "어머니로부터 받은 유산을 딸에게도 물려주었다 생각하니 가슴에서 여린 새싹이 돋는 것 같다"고 말한다. 모정으로 인식되는 '유비무환'의 정신을 딸에게 물려주었으니 비로소 어머니에게서 받은 정신적 유산이 자신을 거쳐 딸에게까지 전해지는 흡족함이 여실했으리라. 한 사람이 태어나서 살다가 죽을 때까지 그 삶을 통틀어 가장 중요한 것을 배우는 시기가 어린 시절 가족에게서 체험으로 배우는 교훈들이지 싶다. 그것은 생을 살아가는데 지혜롭게 작동하여 주체의 삶을 행복하고 풍요롭게 해주기 때문이다.

〈임산부 등에 업혀〉는 임산부인 딸이 어머니를 업고 병원으로 가는 장면을 통해 딸에게 느끼는 애잔함과 고마움과 든든함을 표현한 글이다. 작가가 어머니로부터 물려받은 삶의 지혜를 딸에게 전해주었으니 그 딸 역시 엄마를 극진히 사랑하고 살피는 것은 자연스러운 일일지 모른다. 부모에게 효도하는 이는 자식들로부터 효도받는다는 이치는 어쩌면 당연하다.

철이 든 이후 딸은 나의 후원자며 지지자였고, 친구면서 상담자였다. 시키지 않아도 집안일은 예사로 도왔고, 수확 철이면 늦도록 일손도 보탰다. 객지에서 대학교를 다닐 때도 고양이 손이라도 빌리고 싶은 수확기가 되면 야간열차를 타고 와서 천부당만부당하게 거들었다. 이런 부지런함도 좋았지만 내가 딸을 더 신뢰하는 것은 곱디고운 마음 씀이다.

― 〈임산부 등에 업혀〉에서

작가에게 딸이 자랑스러운 것은 살아가면서 좋은 친구가 되어주면서도 일상의 일을 해결하는 데에도 상담자의 역할을 하기 때문이다. 또 한 가지, 위에서도 언급되었으나 엄마가 딸을 귀히 여기는 것은 엄마를 위하는 마음은 물론 타인들을 생각하고 그들의 마음을 헤아려주는 깊은 속을 가졌기 때문이다. 그 한 예로, 딸이 중학생일 때 수학여행을 가면서 자신의 저금통장을 헐어 가난한 친구를 도운 사실은 딸의 마음 씀씀이를 충분히 알게 해준다. 그것도 친구가 부담을 덜 갖도록 엄마가 도운 것이라 말한 것은, 딸이 상대를 얼마나 배려했는지를 짐작하게 한다. 그러한 딸은 엄마의 자긍심이고, 우리 이웃과 사회의 긍지이기도 하다. 그런 선행을 하고서도 함구하는 모습은 더욱 믿음이 간다. 그러니 후일에 시장에 갔다가 그 사실을 알게 된 작가의 감동이 얼마나 크겠는가.

〈모전여전〉이나 〈임산부 등에 업혀〉에서 본 것처럼, 그들의 모녀 3대는 모성이라는 이름으로 서로가 서로에게 인간적 성숙함을 물려줄 수 있었다. 자신도 아이를 가져 힘들 텐데도 "업고 어디든 가 겠다고" 가고 싶은 곳을 말하라는 딸의 엄마 사랑 표현법을 보며 그 깊이가 얼마나 될지 헤아리기 어렵다. 이임순의 딸은 머지않아 아이를 탄생시킬 것이고, 그 아이는 엄마의 품성과 따뜻한 마음을 이어 받아 잘 자랄 것이다. 그것은 가족이 아니면 누구도 해줄 수 없는 지고한 정신의 대물림이며, 그러한 핏줄의 이어짐은 아무리 예찬해도 부족하지 않을 것이다.

4. 어린이집, 또 다른 가족의 탄생

이임순 수필집《봄이 오는 소리》에서 다른 형태의 가족이 등장한다. 즉 혈연관계는 아니지만 그가 가족처럼 생각하고, 가족처럼 사랑하고 돌보는 아이들이다. 이임순의 수필을 보면서 느낀 점이지만, 작품 안에서 보는 그는 천성적으로 어려운 이를 보면 도우려는 본능이 솟구치는 기질을 가지고 있다. 따라서 그가 옳다고 생각하거나 마음먹은 일이면 망설이지 않고 다가가 돕거나 문제를 해결해 주려 한다. 그러한 성향이 어린이집을 운영하면서도 적용되는데, 자신의 아이들을 키우듯, 직접 농사지은 먹거리를 제공하거나 손주를 돌보듯 하는 점이 그렇다. 그리고 무엇보다도 그는 손주를 보는 할머니의 마음에서, 즉 어린아이들의 눈높이에서 아이들을 대하고 같이 놀며 교육한다. 이를테면 〈주은이가 웃는다〉, 〈선생님 언제 또

가요〉, 〈혼자 피운 꽃〉, 〈생각 주머니〉, 〈벌레 친구〉, 〈봄이 오는 소리〉, 〈푸르게 자라는 생각나무〉, 〈아이들은 인생의 표본〉 등이 있으니 어린이집에서의 삶이 이임순 수필가의 또 다른 집이며, 그곳의 아이들은 가족이라 해도 과언은 아니다.

그 작품 중에 〈봄이 오는 소리〉는 동심의 세계를 매우 탁월하게 형상화한 수필이다. '봄이 오는 소리'를 듣는 아이들의 표정을 생생하면서도 다양하게 그려 주제와 제재를 완성도 높게 버무려냈다.

아이들에게 봄이 오는 소리를 듣고 싶으냐고 묻는다. 아이들이 호기심 가득한 눈으로 대답을 한다. 꽃밭으로 간다. 아이들이 주르르 따라온다. 이제 막 땅을 헤집고 올라오는 새순을 가리키며 "아하, 여기에 봄이 있다. 그래서 봄이 오는 소리가 들렸구나." 하니 아이들이 손뼉을 치며 봄이 왔다고 한다. 어떻게 봄이 온 것을 아느냐고 물으니 꽃대가 쑥 올라온 앵초를 가리킨다. 귀를 땅에 대고 무슨 소리가 들리는지 들어보자고 하니 모두들 엎드린다.

아이들의 표정이 각양각색이다. 호기심 가득한 눈으로 궁금해 못 참겠다는 표정이 있는가 하면, 눈을 깜박거리며 진지하게 듣는 아이도 있다. 아무 소리도 들리지 않는데 무슨 소리를 들으라는 것이냐며 작은 눈을 부릅뜨기도 한다. 아이들에게 어떤 소리를 들었느냐고 묻는다. 모두가 말없이 고개를 흔드는데 가윤이가 새싹 소리를 들었다고 한다. 가윤이가 가리키는 손끝에 강남제비

꽃이 앙증맞게 피어 있다. 가윤이는 꽃한테서 봄이 오는 소리를 들은 모양이다. 맏형 정빈이가 큰 소리로 말을 한다.

"선생님, 저도 들었어요. 아침에 등원할 때는 보일까 말까 했는데 지금은 새싹이 쑥 올라왔어요. 이것이 봄이 오는 소리잖아요."

아이들이 정빈이가 가리키는 목단 옆으로 몰려든다. 튼실한 싹이 볼그레 얼굴을 내밀고 있다.

— 〈봄이 오는 소리〉에서

〈봄이 오는 소리〉는 어느 한 부분도 버릴 게 없을 만큼 좋은 글이어서 다소 길게 인용하였다. 아이들과 술래잡기하다가 발에 밟히는 잔디의 아픔을 이야기하고, 땅을 헤집고 올라오는 새순을 가리키며 '봄이 오는 소리'를 듣자고 하는 일련의 과정에는 억지스러움이나 과장이 들어있지 않아 감동적이었다. 교육을 위해 아이들에게 지시적으로 움직이거나 의도를 가지지 않아 매우 자연스러웠다. 아이들과 똑같이 생활하며 그에 익숙한 대로 한 행위가 일상적 교육으로 승화된 느낌이다. 원장님과 아이들이 땅에 귀를 대고 봄의 소리를 듣고 있는 장면도 좋지만, 땅속의 이야기를 듣는 아이들의 다양한 반응이 솔직하게 표현된 것 또한 좋은 작품의 요건에 속한다. 사족처럼 덧붙이면, 아이들을 돌보고 키워가는 어린이집에서 이런 교육을 한다면 누가 아동의 미래에 대해 걱정하겠는가. 작가 또한 "아이들이 무럭무럭 자라는 것도 봄이 오는 소리"라고 말하고 있지 않은가.

수필 〈생각 주머니〉도 아이들과 함께 감자 씨를 심고 물을 주며 키워 수확하는 기쁨을 그린 작품이다. 씨감자는 어린아이가 성장하여 어른이 되기까지 여러 가지 혼란과 걱정을 겪어야 하는 것처럼, "여린 싹이 고개를 내밀었다 늦추위에 혼이 나기도 했고, 동네 개들의 오줌 세례도 받으며 몸집 불리기를 게을리하지 않았"다. 거름과 물을 주며 감자를 키우는 원장님의 모습을 지켜본 아이(가윤이)들은 "식물들도 목이 마르면 잘 크지 않아. 그래서 원장님이 물을 자주 주시는 거야."라고 말해, 보고 들었던 경험을 놓치지 않는다. 그러한 생태체험을 하는 아이들은 처음엔 지렁이를 보며 놀라지만 나중에는 벌레의 "날개가 있는지, 다리는 몇 개인지, 꼬리는 어디에 붙어 있는지" 등을 살필 줄 아는 관찰자가 된다. "벌레도 사람처럼 소리를 듣는지 우리가 무슨 말을 하면 걸음을 멈추고 듣고 있다며 신기해"하는 동심은 작가의 배려와 살핌에서 키워졌을 것이다. 아이들과 함께 캔 감자를 각각의 가정으로 보내 가족들과 나누는 것은, 지식으로 전하는 어떤 교육보다 훌륭한 효과를 가질 것이다. 그렇게 해서 아이들의 생각 주머니가 더 크게 열리고, 더 넓게 확장되어 몸과 마음이 건강하게 자란다면 작가의 가장 큰 보람이겠다.

〈벌레 친구〉는 아이들이 벌레를 피하지 않고 손으로 잡아보고,

벌레의 생태를 탐구하는 이야기이다. 아이들은 호기심도 많고 관찰력도 뛰어나 궁금한 것은 직접 보거나 만져서 확인하려 한다. 그래서 상상력이 강렬하게 작동하는데, 그런 아이들에게 벌레는 "생명의 대상"으로 사람과 함께 어울려서 살아야 하는 존재임을 알게 하는 것은 중요한 교육이다. 세 편의 아름다운 동심의 이야기를 살펴보았는데, 이는 모두 아이들을 내 자식, 가족처럼 보살피며 그들의 미래를 희망으로 열어주려는 작가의 의지가 들어있는 작품들이었다.

이외에도 〈와, 영웅이다〉는 길을 가다 아이가 바람에 날려버린 돈을 기어이 찾아주는 이야기인데, 자신이 유년에 잃어버렸던 돈을 못 찾았을 때의 실망감과 좌절을 떠올리고, 아이에겐 용기를 주기 위한 내용이다. 더구나 그 아이에겐 '할머니의 약값'인 돈이었기 때문에 차를 타고 달려가서까지 주워다 준 그는 보람을 느꼈을 것이다.

〈가족의 정〉은 원룸에서 사는 대학생이 용돈을 아끼기 위해 추석에도 먼 곳에 있는 집에 가지 않고 공부를 하는데 그는 손수 만든 송편을 들고 가 학생에게 인간적 정과 따뜻함으로 희망을 주는 이야기다. 〈나영이의 세상 나기〉는 이제 막 동생이 태어난 나영이가 겪는 엉뚱하고도 이해되지 않는 어른들의 행동을 아이의 시선으로 그린 글이다. 어린이집의 원생이 아니어도, 아이들이 어떤 문제 앞에 직면해 있으면 그는 달려가서 해결해 주어야 마음이 놓이는 천상 아이들을 사랑하고 보살펴주지 않으면 안 되는 '대모신'의 모성을 닮은 사람이다.

5. 동물 가족을 통해 보는 생명 사랑

앞에서 이미 이임순의 작품세계에서 펼쳐지는 가족 관념은 일반적이지 않고, 그 범주가 다양하게 확장되어 있다고 말했다. 달리 말하면 그는 자기의 시선에 들어오는 존재, 그중에서도 그의 도움이 필요한 존재를 가족으로 생각하는 사람이다. 이 장에서는 사람 이외에 작가가 가족으로 여기는 다른 대상, 즉 그가 키우는 가축에 관한 이야기를 하려 한다. 애완동물을 '반려동물'이라 부르는 시대에 자신이 키우는 가축을 가족으로 여기는 것은 당연하다 할지도 모르겠다. 그러나 이임순의 수필집 《봄이 오는 소리》에는 〈옥수수 파티〉, 〈색깔 때문에〉, 〈고양이와의 전쟁〉, 〈식구 수도 모르면서〉, 〈횃대에 오르다〉, 〈병아리야 미안해〉 등이 수록되어 있음을 상기하면 그가 농장의 가축들을 어떤 의미에서 가족으로 생각하고 있는지를 짐작할 수 있다.

실제 〈식구 수도 모르면서〉는 그것을 방증한다. 어느 날 친구가 그에게 식구 수가 몇이냐고 묻는데, 그는 모른다고 대답할 수밖에 없다. 너른 농장에서 방목 상태로 키우는 가축의 수를 정확하게 안다는 것은 불가능하기 때문이다. 제 맘대로 돌아다니며 시나브로 알을 낳거나 새끼를 낳기도 하지만, 주인도 모르는 사이 생명을 잃거나 사라지는 가축의 수를 어떻게 다 헤아리겠는가.

　　자연 그대로인 채로 살고 있는 우리 집은 닭이 알을 아무데서나 낳고, 그 알을 품었다. 그러다 병아리가 하루 이틀 간격으로 다섯 배가 깨어났고, 그때마다 병아리 수를 파악하지 못했다. 모이로 닭 식구를 불러 모아도 제 새끼를 보호하느라 어미가 병아리를 품고 앉으면 셀 재간이 없었다. 먼동이 트기도 전에 제 집에서 나와 사방에 흩어져 모이를 쪼아대고, 퇴근해 오면 병아리들이 어미 품속에 들어가 있는데 어떻게 세어본단 말인가. 품은 계란 수를 알면 병아리 숫자를 대강 짐작이라도 하련만 그것도 모르는 사람들이 하기 쉬운 말이다. 어디에서 알을 품고 있는지도 모르는데 짐작도 근거가 있어야 하지 않겠는가. 어제 식구 다르고 오늘 식구 다른데, 어미 품속에 병아리가 몇 마리 있는지 헤아릴 수가 없는데, 식구가 몇이냐고 물으니 모른다고 할 수밖에.
　　　　　　　　　　　　　　　　　　　－〈식구 수도 모르면서〉에서

　　정확한 식구 수를 모른다는 말을 들은 친구는 그가 이상하다고 느껴 다른 친구를 통해 병원에서 검사받게 하려 한다. 물론 농장에 찾아와 식구 수를 셀 수 없는 이유를 알게 된 친구는 오히려 그를 이해하게 되면서 잠깐의 해프닝으로 상황이 종료되기는 한다. 자연 상태로 살고 있는 농장의 닭은 병아리를 품고 있다 "제 새끼를 보호하기 위해 사람에게 달려들"고, "병아리가 하루 이틀 간격으로 다섯 배가 깨어나"는데 어떻게 그 수를 셈할 수 있을 것인가. 그럼에도 그는 짐승들 먹이 주고 보살피는 것이 귀찮기는커녕 함께 어울려 사는 것이 마냥 좋기만 하단다. 아무리 좋은 일도 자신이 원하지 않으면 할 수 없는데, 그는 이런 삶을 즐길 능력을 천성적으로 가지고 있는 듯하다.

땅에서 살고 땅에서 얻어지는 존재들, 그들과 함께 어울려 살 수 있다는 것을 축복이라 해야 하지 않을까. 어쩌면 현대의 삶을 사는 우리가 점점 잃어가는 야생의 일상성을 그는 매일 몸과 마음으로 누리며 산다. 그가 사는 환경과 다른 곳에서 사는 사람들은 그의 생활을 이해하지 못해 "정신없다고 할" 테지만, 생명이 태어나고 그것들이 자라는 과정을 지켜보는 재미를 다른 이들이 어찌 짐작이나 하겠는가. 그가 비록 가족 수를 정확하게 헤아리지 못한다 해도 매우 건강하고 행복한 삶을 사는 것은 확실하다.

작품 〈색깔 때문에〉는 어미 닭의 옷 색깔을 그대로 닮은 병아리의 수를 세면서 그들과 눈을 맞추고 생명의 탄생에 환희심을 갖는 과정을 그린 작품이다. 이 글을 보면 병아리와 주인은 서로의 마음을 알고 상대가 원하는 것을 맞춰주는 것 같은 느낌이 든다. 사람이든 동물이든 살아있는 감정을 가진 존재는 상대가 자신을 어떻게 생각하는지 그 감각을 느끼기 때문일 것이다. "나의 궁금증을 어미닭이 알았을까? 조심스레 일어나더니 겅중겅중 걷는다. 병아리들이 흩어지"는 틈을 타 그는 수를 센다. 수를 다 세고 나자 "어미닭이 날개를 접고 앉는다. 병아리들이 우르르 품속으로 들어간다. 그리고는 고개를 갸웃이 내민다." "품속을 들락거리던 병아리들이 나를 본다. 나도 병아리를 본다. 순간 한 마리와 눈이 마주친다. 병아리가 움칫한다. 놀란 모습이라기보다 신기한 것을 본 그런 표정이다". 갓 태어난 작은 생명은 그 자체로도 경이로운데, 그 녀석과 눈이 마주쳤다니 상상만 해도 전율이 이는 장면이다. 새 생명의 눈, 세상에서 가장 순수한 눈일 테니까. 그가 기분 좋게 농장 생활을 하며 가축들을 사랑하지 않을 수 없는 조건들이다.

병아리 소리가 나는지 유심히 살피기를 이틀째, 그날도 모이를 주고 돌아서려는데 어미 닭 뒤에 달걀이 있는 것이 눈에 띄었다. 그 찰나에 눈길을 끄는 것이 있었다. 노란 병아리 한 마리가 어미 품속에서 머리를 살며시 내민 것이다. 얼마나 반갑던지 가만히 보고 있는데 또 한 마리가 머리를 내미는 것이 아닌가. 어미 닭 뒤의 달걀에 눈이 갔다. 아뿔싸, 달걀은 병아리가 깨고 나온 껍데기였다. 껍데기는 세 개인데 병아리는 두 마리밖에 보이지 않았다. 어미 닭이 날개며 꼬리가 움직이는 방향을 따라 나의 눈도 움직이는데 두 마리가 어미 닭의 날갯죽지에서 머리를 내미는데 꼬리 부분에서 한 마리가 나온다.

한참 만에 수 세기를 마치고 집안으로 들어와 아침을 먹는데 궁금해서 참을 수가 없어 또 갔다. 병아리들은 여전히 어미 품속을 들락거리며 나와 숨바꼭질을 한다.

밥을 먹다말고 나가서 한참 만에 히죽히죽 웃으며 들어오니 남편이 멀거니 쳐다본다. 병아리가 깨어났다고 하니 내 말이 끝나기가 바쁘게 남편이 나간다. 남편도 수 세기를 하고 또 할 것이다. 보는 재미와 세는 재미에 푹 빠질지도 모른다. 아무려면 어떤가.

- 〈색깔 때문에〉에서

다소 길게 인용되기는 했으나 실제 현장을 보고 있는 것처럼, 실감 나게 묘사된 상황이라서 그대로 옮겨보았다. 이런 묘사 장면은 어떤 해석보다도 더 큰 가독성을 발휘한다. 앙증맞은 병아리가 어미 닭의 날갯죽지 사이에서 나오는 모습을 직접 지켜보는 가슴에는 생명이 지르는 소리가 각인되지 않을까. 존재의 소리 말이다. 그래서 작가는 자신도 모르게 생명 탄생에 대해 귀 기울이고 그 기쁨을 진정으로 누리는 것 아닐까. 백 번 듣는 것보다 직접 보는 감동을 그는 늘 누리고 사는 복 많은 이인 것 같다.

〈옥수수 파티〉는 옥수수 농사를 지어 갈무리하면서, 옥수수 껍질을 벗기는 작가와 옥수수 알을 쪼아 먹으려는 닭과의 심리전이 펼쳐지는 이야기가 주를 이루지만, 그 안에는 농사지은 것을 소외된 삶을 사는 이웃들과 나누는 따뜻한 마음이 함께 담겨있다. 또한 가지 간과할 수 없는 것이, 옥수수가 실한 것은 이웃에게 나누고 알맹이가 듬성듬성하거나 못난 옥수수는 자신이 먹는다는 점이다. 그것은 이임순의 어머니가 그에게 물려준 작지만 매우 인간적인 유산이다. 어머니가 할아버지에게는 좋은 것을 주고 딸에게는 못난이를 주었을 때, 자신도 좋은 것을 달라고 떼쓰는 딸에게 "주인은 이런 못난이들을 먹는 것이"라고 말씀하시던 엄마를 이해하지 못했는데 "내가 농사를 지어 나누어보니 어머니의 그 마음을 알겠다"고 하는 것을 보면 그렇다. 작가 이임순은 농사를 짓고 나누면서 그냥 지나치는 게 아니라, 그 과정에서 생을 이해하고 아름답게 받아들이는 진정 살아있는 삶을 살고 있다.

그것은 혈연관계가 아닐지라도 이웃에 사는 이들을 가족처럼 생각하고 아끼며 배려하는 정신이 담겼기 때문에 가능하다. 그래서 그는 옥수수를 나누러 가려고 자동차에 시동을 거는 순간, "볼품 없는 내 손이 대단해 보이는 순간"이라고 말한다. 씨 뿌리고 거둬 나누는 사람의 손이 얼마나 고단했겠는가. 그러나 그 손은 아무나 쉽게 하지 못하는 일을 하는 위대한 손이다.

6. 아직 남은 이야기가 있다면

수필집 《봄이 오는 소리》에서 작가의 중심 사상인 가족 모티프를 살펴보면서 미처 못 한 이야기 하나가 떠오른다. 그것은 이임순의 한평생을 지켜보면서 외조해준 남편의 이야기다. 어쩌면 한 몸처럼 늘 같이 있기에 가장 잘 알고, 가장 가까운 존재여서 말할 나위가 없는 상대였을 것이다. 다르게 표현하면 알 것 다 아는 사이의 사람이기 때문에 남편에 대한 애정이나 표현에서 거리를 두었을 것이다. 이 수필집에서 남편의 존재는 〈호사〉, 〈실과 바늘처럼〉, 〈속도 모르고〉 등에서 이야기되는데, 그저 스케치하듯 가볍게 스쳤다. 그래서인지 차기 수필집에서는 남편 이야기가 깊어질지도 모른다는 생각이 들었다. 그것은 인간이 존재론적인 삶을 살아갈 때 어느 시기마다 자신이 중요하게 여기는 것이 있어서, 바깥으로 관심을 돌리고 살다가도 관성처럼 안으로 돌아와 내적 삶에 충실해지는 시기도 있기 때문이다. 그때쯤이면 남편과 자신에 대한 성찰도 할 수 있는 여유를 누리지 않겠는가. 어떤 한 사람이 해낼 수 있는 일의 총량은 한정적이어서 이임순 또한 지금은 실존적 상황에 집중하느라 자기의 내면으로는 돌아오지 못하고 있다는 생각이, 그의 글을 읽는 내내 머리를 떠나지 않았다.

어떤 삶이든, 각자가 가진 영역의 강점을 발휘하면서 존재하면 될 일이다. 이임순의 수필집 《봄이 오는 소리》를 통해 살펴보았듯이, 주체가 처한 환경에서 타자를 배려하는 방식으로 가족주의적 태도를 보이는 것은 그의 장점으로 봐야 한다. 그에게 가족은 늘 탄생하는 것, 한 울타리 안에 고착되는 게 아니라 언제든 마음을 열어 받아들이고 오갈 수 있게 문을 열어주는 곳으로 표현되기 때문이다. 가족을 품듯, 가족이 유일한 위안처라는, 가족의 역사적 기원을 호들갑스럽게 호명하지 않아도 쉽게 이해될 성싶다. 모든 것이 개인화되어가는 지금, 사회 또한 가족과 분리되어 새로운 가치를 확보하여 개인, 가족, 사회가 분열, 대립하는 현실에서 이웃과 사회, 심지어는 가축까지 가족으로 대하는 작가의 가치관은 의미가 깊다. 그것은 21세기의 새로운 가족 형태의 단면을 보여주며, 가족에 대한 어떤 방향성을 제시하고 있다는 판단이 들었다.

상실의 시간을 건너는 동안
― 장기오 《바람 되어 가리라》

1. 시작하며

작가 장기오의 수필을 읽다보니 홉스(T. Hobbes)가 언급한 "인생은 고독하고, 가난하며, 추악하고, 야만스럽고, 짧다"는 말이 언뜻 떠오른다. 홉스는 사회철학적 관점에서 이토록 냉철하게 말했지만 애석하게도 우리는 문학을 통해서도 비슷한 개념의 이야기를 해야 할 때가 있다. 이를테면 장기오의 《바람 되어 가리라》의 작품들을 읽는 행위는 살아가는 일의 쓸쓸함과 허무와 비애스러움을 느껴가는 일이기도 하기 때문이다. 보편적인 인간 삶의 패턴이 그러하듯, 장기오 또한 젊었을 땐 청춘을 바쳐 열심히 일하며 의욕에 찬 시간을 보냈으나 나이가 들어감에 따라 일에서 물러난 후 견뎌야 하는 소외감과 무료한 시간은 그의 영혼까지 잠식해가는 듯하다. 하여 그는 때로 살아있음이 지루하고 남루하여 견딜 수 없다고 말한다.

인간은 사회적 구조 안에서든, 개인사에서든 존재감을 위해 자신이 서 있는 영역을 지키고 유지해가려는 본능을 지니는데, 평생 일해 온 자리에서 물러나 새로운 생을 사는 일은 수월치 않을 것이다. 특히 다른 사람보다 더 많은 출세를 하고 자신의 생을 성공적으로 이끌었다고 생각하는 사람이나, 대중에게 사랑받던 영화로운 시절을 거친 이들은 뒷전으로 물러나 살아야 할 때, 더 큰 무력감과 외로움에 허탈해하기도 한다. 그런 면에서 작가 장기오의 작품 전반에 걸친 쓸쓸함의 정조는 충분히 이해된다. 중요한 것은 그가 허무의 시간을 견디면서도 주체적 모습을 놓지 않으려는 것이며, 나아가 실존에 대한 치열한 성찰로 존재론적인 고민에 빠지기도 한다는 점이다. 그 과정에 드러나는 허무의 그림자들은 필연적 요소일 수도 있지 않겠는가. 고독과 허무를 모르는 사람이 어찌 문학을 하겠으며, 사회적 삶만을 추구하는 존재가 어찌 문학에 빠질 수 있겠는가. 그래서 수필가 장기오가 드러내는 삶의 페이소스와 그 슬픔 너머 어느 지점에 있는 인간 삶의 본질에 관한 이야기가 가슴에 해인으로 새겨져 고독과 허무와 쓸쓸함이 의의를 지니게 되는 것이다.

2. 문학작품, 한 사람(작가)을 아는 일

수필가 장기오는 《누구에게나 마음속에 강물은 흐른다》, 《해인의 달》, 《사라지는 것은 시간이 아니다, 우리다》, 《나, 또한 그대이고 싶다》를 통해 독자에게 그 이름을 알려왔고, 이번《바람 되어 가리라》로 다섯 번째 수필집을 상재한다. 그뿐만 아니라 그는 KBS 드라마 제작국장을 역임했고, 대(大)PD로 인정받았으며, 좋은 드라마 제작으로 국내외에서 수상한 경력 또한 화려하다. 그러한 배경은 장기오가 여느 수필가와는 다른 글쓰기를 하고 있음에 대해서도 웬만큼 설득력을 지닌다. 모름지기 작가는 그가 경험한 세계에 대해 글쓰기를 할 수밖에 없으며, 그 점이 그만의 개성적 글쓰기가 되기 때문이다. 어떤 작품을 만들어낸 작가의 의식과 그 작품을 연결하는 보이지 않는 실이 있듯이, 수필가 장기오에게 체득된 독특한 글쓰기 방식도 그런 맥락에서 이해해야 할 것이다. 왜냐하면 그의 수필은 문학이라는 명분 하에 들이대는 이러저러한 이론과 지식으로 해석하기에는 마땅치 않은 면도 일부 있다. 이를테면 명료한 이미지를 사용하여 작품의 서두를 흡입력 있게 끌어오거나, 영상적 이미지가 주도하는 서사는 독자의 눈길을 잡아끌어 흥미를 갖게 하지만, 혼종 장르 같은 느낌이 들기도 한다. 〈낯선 곳에서〉의 경우, 수필과 소설과 영상예술이 혼융된 상태로 들어있다. 수필 쓰기의 시도를 다양하게 시도하는 것은 장점이겠으나 수필이 엄연히 문학의 범주에 존재하려면 그 언저리에서 멀리 벗어나지 않는 것도 필요하다. 그럼에도 그의 작품에서 드러나는 작가의 솔직한 내면 고백이나 현대적 삶에 대한 고민과 성찰이 형식적 틀의 문제를 압도해 버린다.

　우리가 사람을 알고 이해하는 방식은 여러 경로가 있을 테지만,

문학을 통해, 즉 작가의 작품을 통해서 사람을 알아가는 것은 어느 방식보다도 매력적이라 할 수 있겠다. 그것은 문학이 지닌 힘이고 매혹일 것이다. 그런 의미에서 작가 장기오의 생을 조금 이해하고 작품을 읽으니 그가 왜 생의 허무함에 빠질 수밖에 없는지 고개가 끄덕여진다.

수필 〈나를 못 견디게 하는 것들〉에는 작가 장기오를 잘 알게 하는 서사가 중첩적으로 들어있다. 이 작품에는 5개의 에피소드가 있는데 그 수순대로 따라가자면 이렇다. 첫 번째는 백상구의 첩 파녀(破女)가 쫓겨나 장단(長湍)의 물가에 이르러 지은 시가 등장한다. "문을 나설 때는 말없이 헤어졌는데(出門無語別), 여울 가에 이르니 말이 홀로 우네(臨湍獨馬啼)". 사랑하는 사람에게 내침을 당해 말을 타고 당도한 강가에 섰을 때의 심경을 표현한 것이니 그 애통함은 극에 달했을 법한데도, 저토록 절제된 아름다움으로 승화시켰다. 이를 두고 작가는 지독한 슬픔에는 소리마저 소거되니 이를 두고 절창이라 할 것이라 말한다. 지극한 마음의 소리를 넘어서는 음이 또 있겠는가. 슬픔과 애달픈 마음에 잠긴 파녀의 아픔에 감정이입이 된다는 것은 그의 정서 상태와 공유되는 무엇이 있어서일 것이다. 하여 그는 "버림받은 한 여자의 슬픔을" 보며, "몇 번 되풀이해 읽다보면 눈시울이 붉어진다"고 한다. 이처럼 수필가 장기오의 《바람 되어 가리라》에는 눈물 혹은 울음의 감성 상태가 드러난 작품이 간간이 등장하는데, 이는 그의 마음 어느 곳에 깃들어 있는 슬품이라는 정서가 섬세하게 표출된 것으로 본다.

두 번째 서사는, 시골에서 혼자 사는 작가는 사람이 못 견디게 그리울 땐 귀에서 휘파람 소리가 난다는 서술이다. 외로움이 사람을 얼마나 힘들게 하는지를 짐작하게 하는 부분이다. 그럴 때는 자신을 견디는 방법으로 추사의 세한도를 본다. 세한도를 통해 추사의 고독과 허무를 자신에게 전이시키며 마음의 평정을 되찾는다. 추사와 장기오의 고독은 그 질량이나 총량에서 다르지만, 인간의 고독이라는 보편적 상태에서는 닮아있기에 추사에게 자신을 투사하며 위안을 받는 것이다. 추사는 유배지에서 홀로 극한의 고독 상태에서도 그 허무함을 예술로 승화시키고 있지만, 장기오는 스스로 택한 외로움을 이기지 못해 외롭다고 말하고 있으니, 그는 그러한 점을 인식하고 있는바, 추사 앞에서 부끄러워지는 것이다.

세 번째는 TV에서 보는 고아의 이야기다. 3살 때 고아원에 맡겨졌다가 5살 때 폭력을 견디지 못해 고아원을 도망쳐 나온 한 청년이 부르는 노래를 듣다가 작가는 그만 울어버린다. 5살의 아이가 "유리 걸식하며 떠도는" 모습을 생각하니 울음이 멈춰지지 않는다. 그 5살 때 작가도 혼자였기 때문이다. 6.25로 아버지를 잃고 어머니가 행상으로 집안을 꾸려가고 있을 때였다. 노래를 부른 청년과 맞닿은 작가의 투사는, 혼자 남아 엄마를 기다리는 아이라는 공통분모 때문이었다. 서정주 시인 또한 '고독한 자의 맛에 길든 건 다섯 살 때부터'라고 했다. 고독의 느낌을 시인답게 객관적 상관물을 통해 '맨 처

음으로 어느 빠지기 싫은 바닷물에 나를 끄집어들이듯 이끌고 갔다'
고 이미지화한다. 어린 그들은 모두 순수한 아이인 만큼, 고독이라
는 감정은 인간의 심연에 깊이 새겨지고 일생에 영향을 미치게 된다.

고독을 좋아하지 않는 사람은 가벼운 고독조차 허용하기 두려워
자신을 대중 속에 드러내놓고 산다. 반면 장기오는 스스로 자신을
고독한 환경에 유배시킨다. 그것은 존재에 대한 성찰보다는 대중 속
에 드러난 현상적 모습만 좇아가는 삶을 추종하지 않기 때문이다.
어쨌거나 〈넬라 판타지아(Nella Fantasia)〉를 부른 청년과 작가 장
기오의 교집합은 슬픔과 외로움이었다. 즉 작가의 내면에 웅크리고
있는, 아직 위로받지 못한 유년의 아픔이 그를 울게 한 것이다.

네 번째의 서사는 영화 〈마이웨이(My way)〉의 주인공과 작가의
삶의 패턴이 유사하다는 점이다. 마라토너인 주인공은 젊었을 땐 최
고의 실력자였지만 나이 든 지금 그는 마지막 주자로 들어온다. 그
장면에 끼워 넣은 음악이 그에게는 극적으로 다가와 "생의 끝자락에
서 듣는 그 절묘한 음악은 가슴을 서늘하게 한다."고 말한다. 지금
의 그의 처지와 비슷해서 노래방에 가면 이 노래를 부른다. 젊었을
때 방송국에서 타인의 주목을 받던 그와 대중의 환호를 받으며 1등
으로 들어오던 영화의 주인공은 여러 가지 면에서 동일시되는 면이
있기에 작가 장기오의 가슴에 여러 감정이 몰려오는 것이다.

마지막 다섯 번째는 박인환의 시 〈목마와 숙녀〉다. 그가 청춘의
시절을 보내며 그때의 정서에 부응했던 이 시는 가수 박인희가 불

러 대중적으로 공유되었다. 이 노래를 들으면 "봄날의 안개가 깔리듯 가슴 밑바닥에 우울이 번지면서 알 수 없는 설움과 외로움이 강물이 되어 끝내는 목이 멘다. 이 또한 나를 못 견디게 한다"는 고백은 장기오가 지닌 원초적인 감성을 충분히 이해하게 한다. 이 노래가 인기를 누리던 당시의 시대상과 정서가 어우러져야 그 느낌을 제대로 알게 될 터다. 작품 〈나를 못 견디게 하는 것들〉을 관통하는 감성은 모두 약자에 대한 애처로운 눈길이면서 그를 통해 투사되는 삶에 대한 비애스러움과 외로움, 그리고 허무감이다. 그것은 작가 장기오의 문학적 정서이며, 그가 삶을 바라보는 정서이기도 하다. 이러한 감성과 삶의 철학 안에는 그가 태어날 때부터 가지고 있는 감성과 살아온 과정에서 형성된 것이 상호작용하면서 작가의 문학적 세계로 완성되었을 것이다.

작품을 통해 보면, 그는 왜 그리도 세상의 바람을 비껴가지 않고 정면승부를 하려 했는지, 때로는 거부하고, 때로는 약간의 타협을 거쳐 자신의 의지를 관철하려 했는지 알 것 같다. 그는 '나는 이런 사람이요,' 라며 자신이 가진 전부를 내보이는데 오히려 그 솔직함으로 상대의 마음을 얻는다. 그뿐만 아니라 그의 작품들을 통해 보면, 자신을 내려놓으며 오히려 자신을 지키는 아이러니한 효과를 낳는다. 그러한 이유로, 작가는 작품으로 존재해야 하고, 평론 역시 작품 안에서 써야 좋은 글이 된다는 평소의 신념을 잠시 내려놓는다. 그리고 이 글에서 객관성과 진정성을 획득하기 위해서 작품과 작가와의 관련성을 말하지 않을 수 없다. 그래야만 작품 속에서 존재감이 드러나길 기다리는 단어들이 지닌 의미와 행간에 실핏줄처럼 섬세하게 스며있는 내용이 연결 작용을 하고, 작가의 생을 건너온 체험들이 어떤 의미를 발현할 수 있을 것이라 본다.

3. 상실의 시간, 존재의 참을 찾아가는 과정

 어쩌면 산다는 것은 나를 가두려 하는 것들과 갇히지 않으려는 것들의 싸움으로 점철되는 것이기도 하다. 그래서 인간은 편안하고 아늑한 공간인 집에 자신을 가두고 싶어 하면서도, 한편으로는 그곳을 떠나고 싶어 안달하는 모순적 존재이기도 하다. 작가 장기오는 이러저러한 세상의 남루함에서 비켜서고자 한적한 곳에 터를 잡고 살아가지만 존재라면 경험할 수밖에 없는 일상의 허허로움 앞에서 곧잘 눈물을 흘리거나(아내는 그 모습을 청승맞다고 싫어한다) 지루하고 지루해서 더디 흐르는 시간의 지리멸렬함에 빠져든다. 이러한 노년의 솔직한 고백은 독자에게 쓸쓸하게 다가오기도 하지만, 그럴 수밖에 없는 존재들에 대한 연민과 아픔을 생각하고 성찰하게 한다. 누구나 비껴갈 수 없는 노년의 삶이 주는 그러한 공허는 그만의 경험이 아니기 때문이다. 사실 문학은 사회적 범주보다는 개인의 심리에 저울추가 더 무겁게 얹혀 있으나 시대적으로 변화하는 속성을 문학이라고 눈 감을 수 없기에 함께 고민해야 할 것이다.

〈만년의 궁상〉에서 그는 사회적 구조 안에서 해야 할 일이 마무리되고 나자 아파트 생활에서 시골로 내려가 산다. 아내는 그 나름대로 자신의 일상을 사느라 남편과 대면하며 이야기를 나눌 겨를이 없다. 한집에서 사나 타인과 같은 존재다. 보편적으로 남편과 아내는 한평생 평행선을 달리는 존재다. 그럴 때 우리는 곧잘 인간은 결국 홀로라고 절규하면서 존재에 대해 성찰하게 되는데, 그 역시 마찬가지다. 젊은 시절엔 밖에서 일만 하던 그가 트로이 전쟁에서 이긴 후 방랑하다 귀환한 오디세우스처럼 집으로 돌아왔으나 이제는 페넬로페인 아내가 밖으로 나간다. 세상의 무엇이 그리 만들었는지 그 이유가 많겠으나 작가 장기오 입장에서는 그나마 생의 도반마저 잃어버린 느낌이다(《아침의 외출》). 그래서 그는 헛헛하게 사는 아파트를 떠나 전원생활로 들어가지만 결국 생은 홀로라는 것을 깨닫고 다음의 시를 짓는다.

내가 시골에 온지 6년째 접어들었다. 어지간히 달관의 경지에 왔을 만한데 아직도 쓸쓸하다. 처음에는 그런대로 위로(慰勞) 전화도 오고, 또 근황을 묻는 지인들이 안부를 물어오곤 했는데 이제는 일주일에 전화 한 통 없는 날이 태반이다.(…) 손발을 씻고 저녁을 먹으려 식탁에 앉으면 저쪽 하늘 끝으로 저물어가는 황혼이 왜 그리 쓸쓸하고 슬픈지 기어이 소주병을 따고 만다. 한 병은 기별도 안 간다. (…)

달관의 경지에 이르려면 아직은 멀었구나. 원해서 한 일이지만 쓸쓸한 건 그나저나 다 마찬가지다. 지난겨울, 창밖으로 쏟아지는 눈(雪)을 보고 있는데 갑자기 눈시울이 뜨거워졌다. 왠지 모르지만 유배지에 와 있다는 느낌이 들었다. 그때 시(詩) 한 수가 생각났다.……

山村降雪蕭(산촌에 눈은 쓸쓸히 내리고)
寒燈落淚寥(한등아래 소리 죽여 우노라)

― 〈아침의 외출〉에서

시를 본 아내는 늙어가면서 궁상을 떤다는 돌직구를 날리고, 생의 쓸쓸함에 대해 조금도 위로받지 못하는 그는 혼자 탄식할 뿐이다. 도시의 생활에 염증을 느끼기도 하고, 노년의 생을 아름답게 보내고자 전원생활로 바꿔보았으나 그곳에서도 그가 꿈꾸는 일상은 이루어지지 않는다. 그렇다면 작가가 물었던 것처럼 달관의 경지는 어디서 가능할까? 매화꽃 피는 봄을 찾아 그리도 헤매었지만 끝내 찾지 못하고 집으로 돌아와 보니 봄은 자기 집 뜰 앞에 와 있더라는 선시처럼 봄은 결국 자기 곁에, 존재의 내면에 있는 것이다. 달관의 경지 또한 자신 안에서 찾아지는 것이니, 머무는 장소가 문제가 아니라 "처마에서 아이의 머릿니를 잡아주는" 아낙의 모습에서도 봄은, 평안은, 달관은 찾아진다. 그 역시 "마음이 편안하면 어디로 가든 얻지 못함이 없을 것"라 말하고 있지 않은가. 유유자적,

달관의 삶은 모든 것을 포용하여 평안에 이르는 마음일 테니, 그 길을 그리워하며 추구해가는 작가의 존재론적 문학세계에 존경의 눈길을 보내지 않을 수 없는 작품이다.

4. 환幻과 실존 사이

인간은 살아가는 동안에 누구나 기본적인 욕망을 가진다. 그나마 없으면 최소한의 의식주를 이어가는 생은 물론 자신을 보호하고 지켜내기가 어렵기 때문이다. 그러나 현대인에게는 의식하든 하지 않든, 생존을 위한 최소한의 욕망 이외에 자신의 영역을 넓히고 존재감을 유지하기 위한 크고도 세밀한 욕망들이 집요하게 버티고 있다. 진정한 자유를 향한 삶은 억압이 없을 때 가능한데, 그런 면에서 마르쿠제는 생존을 위한 욕망은 억압할 필요가 있으나 사회 문화적 지배를 위한 억압은 불필요하다고 본다. 이를테면 노동과 놀이는 구분되지 않아야 하며, 가부장제와 일부일처제는 철폐되어야 할 것으로 보는 것이다. 현대인이 노동의 스트레스에서 빠져나오지 못하는 것은 놀이처럼 자유롭게 즐기지 못하기 때문이며, 가부장제가 역사를 쌓아오는 동안 축적된 일부일처제에 대한 강박적 억압은 인간의 억압을 최고도로 올려놓은 것으로 볼 수 있다. 그러나 오늘의 우리는 문명이라는 미명하에 마르쿠제가 말하는 사회는 야만으로 간주한다. 문명 속에서 살아온 우리의 윤리는 그러한 자유를 받아들이기는커녕 이해하지도 못한다. 현대의 남성-여성들이(작가의 아내처럼) 아내-남편과 자식과 가정으로부터 자유로워지려는 일탈 행위들은 그러한 속박에서 벗어나고자 하는 몸부림일 수 있다. 이를테면 '나를 가두면 숨 막혀 살 수 없어'라는 …. 실존의 삶을 살아가면서 주체가 느끼는 어떤 모양의 외로움과 쓸쓸함이 있다면, 상대 또한 비슷할 것이기 때문이다.

　같은 맥락에서 작가 장기오에게 존재하는 욕망은 어떤 무늬를 가질까. 현상적 측면에서 보면 그는 "언제나 깨어, 끊임없이 추구하는 성실한 연출자이면서 작가이고 싶"(〈머리말〉)었다 한다. 지금도 "길이 있어 가는 게 아니다. 가면 길이 될 것이라고 믿는" 작가이다. 그 정도면 현대를 사는 인간이 가질 수 있는 최소한의 욕망이지 않는가. 그럼에도 현실을 사는 인간이, 아직 무엇인가 할 수 있는 능력과 의지를 가진 존재가 최소한의 욕심조차 내려놓고 살아가고자 할 때 빠져드는 무력감과 그것에서 오는 허무는 상당하다. 따라서 작품의 인물에게 자신을 투사하는 독자라면 작가 장기오에게 향하는 연민과 애정을 떨쳐내지 못할 것이다. 그는 현실과 존재의 욕망 사이에서, 결국은 자유로운 달관의 세계를 지향하지만 그럼에도 찾아오는 고독과 허무 세례를 물리칠 수가 없다. 그 때문인지 작품 속에 자신을 몰입시켜 일했던 과거에서 소재를 끌어오고 그때의 기억에서 어떤 위안을 얻고자 하는 경우가 있다. 지금의 일상이 그렇듯, 생이 홀로임을 인정하면서도 어쩔 수 없이 빠져드는 외로움으로 그는 방황하나 인간의 보편적 경험이라는 측면에서는 오히려 설득력이 있다. 모름지기 존재라면 모두 가질 수 있는 이중적 고민이기 때문이다.

수필집 《바람 되어 가리라》의 세계를 관통하는 허무의 이야기는 작가 장기오의 문학세계에서 결코 논외로 할 수 없는, 그의 문학적 징표로 작용하는 듯하다. 그의 허무는 본래적 성품에서 기인하는 것도 있고, 삶에서 오는 환멸로 인해 촉발되는 것, 두 가지의 유형으로 보아진다. 〈외로울 때 꽃을 보라〉를 보면 그의 환경에서 오는 요인이 크고, 〈Gloomy Monday〉나 〈가출과 출가〉를 보면 타고난 기질에서 오는 것도 있기 때문이다.

〈외로울 때 꽃을 보라〉에서 그는 "중학교 때 입던 교복을 고등학교 졸업할 때까지 입어 마치 팔푼이처럼 보였고" "아버지 없는 가정에 15살이나 위인 형은 당연히 부모 노릇을 해야 하거늘, 형과 형수는 나를 아주 귀찮은 존재로 취급"했다. 시골 학교로 발령받은 형은 3개월이나 "생활비를 보내지 않아 학우들의 점심 도시락을 훔쳐 먹어가며 거지처럼 연명하다 배고픔을 참지 못하고 결국은 휴학을 하고 시골로 내려갔고 또래들보다 2년이나 늦게 졸업했다." 그때의 고통과 회한이 얼마나 극심했으면 "달은 밝고 잠은 쉬 오지 않는 어느 날, 문득 잠이 깨어 뜻하지 않게 그런 생각들과 부딪칠라치면 나는 눈물을 참을 수가 없다. 70이 넘은 노인이 설움에 겨워 이불을 뒤집어쓰고 울다니 창피하기도 하지만 그 회한은 그리 쉽게 사그라지지가 않는다. 형은 나에게 결코 지워지지 않는 깊은 흉터 같은 거였다"고 말하겠는가. 크고 깊은 상실의 자리는 시간이 흘러도 쉬이 치유되지 않는다. 상처를 준 사람이, 혹은 누군가라도 충분히 위로해주고 당사자가 공감할 때 흉터는 희미해지거나 모습을 숨긴다.

그러함에도 작가 장기오는 혼자로 보인다. 누군가 그의 이야기를 들어주고 위로와 애정을 가져줄 사람이 없다. 그런 장기오의 모습은 저마다의 쓸쓸함을 품고 방황하듯 살아야 하는 현대인의 자화상이다. 가족과 함께 살되 홀로일 때가 많고, 집이 있되 마음은 한없이 공허해서 허공을 떠도는 디아스포라의 상태. 그의 아내 또한 늘 외출 중이고, 〈Gloomy Monday〉에서는 "깡패처럼 마구 소리를 질러대고 덤비"거나 "면박을 주고 무안을" 준다. 〈외로울 때 꽃을 보라〉의 친구 중에는 어렸을 때의 소년 장기오의 이미지를 지우지 못하고 함부로 대한다. 그를 방문한 친구는 "'꼴에 작가'라고 집필실까지 갖고 사는 모습이 가소롭다는 듯 면박을" 주기도 한다. 유년과 청년기의 삶이 준 상처는 물론, 그 모습을 기억하는 이들을 통해 그는 지금까지도 아픔과 맞대면해야 할 때가 있다. 그뿐만 아니라 "비굴하지 않았고, 불의와 타협하지도, 편법을 사용하지도 않았"으며, 열심히 살았는데, 능력이나 일의 성취와는 달리 그는 가까운 사람들로부터 따뜻한 격려와 인정을 받지 못했다.

마음의 통증은 그대로 놔둬도 치유될 듯 말 듯 한데 사람들은 자꾸 후벼 파 도지게 한다. 그는 때로 세상과 멀리하고자 하는데, 그것은 상처받지 않고자 함이며, 구차스럽고 싶지 않기 때문이기도 하다. 생은 홀로라고 하지만, 존재라면 살아가는 과정에서 소통과 공감으로 영혼을 숨 쉬게 하는 일도 필요하다. 그러한 경험의 이야기가 문학이지 않겠는가. 허나 장기오 작가가 은둔하는 일상에서 파생하는 삶에 대한 허무는 그를 '고독이라는 병'에 이르게 한다. 밀려오는 고독을 이겨낼 힘이 없을 때, 영혼이 병들고, 그것은 육신의 병보다 더 지독한 것일 수 있다. 라틴어로 '영혼'과 '숨'은 어원이 같은데, 그렇게 보면 인간은 감정의 교감이 없으면 살아도 산 것 같지 않은 느낌일 것이다. 장기오의 글쓰기는 억압된 내면을 표현하는 유일한 탈출구, 즉 세상을 향한 최소한의 자기표현인 셈이다.

그래서인지 그는 "함이 없으니 하지 않는 것이 없다(無爲而無不爲)는 노자의 글귀를 되새기며 앞으로는 문을 닫고 조용히 앉아있을 작정이다(閉門靜坐)." 비루한 현실 때문이든, 자신을 지키기 위한 방편이든, 그가 택한 것은 "늙은 소나무처럼 이끼 낀 바위처럼" 한 곳에 정주하여 움직이지 않고 살아가겠다는 것이다. 문을 닫고 고요하게 앉아있는 것은 선(禪)에 든 모습일 테고, 하되 함이 없는 행은 도인의 행이니, 작가 장기오가 찾아들고자 하는 세계는 남루한 세간과의 부딪침에서 오는 허무를 지나 존재의 참모습을 찾는 일이다. 그는 타인과의 소통 대신 차라리 홀로 존재성을 찾아가는 쪽을 선택한 것이다.

그 과정에 있는 형태가 〈Gloomy Monday〉에서 드러나는 일상이다. "그냥 산다. 살았으니까 산다. 삶은 필요한 동안만 서로 어깨동무를 할 뿐, 결국은 그 어떤 인생도 모두가 개별적(個別的)이라는 생각"을 한다. 그에게 사는 일은 "전화 한 통화 없이, 찾는 사람 없이 비명을 지르며 황야를 건너는 기분"인 것이다. 그런 삶은 "지겹고 허망하"며, "허물어져 가는 폐가(廢家) 같다는 생각을 지울 수 없"게 한다. 홀로 그런 시간을 지나노라면 "까마득하게 잊고 지냈던 외롭고 고단했던 지난 삶의 한순간들이 바로 어제 일처럼 생생하게 기억된다." "거친 세상을 떠돌며 어지간한 고생도 독한 마음으로 이겨냈건만 이제 와서 어쩌자고 눈물이 나는 걸까." 그래서 그는 "인생은 고해"라는 부처님 말씀이 진리임을 수긍하기에 이른다.

사람은 각자가 추구하는 생의 방향이 있다. 누구는 시답잖은 수다로 하루를 보내도 그 생이 재미있을 수 있고, 누구는 통속적 삶에 환멸을 느껴 문 닫아걸고 생의 본질을 곱새기며 사는 이도 있다. 나이만큼의 시간의 강을 건너는 동안 이미 환을 체득해버린 이들은 존재의 참모습에 눈을 떠 그 길을 찾아가고자 할 것이다. 마찬가지로 그가 택한 외로움은 스스로의 생을 직조하기 위해 선택한 길이고, 그는 자신의 속내를 누구에게도 말하지 못하고 수필이라는 길 위에 새기며 생을 건너가고 있다.

〈가출과 출가〉는 세속에서 누릴 것 다 누린 한 언론사의 사장이 은퇴 후 출가를 한 이야기로 시작한다. 그는 "속세에 있으나 산중에 있으나 매양 같을 텐데 구태여 깊은 산중에 들어가 면벽하고 좌

선해야만 집 나간 소(牛)를 찾을 수 있다는" 것인지 의구심을 갖는다. 그러나 집 나간 소를 찾는 것만으로는 현상으로 이루어진 이 세계에 대한 허무를 해결할 수 없다. 그는 우리네 삶이 환의 세계라는 것을 너무도 절실하게 깨달아 자신의 존재를 알기 위해 출가했을 것이다. 모든 것을 다 가져본 자만이 알 수 있는 마음의 상태다. 혹은 모든 것을 다 잃어보았을 때 비로소 그런 용기가 생길 것이다. 그 또한 군대를 제대하고 형네 집에 얹혀살며 무엇을 해야 할지 막막하게 보내던 시절, 늦잠 자는 형수를 두고 혼자 "부엌을 뒤져 부뚜막에 앉아 꾸역꾸역 밥을 먹으면서 치욕(恥辱)이란 이런 거구나"라는 생각을 했던 적이 있다. 지금이야 얼마든지 있을 수 있는 일이지만, 당시의 환경을 생각하면 그가 치욕을 느꼈다는 심정을 충분히 짐작할 수 있다. 형네 집이라지만 얹혀살면서 밥도 차려주지 않는 형수의 냉대와 무관심 속에서 그는 존재의 비루함과 함께 절망과 허무를 몸서리치게 느꼈을 것이다. 그 경험은 그에게 큰 자극이 되어 절에 사는 친구를 찾아 나서게 한다.

가을이 한창일 때였다. 비구니만 수양을 한다는 본(本)절은 사람의 그림자는커녕 귀가 쨍할 정도로 정적(靜寂)이고 입구에 있는 수백 년 된 은행나무는 바람이 불 때마다 나뭇잎 사이로 역광의 아름다운 빛을 쏟아내며 절 마당에 어지럽게 그림자를 만들어 내고 있었다. 나는 그 적막을 바라보았다. 아름다움이란 반드시 예쁜 것만이 아니구나, 쓸쓸한 것도, 적막한 것도 눈물겹게 아름다운 거구나. 인기척을 내 보았지만 누구하나 문 열고 어찌 왔느냐고 묻지도 않았다. 아무것도 없구나. 누구도 나를 위해, 어떻게 왔느냐고 묻지도 않는구나. 그가 있다는 암자 역시 너무나 조용해 감히 누굴 부를 엄두가 나질 않았다. 대웅전 앞에서 합장으로 부처님께 인사를 드리고는 그냥 내쳐 계단에 앉아 있었다. 산은 어둑어둑하고 계곡을 훑고 가는 바람소리, 골짜기를 타고 내리는 물소리, 고뇌 같기도 하고 무심 하기도 한 독경소리가 꿈결처럼 멀었다.

— 〈가출과 출가〉에서

그는 아직 인생을 충분히 살아보지 않은 청년임에도 "쓸쓸한 것도 적막한 것도 눈물겹게 아름다운" 것임을 알고 있다. 그렇다면 그는 생래적으로 고독이 주는 아름다움을 알고 있는 사람이다. 그래서 적막한 공간을 만날 때마다 그곳에 매료되곤 한다. 사실 따뜻하고 아름다운 대상에서 느끼는 아름다움보다 쓸쓸하고 외로운 대상에서 느끼는 아름다움이 더 강렬하다. 아리스토텔레스가 희극보다는 비극에서 미학을 찾았던 것도 같은 이유이다. 저 고즈넉한 산사에서 그는 다시 현실로 돌아온다. 절이라는 장소와 풍경이 주는 적막 속을 유영하는 것은 순간이지만 그곳에 와 있는 자신의 존재를 느끼고 생각하는 것은 훨씬 현실적이기 때문이다. 그는 핍진한 현실을 견디는 방식으로, 어느 곳에서든 자신을 반겨 줄 이가 있을 거라는 기대를 하고 있었던 듯하다. 그러나 세상은 그를 반기지 않았다. 어느 곳에서도, 심지어는 절집에서도 그를 반기는 사람은 없었다. 생은 홀로임을 느낀 자의 절규 같은, 섧고 설은 마음이 전해지는 듯하다. 다른 에피소드에서 그 역시 "살아있는 모든 것들은 결국 혼자라는 사실을 깨달았다"고 말하고 있잖은가.

친구를 만나 열흘 정도 지내다가 절에 있겠느냐고 묻는 스님의 말씀을 거부하고 그는 속세로 내려온다. 그의 심중을 안 스님은 "넘어지는 것을 두려워하지 마라. 크게 넘어지면 크게 쏟아낼 것이다. 그게 업이다."라는 죽비 같은 말을 해준다. 아마 그가 어떤 사람인지를 알아 본 큰 스님이었던 모양이다. 그는 산에서 내려오면서 수면제를 다 버리고 비로소 삶을 찾아 서울로 올라왔다. 작가는 이 사건을 두고 '출가'라고 우기는데, 이유는 충분하다. 절에 있는 동안 친구 밥을 먹으면서 그는 현실과 유리된 자신을 보았고, 쓸쓸함이 아름답다는 것을 알만큼 존재가 성숙했으니 그것이 생의 전환점, 즉 한 존재가 자신의 생을 다시 시작하는 계기로 삼는 '출가'라고 해도 마땅하지 않겠는가. 새로운 사람으로 재탄생하는 시간이었으니.

5. 마치며, 덧붙이는 생각들

니체는 '오랫동안 심연을 들여다볼 때 심연 역시 그대를 들여다본다(《선악을 넘어서》)고 한다. 존재가 자신의 마음으로 깊이 들어갈수록 심연에 웅크리고 있는 현존과는 다른 내가 있음을 알 수 있다. 작가 장기오에게 찾아오는 비애 의식은 심연에 가라앉은 상처를 미처 다독여주지 못해 생긴 것도 있다. 존재라면 누구나 다 가지고 있듯, 어떤 것은 단정하고 매끈하지만 어떤 상처는 톱날처럼 뾰족하고 거칠다. 어떤 것은 암흑이고, 무지개처럼 화려한 것도 있다. 그러나 장기오에게 남아있는 흔적은 여전히 어둡고 쓸쓸한 것들이다. 그러한 비애 의식은 일종의 불모성과 관련이 있다. 앞에서 언급한 것처럼, 작가가 지향하는 세계로 진입할 수 없는 데서 오는 비애 의식은 작가 앞에 있는 현실의 불모성에서 기인한다. 환경적 요인이든 작가의 의식의 문제이든, 뿌리 내리기 힘든 불모지의 현실은 작가에게 비애감을 유발할 수밖에 없다.

그의 작품들에 유독 과거의 소재와 이야기가 많이 등장하는 원인도 그 이유에서 찾을 수 있다. 그래서일까. 그는 현재의 삶에 만족하기보다는 〈생애 최초의 특종〉, 〈어느 PD의 죽음〉, 〈나의 데뷔작〉, 〈그리고 아무 말도 하지 않았다〉, 〈TV문학관은 이렇게 시작되었다〉 등 그의 삶에서 전성기를 이뤄가거나 이뤘을 때의 이야기를 하며 그때의 감동을 되새기는 편을 택한다. 어쩌면 그는 지나간 시간 속에서 그나마 기쁨의 잔해를 줍고 작은 위안을 찾는 것이다.

그가 실존과 존재론 사이에서 권태의 시간에 빠져들 수밖에 없고, 존재의 쓸쓸함이 몰려들어 어떻게 하지 못하는 숙명과 맞대면

할 때가 많은 이유가 있다. 자신이 처한 현실에서 이미 환幻을 본 사람은 세상사에 심드렁해져 일상이 권태로울 수밖에 없다. 그것을 초월하려면 석가헌(石佳軒)의 주인처럼 달관의 경지에 드는 수밖에 없다. 그때에는 개인사는 물론, 6.25를 지나 한국사에서 어둡고 지난한 시대를 지나온(〈바람 되어 가리라〉) 그가 "힘들게 살아온 어두운 과거에 더 이상 가위눌리지 않"게 될 것이며(〈머리말〉), "이연실이 부르는 〈찔레꽃〉을" 들으며 술이라도 마셔야 견딜 수 있는 쓸쓸함(〈쇼팽과 참새〉)에서 벗어날 수 있지 않겠는가. 그렇게 되면 "죽는 일보다 더 어려운 것은 살아있는 것이라는 생각에 간단없이 우울해"(〈아침의 외출〉)하지 않아도 될 터이다. 그때 비로소 가혹한 현실 속에 처한 실존적 고독이 '창조와 소통의 숭고한 조건'이 되어준다는 바우만의 말에 고개를 끄덕여 줄 수 있지 않을까.

사실, 《바람 되어 가리라》의 작품 모두를 언급하기는 어려운 일이다. 다만 독자들이 이 수필집을 읽는 데 도움이 되도록 약간의 설명을 덧붙였을 뿐이다. 어떤 잣대로 마름질하든, 문학이란 개별적인 하나의 주관을 보편적으로 객관화하는 예술 양식이다. 그것은 결국 독자로 하여 공감하고 함께 보게 하는 작품이야말로 의미와 감동을 생산하는 작품이라는 것이다. 그런 면에서 작가 장기오의 수필은 어느 것에 성공하고 어느 지점에 서 있는지 독자는 이미 알고 있을 것이다.

김지헌 평론집
생은 부단히와 무단히 사이

인쇄 2025년 11월 05일
발행 2025년 11월 10일

지은이 김지헌
발행인 서정환
펴낸곳 수필과비평사
주 소 서울시 종로구 삼일대로 32길 36(운현신화타워) 305호
전 화 (02) 3675-3885, (063) 275-4000
팩 스 (063) 274-3131
이메일 essay321@hanmail.net
출판등록 제300-2013-133호
인쇄·제본 신아출판사

저작권자 ⓒ 2025, 김지헌
이 책의 저작권은 저자에게 있습니다. 서면에 의한 저자의 허락없이 내용의 일부를 인용하거나 발췌하는 것을 금합니다.
COPYRIGHT ⓒ 2025, by Kim Jiheon
All right reserved including the rights of reproduction in whole or in part in any form.
저자와 협의, 인지는 생략합니다.
잘못된 책은 바꿔 드립니다.

ISBN 979-11-5933-611-9 03810
값 25,000원

Printed in KOREA